BUSINESS & SUCCESS

Oliver Haas

Corporate Happiness als Führungssystem

Glückliche Menschen leisten gerne mehr

Erich Schmidt Verlag

Bibliografische Information der Deutschen Nationalbibliothek

Die Deutsche Nationalbibliothek verzeichnet diese Publikation
in der Deutschen Nationalbibliografie;
detaillierte bibliografische Daten sind im Internet über
dnb.ddb.de abrufbar.

**Weitere Informationen zu diesem Titel finden Sie im
Internet unter**

ESV.info/978 3 503 12657 6

**Gedrucktes Werk: ISBN 978 3 503 12657 6
eBook: 978 3 503 12929 4**

Dieses Papier erfüllt die Frankfurter Forderungen der
Deutschen Nationalbibliothek und der Gesellschaft für das Buch
bezüglich der Alterungsbeständigkeit und entspricht
sowohl den strengen Bestimmungen der US Norm Ansi/Niso
Z 39.48-1992 als auch der ISO-Norm 9706

Satz: Peter Wust, Berlin
Druck und Bindung: Danuvia, Neuburg an der Donau

Für Yvonne

Vorwort

Dieses Buch widmet sich einem der grundlegendsten Themen der Arbeitswelt im Licht neuester wissenschaftlicher Erkenntnisse. Wie lassen sich Beziehungen von Menschen optimal in Unternehmen organisieren? Steht das Lebensglück des Einzelnen in seiner ganzen natürlichen Vielfalt im Kontrast zu hierarchischen Führungsstrukturen? Müssen immer ausgefeiltere Kontrollen unwillige Arbeitnehmer anspornen und so das Kapital der Unternehmenseigentümer schützen? Sind erfolgsabhängige Vergütungen der Ersatz für weniger Freizeit und ist ein immer schnelleres Tempo im Arbeitsalltag wirklich wertschaffend oder äußern sich die Spätfolgen der Industrialisierung in steigenden Depressionsraten heutiger Arbeitnehmer?

Die moderne positive Psychologie empfiehlt den Menschen die Kultivierung von Happiness. Sie grenzt sich dabei – durch neue Erkenntnisse in der Hirnforschung – von der Selbsthilfebewegung und ihren zahlreichen Glücksbüchern ab, die viel versprechen, aber wenig liefern.

Kann aber das, was den modernen Menschen statistisch bewiesen glücklicher werden lässt, auch Unternehmen helfen? Ist eine von Happiness geprägte Unternehmenskultur möglich, in der Lieferanten, Kunden, Mitarbeiter und deren Vorgesetzte frei von Kontrollen und opportunistischem Verhalten ihre ganze Kraft in den gemeinsamen Wohlstand legen?

Corporate Happiness bietet einen konzeptionellen Führungsrahmen für Entscheidungsträger in den Unternehmen. Dabei handelt es sich nicht um isolierte Motivationsprogramme für ausgewählte Mitarbeiter, sondern um ein ganzheitliches Führungssystem, das auf die Steigerung des Unternehmenswertes ausgerichtet ist. Somit beschränkt sich die Zielgruppe der Leser auch nicht auf Personalabteilungen großer Unternehmen. Vielmehr sind Eigentümer und Geschäftsführer ebenso wie Abteilungsleiter angesprochen, denn schließlich geht es nicht um Hygienefaktoren im Unternehmen, sondern um Stellgrößen für weiteren Umsatz sowie Ansatzpunkte zur Kostenreduktion. Viele Unternehmen investieren in isolierte Teambuildingmaßnahmen oder errichten ein unternehmenseigenes Fitnessstudio, ohne sich darüber im Klaren zu sein, dass sie damit lediglich die Oberfläche der Arbeitszufriedenheit polieren. Der erhoffte Return on Investment bleibt aus!

Wo das Management noch großen Nachholbedarf hat, ist der Spitzensport längst weiter, zu bedeutend sind hier die wirtschaftlichen Potentiale einer weiteren Leistungssteigerung der Athleten. Auch die jüngsten Erfolge der deutschen Fußball-Nationalmannschaft bei der WM 2010 zeigen die ungeheure Kraft eines eingeschworenen Teams aus Bundestrainer, Managementteam und ihren Schützlingen. Bei anderen Vereinen aussortierte Spieler wie Miroslav Klose rufen wieder ihr volles Potential ab, und auch der Nachwuchs brilliert in den nervlich aufreibenden K.O.-Spielen. Schon immer war – auch im Fußball – nicht die Summe der Einzelleistungen für den Erfolg entscheidend. Die individuelle Klasse von Spielern aus Frankreich, Italien und Argentinien war auch dieses Jahr immens, doch eine Mannschaft besteht eben aus mehr als der Summe ihrer Teile. Diese Erkenntnis hat sich bereits in der Vergangenheit bestätigt. Erfolglose Teams mit Spielerstars wie z. B. Luis Figo mit seiner portugiesischen Nationalmannschaft zeigen, dass der Mannschaftserfolg trotz einzelner herausragender Spieler oft ausbleibt.

Auch in Unternehmen genügt es nicht, lediglich das beste Know-How zu versammeln und marktgerecht zu vergüten, um im Vertrieb, Einkauf, Finanzen und den anderen Fachabteilungen gut aufgestellt zu sein.

Darum kann die Antwort auf die Frage nach dem echten Potential eines Unternehmens nur in einer interdisziplinären Bearbeitung im Sinne eines eigenständigen Führungsansatzes liegen. Corporate Happiness ist die konsequente Übertragung und Anwendung wissenschaftlich überprüfter Erkenntnisse – aus der Gehirnforschung, der positiven Psychologie, des Sportmanagements und natürlich der Betriebswirtschaftslehre, welche zu guter Letzt die Leistung eines Unternehmens an den erzielten Zahlungsüberschüssen misst, – auf die Unternehmensführung.

Das vorliegende Buch beleuchtet den Weg zu Corporate Happiness ausgehend vom Glück des Einzelnen und zeigt, was der Mensch aus den wissenschaftlichen Experimenten in seinem täglichen Leben anwenden kann. Wenn wir erkennen, dass wir nicht nur die Gefangenen unserer Gene sind, können wir vieles tun, damit sich der einzelne Mensch in seinem Leben wohlfühlt, um darauf aufbauend das Zusammenleben von Menschen in Unternehmen zu optimieren. Wäre es nicht schön, wenn sich privates und berufliches Glück ergänzen, und dies sogar im Einklang mit steigenden Renditeforderungen steht?

Wenn wir verstehen, dass Glück kein Nullsummenspiel ist, bei dem ein Mensch unglücklicher werden muss, nur weil ein anderer glücklicher geworden ist, werden die wahren Potentiale für Mensch und Unternehmen sichtbar.

Im Juli 2010

Prof. Dr. Oliver Haas

Danke!

Einen großen Einfluss auf das eigene Wohlbefinden hat es, sich der Gnade bewusst zu werden, die jedem Menschen auf dieser Erde zuteil wird. Diese Dankbarkeit zu üben, fördert nicht nur das Wohlbefinden jedes einzelnen, es entwickelt sich zum Win-Win der Menschheit im täglichen Miteinander (vgl. Kapitel 3.2.2 bzw. Seligman [2002a]).

In erster Linie danke ich den zahlreichen Wissenschaftlern, die ihr berufliches Leben der experimentellen Untersuchung des empfunden Glücks gewidmet haben. Ihren Arbeiten habe ich es zu verdanken, mit einem neuen Ansatz die wirklichen Potentiale im Unternehmen darzulegen. Besonders hervorheben möchte ich an dieser Stelle die Studien von Martin Seligman und Tal Ben-Shahar, die sich in Amerika mit aller Kraft um die Verbreitung der Gedanken der positiven Psychologie kümmern. Sie haben meiner Arbeit eine entscheidende Richtung gegeben. Auch dem deutschen Wissenschaftsjournalist Stefan Klein sei gedankt für seine Recherchen in seinen zahlreichen hervorragenden Büchern. Zudem sei Manfred Winterheller Dank, durch den ich vor vielen Jahren die Faszination der Thematik Mindmanagement in seinen vorzüglichen Seminaren erleben durfte, auch er hat einige sehr anwendungsorientierte Bücher geschrieben, auf die ich an geeigneten Stellen gerne verweise. Daneben sei aber auch all den anderen Wissenschaftlern gedankt, die mich zum Schreiben dieses Buches inspiriert haben und die im Literaturverzeichnis aufgeführt sind. Im wesentlichen decken sich die neuesten wissenschaftlichen Theorien zur Erklärung des menschlichen Glücks und seiner Potentiale; die konsequente Anwendung wissenschaftlicher Experimente im betriebswirtschaftlich orientierten Unternehmen ist hingegen bislang zu wenig betrachtet worden.

Meinen wachsamen Blick auf die in immer kürzeren Abständen erscheinende wissenschaftliche Literatur hat David Popek geschärft, der durch seine Belesenheit immer auf der Höhe neuester Entwicklungen der Happiness Literatur stand und der mir als Freund in vielen fachlichen Diskussionen wertvolle Ideen lieferte.

Herrn Bodo Janssen bin ich zutiefst dankbar für die zahlreichen Diskussionen zu Corporate Happiness und für das versierte Vorablesen des vorliegenden Werks. Er selbst versteht es als Geschäftsführer der Hotelkette Upstalsboom schon seit Jahren, die wirklichen Potentiale seiner Mitarbeiter und Kundenbeziehungen zu fördern. Umso mehr freut es mich, dass Herr Janssen schon vor Erscheinen des Buches signalisiert hat, die Erkenntnisse von Corporate Happiness in seinem Unternehmen anzuwenden.

Der Begeisterungsfähigkeit meines Freundes und Partners Tom Hillebrand hatte ich es zu verdanken, Corporate Happiness in unserem eigenen Unternehmen anzuwenden und uns persönlich von den Potentialen dieses Führungssystems überzeugen zu können.

Alexander Bitzke schulde ich Dank für zahlreiche inhaltliche Diskussionen und die Bereitschaft, überall zu helfen, wo Hilfe nötig war. Danke auch an Kristian Gründling, der mich in der Endphase mit vielen Layoutfragen unermüdlich unterstützt hat, sowie Prof. Dr. Burkhard von Freyberg, der im Bereich der Hotellerie das Buch bereicherte.

Sabine Sammet hat in der Schlussphase der Veröffentlichung unser Team verstärkt. Unermüdlich engagierte sie sich für eine bessere Verständlichkeit der neuen Ideen und ihr Verdienst ist die sehr gute Lesbarkeit des Buchs. Hierzu zählt auch die Übersetzung der zahlreichen englischen Zitate.

Mein besonderer Dank geht zudem an meine Eltern, die mich im Gehen neuer Wege immer bestärkt hatten und ohne deren Unterstützung dieses Buch nicht möglich geworden wäre.

Vor allem aber meiner Freundin Yvonne Mayer bin ich zutiefst dankbar und das noch weit über ihr unermüdliches Korrekturlesen hinaus. Sie hat mich durch ihre begeisternde und einfühlsame Art immer wieder dazu ermutigt, den eingeschlagenen Weg konsequent weiter zu gehen, und ihre positive Ausstrahlung ist ein Beweis dafür, dass Happiness ein Positivsummenspiel ist.

Dem Erich Schmidt Verlag im Allgemeinen und Frau Claudia Splittgerber im Besonderen sei Dank für die unkomplizierte und professionelle Zusammenarbeit sowie die tatkräftige Unterstützung in jedem Bereich dieser Buchveröffentlichung.

Bereits vor Erscheinen des Buches hat unser Team mehrere Forschungszusagen deutscher Hochschulen erhalten, um das Thema auch in Deutschland wissenschaftlich verstärkt zu untersuchen und den Corporate Happiness-Ansatz ständig weiter zu entwickeln.

Ich freue mich auf alles, was kommt!

Inhaltsverzeichnis

◆

Vorwort 7
Danke! 11

1. **Zum Aufbau dieses Buches oder „warum ein Bügelservice für die Mitarbeiter im Unternehmen wenig nutzt".** 15

2. **Grundlagen für My Happiness: Das Glück des einzelnen Menschen** 21
2.1 Glück als Lebensziel 21
2.2 Der moderne Mensch auf der Suche nach Happiness 26
2.3 Prägt uns unser Gehirn oder gestalten wir es? 35

3. **My Happiness: Kann jeder von uns glücklicher werden?** 55
3.1 Ziele setzen, aber richtig! 55
3.2 Entwickeln Sie Ihr Weltbild und beeinflussen Sie Ihr Unterbewusstsein 68
3.2.1 Die Medien als Glücksfalle 72
3.2.2 Die Liebe zum Leben üben 74
3.2.3 Meditation verändert Hirnstrukturen 79
3.3 Die Kunst des Tuns 83
3.3.1 Was uns vom Tun abhält und wie wir es überwinden 85
3.3.2 Die Kunst es trotzdem zu tun – Fake it 'til you make it 91
3.3.3 Happiness in Krisen 93
3.3.4 Die Energiereserven 99
3.4 Freundschaft und Liebe 114
3.4.1 Das Glück umarmen 114
3.4.2 Was moderne Partnerschaften schwierig macht 115
3.5 My Happiness Management – wie werden wir glücklicher und wie nicht – Grenzen der positiven Psychologie 125
3.5.1 Vom falschen Selbstbewusstsein 125
3.5.2 Grenzen der positiven Psychologie 129

4.   Corporate Happiness als Führungssystem:
Auf dem Weg zu einer neuen Unternehmenskultur   133

4.1   Das Spannungsverhältnis zwischen Mitarbeitern und
Vorgesetzten im Blickwinkel der positiven Psychologie 139

4.1.1 Die Stressfalle für Chef und Mitarbeiter 139

4.1.2 Die Zeitfalle für Chef und Mitarbeiter 147

4.1.3 Tun und tun lassen 159

4.1.4 Gegenseitige Wahrnehmung von Chef und
Mitarbeiter 177

4.1.5 Sport und Relaxen 182

4.1.6 Das Team beschützen und Spaß verbreiten 186

4.1.7 Zusammenhang zwischen My Happiness und . . . .
Corporate Happiness innerhalb des Unternehmens . . 190

4.2   Das Spannungsverhältnis zu anderen Stakeholdern
aus dem Blickwinkel der positiven Psychologie 193

4.2.1 Beziehungen zu Kunden 193

4.2.2 Beziehungen zu Lieferanten 200

4.2.3 Beziehungen zu Kontrollorganen, Investoren und
anderen Stakeholdern 203

4.2.4 Corporate Happiness Scorecard 205

4.3   Steigerung des Unternehmenswertes durch
Corporate Happiness 208

4.4   Zum Stand der Verbreitung von Corporate Happiness –
Die Corporate Happiness-Checkliste 212

5.   Public Happiness 219

Literaturverzeichnis 225

Abbildungsverzeichnis 233

Tabellenverzeichnis 235

Stichwortverzeichnis 237

Der Autor 240

1.
Zum Aufbau dieses Buches oder „warum ein Bügelservice für die Mitarbeiter im Unternehmen wenig nutzt"

Ein Teil der Arbeit ernährt und der andere formt:
Die Hingabe an die Arbeit ist es, was uns formt.

[Antoine de Saint-Exupéry]

In den letzten Jahrzehnten haben wir unsere Umwelt- und Arbeitsbedingungen dramatisch verändert, und die Geschwindigkeit des Wandels hat zudem immer mehr Fahrt aufgenommen.

Ohne Zweifel ist unser Leben zunehmend angenehmer geworden, sicherer und komfortabler. Vor gar nicht allzu langer Zeit mussten wir uns noch körperlich anstrengen, um unser Essen zu jagen. Hatten unsere Vorfahren jedoch ein großes Tier erlegt und genug Nahrung, genossen sie ihre restliche Zeit ohne große „to-do-Listen" und den quälenden Gedanken an das morgige Strategiemeeting!

Genau für diese antiquierte Art von Arbeit hat sich unser Gehirn aber über Millionen Jahre entwickelt und für eben diesen Zweck perfektioniert. Menschen, die durch eine Laune der Natur besser mit den Lebensumständen zurechtkamen, konnten sich mit einer höheren Wahrscheinlichkeit fortpflanzen als ihre Kollegen. So passte sich der Mensch durch die natürliche Auslese der Gene immer besser an seine Lebensumstände auf der Erde an.

Weil aber in den letzten Jahren wir selbst unsere Lebensart revolutioniert haben und diese vor allem an den Vorzügen des technologischen Fortschritts ausrichten, könnte es sein, dass die Ursache für ein gesunkenes Glücksniveau bei vielen Mitarbeitern in Unternehmen tiefer sitzt und nicht durch ein paar oberflächliche Weiterbildungsmaßnahmen beseitigt werden kann.

Denn auf die Schreie der Mitarbeiter zu hören und ihnen einen Hemdenservice oder ein Fitnessstudio ins Unternehmen zu integrieren oder Teamfähigkeit im Hochseilgarten zu üben, mag Symptome einer Unzufriedenheit bekämpfen, aber nicht deren Ursache. All diese Aktivitäten sind mit der künstlichen, tollen Ausstattung eines Aquariums zu vergleichen, in dem Fische ein komfortables Leben führen. In Wirklichkeit zahlen diese Tiere, beengt von gläsernen Scheiben, aber einen hohen Preis dafür und dürften neidisch auf die Kollegen schauen, die im unendlich großen Ozean – trotz einiger natürlicher Gefahren – ganz in ihrem Element sind.

Um eine Konzeption für ein „wertschaffendes" Miteinander in Unternehmen zu entwerfen, müssen wir zu allererst begreifen, in welchem Lebensumständen die Spezies Mensch sich wohlfühlt (My Happiness).

Das vorliegende Buch widmet sich der spannenden und gleichzeitig herausfordernden Aufgabe, im Kern die nachfolgenden Fragen zu beantworten:

1. Kann ein Unternehmen durch die vornehmliche Orientierung am Glück aller seiner Stakeholder (Mitarbeiter, Kunden, Lieferanten, Investoren etc.) einen echten *Mehrwert* schaffen im Vergleich zu heutigen Konzepten der Unternehmensführung und -steuerung?
2. Gibt es durch (1) auch *positive externe Effekte*, z. B. für die Mitarbeiter in ihrem privaten Umfeld, die positive Spuren im Leben der Familienmitglieder oder Freunde hinterlassen?
3. Kann ein Unternehmen mit konkreten *Maßnahmen* die Entwicklung gemäß (1) gezielt steuern?

Wenn wir die drei vorliegenden Fragen positiv beantworten können, bleibt einem Unternehmer rein betriebswirtschaftlich gesehen keine andere Wahl, als sich am Glück aller zu orientieren. Im Sinne einer klassischen Investitionsrechnung würde – insgesamt betrachtet – ein Mehrwert für das Unternehmen entstehen und eine Ausrichtung an „Corporate Happiness" wäre nicht nur anzuraten, sondern dringend durchzuführen!

Wenn vom geschaffenen Mehrwert aber nicht nur die Eigentümer des Unternehmens und seine Stakeholder, sondern auch der Freundes- und Verwandschaftskreis aller Beteiligten profitieren könnte (kann Glück ansteckend sein?), wäre die Thematik darüber hinaus sogar von volkswirtschaftlichem Interesse. Dann wiederum wäre auch die Politik gefragt: Sie müsste Anreize für Unternehmen zur zunehmenden Orientierung am Glück aller setzen, da die Konsequenzen dieses Tuns dann nicht nur innerhalb eines Unternehmens für Wohlstand sorgten, sondern auch im Interesse der ganzen Gesellschaft wären. Mit anderen Worten: Zu einem positiven Investitionsanreiz auf Unternehmensebene könnte zudem eine zusätzliche staatliche Förderung die Konsequenz dieser Umorientierung sein.

In die komplexe Vielfalt dieses Themas spielen die Beziehungen aller beteiligten Menschen vernetzt mit hinein. Um geeignete Lösungsansätze zu finden, werden wir uns der Thematik daher schrittweise nähern: Die Betrachtung setzt zuerst am Glück eines einzelnen Menschen (My Happiness) an, und im zweiten Schritt werden wir den Bezugsrahmen auf das Unternehmen und dessen Stakeholder (Corporate Happiness) ausdehnen.

Die Kapitel zum Thema My Happiness sollen einen Überblick über den aktuellen Stand der wissenschaftlichen Forschungen aus der positiven Psychologie und der Hirnforschung geben. Aus überprüften Experimenten werden zudem konkrete Handlungsempfehlungen abgeleitet, die jeder von uns nicht nur im Unternehmen, sondern auch im täglichen Leben anwenden kann.

Unsere Kernfragen werden in diesen Kapiteln sein:

- Kann eine Orientierung am eigenen Glück für einen Menschen sinnvoll sein oder gibt es konkurrierende Zielgrößen (Wohlstand, Geld etc.)?
- Wenn eine Orientierung am eigenen Glück sinnvoll ist, ist dieses Glück durch den Menschen selbst und seine Handlungen beeinflussbar?
- Sollte das eigene Glück beeinflussbar sein, welche konkreten Maßnahmen kann ein Mensch in seinem Leben ergreifen, um glücklicher zu werden?

Mit den Antworten auf diese Fragen begeben wir uns auf die Suche nach einer optimalen Organisationsform menschlicher Beziehungen – im Sinne der Unternehmensorganisation –, die den Gesetzen von My Happiness genügt.

Mit anderen Worten: Wie können menschliche Beziehungen in Unternehmen derart gestaltet werden, dass kein Mensch mit seiner individuellen Happiness dafür bezahlen muss, dass es dem Unternehmen – und damit den Eigentümern oder einem Kreis ausgewählter Mitarbeiter – besser geht. Können bessere Unternehmensergebnisse wirklich nur zu Lasten einzelner Stakeholder erzielt werden (unterdrückte Lieferanten, gestresste Mitarbeiter o.ä.)? Dann wäre Corporate Happiness aus ethischen Gründen zwar ein interessantes Konstrukt, würde aber im Konflikt zu gewinnorientierten Unternehmen stehen.

Bei einem konsequenten Übertrag des My Happiness-Konzeptes auf Unternehmen kommt man zur folgenden Schlussfolgerung:

Mit Corporate Happiness kann eine positive Glücksspirale in Gang gesetzt werden, in der alle Beteiligte glücklicher werden und zugleich mehr Wohlstand und höhere Unternehmenswerte produzieren.

Das Kapitel „Corporate Happiness – Happiness als Unternehmenskultur" widmet sich daher aufbauend auf den Aussagen von My Happiness den folgenden Fragen:

„My Happiness" aller Mitarbeiter ist die Grundlage für Corporate Happiness.

- Wie können die menschlichen Beziehungen *innerhalb* eines Unternehmens derart gestaltet werden, dass sie der My Happiness-Theorie aller Beteiligten (z. B. im Verhältnis zwischen Chefs und Mitarbeitern) gleichermaßen genügen?
- Wenn das Innenverhältnis der Mitarbeiter zueinander auf Glück ausgerichtet ist, wie können die *externen* Bezugsgruppen des Unternehmens (Kunden, Lieferanten, Investoren etc.) und deren Glück mit einbezogen werden?
- Welche konkreten Maßnahmen können Unternehmenseigentümer, Chefs und Mitarbeiter ergreifen, um Corporate Happiness näher zu kommen?
- Welche Auswirkungen hat eine konsequente Orientierung des Corporate Happiness Ansatzes für die Unternehmenswelt im Hinblick auf Abläufe, Prozesse, Aufbauorganisationen, Entgeltsysteme etc.?
- Welcher konkrete Wohlstand wird durch die Orientierung am Glück aller für ein Unternehmen geschaffen (Umsätze, Kosten, Unternehmenswert etc.)?

Wenn wir dem Buch bis hierhin gefolgt sind, sind wir der Erkenntnis ein Stück näher, ob glückliche Menschen in Unternehmen Wohlstand reduzieren (weil sie z. B. weniger Anreize fühlen, sich über die Maßen anzustrengen) oder wirklichen Wohlstand schaffen (weil sie z. B. mehr Spaß an der Arbeit haben).

Der Happiness-Ansatz stellt aber nicht nur die Organisationsform eines Unternehmens in ein völlig neues Licht, sondern lässt sich bei näherer Betrachtung auch auf unsere ganze Gesellschaft beziehen. In Public Happiness, dem letzten Kapitel dieses Buches, soll diese These beleuchtet werden und abschließend ein volkswirtschaftlicher Ausblick gegeben werden. Zentrale Fragestellung wird hierbei sein:

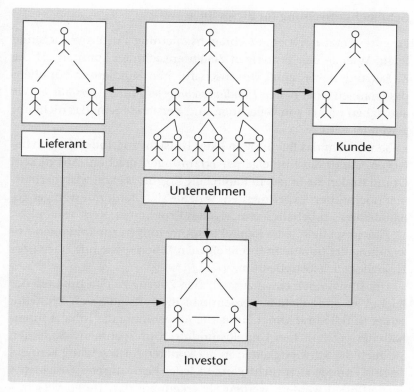

Abbildung 1:
Das Geschäfts-
leben als Personen-
beziehungen auf
der Suche
nach dem indi-
viduellen Glück

- Genügt es, wenn Mitarbeiter bei ihrer Arbeit glücklich werden, oder muss das familiäre und private Umfeld hierfür büßen? An welchen Stellen ist die Politik gefragt, konkrete Maßnahmen zu ergreifen?

Wir sind dazu gemacht, ein glückliches Leben zu führen und uns fortzupflanzen. Die Evolution hat im Laufe von vielen Millionen Jahren durch natürliche Auslese Organisationsformen wie die Familie entwickelt. Das vorliegende Buch zeigt, in welchem Kontrast von Menschenhand geschaffene betriebswirtschaftliche Organisationsformen dazu stehen.

Doch nicht Kritik an der vorherrschenden Managementphilosophie steht im Vordergrund des Buches, sondern konkrete Maßnahmen, es besser zu machen.

Gebrauchsanweisung für dieses Buch

Zu guter Letzt noch eine Gebrauchsanleitung für das vorliegende Buch. Wie Sie den bisherigen Zeilen entnehmen konnten, ist die Zielsetzung neben einer wissenschaftlichen Fundierung vor allem das Erlangen einer neuen *Handlungskompetenz* für *Sie persönlich*. Wir alle haben nichts von Gelerntem und Verstandenem, das nicht angewendet wird.

„Wer verstanden hat und nicht handelt, der hat nicht verstanden."
[alte Volksweisheit]

So versucht das Buch, Sie in jeder Hinsicht zur *Anwendung* zu bewegen, damit Sie Ihre eigenen Erfahrungen machen. Aus diesem Grund finden Sie in jedem Kapitel die Ergebnisse von wissenschaftlich überprüften Experimenten, weil Sie sich dann mit weniger gedanklichen Vorbehalten ein „eigenes Experimentieren" trauen!

Zudem schließt jedes Kapitel mit Anregungen zur konkreten Anwendung der Inhalte in Ihrem eigenen Leben sowie mit Fragen zur zusätzlichen Selbstreflektion.

Um Ihnen noch einen zusätzlichen Zugang zu den Inhalten des Buches zu ermöglichen, verdeutlicht die Fallstudie von Wilhelm, seiner Familie und seiner Firma die Anwendung der Inhalte innerhalb des persönlichen Umfelds und des Unternehmens. So lernen Sie auch die Schwierigkeiten in der konkreten Umsetzung kennen! Auch wenn Sie sich nicht ganz in jeder Figur unserer Geschichte wiederfinden werden, werden Sie erkennen, dass Ihnen verschiedene Teilaspekte der beschriebenen Charaktere doch sehr vertraut sind. Entweder werden Ihnen eigene Eigenschaften bewusst, oder es hilft Ihnen, andere Mitmenschen besser zu verstehen, die diese Aspekte in sich tragen mögen.

2.
Grundlagen für My Happiness:
Das Glück des einzelnen Menschen

*Egal ob wir an eine Religion glauben oder nicht, ob wir an
die eine oder die andere Religion glauben, der bloße Grund unseres
Daseins ist glücklich zu sein und danach zu streben!*

[Dalai Lama]

Im ersten Teil des Buches – „My Happiness" – widmen wir uns den bislang erforschten Grundlagen des *eigenen, persönlichen* Glücksgefühls und lernen den Stand der wissenschaftlichen Forschung hierzu kennen.

Sie können für Ihren privaten Lebensbereich die Kapitel 2–3 (My Happiness) auch unabhängig von Corporate Happiness (Kapitel 4) anwenden, es geht hier ja vor allem um Sie selbst und die unterschiedlichen Facetten Ihres Lebens. Den interessierten Chefs und Mitarbeitern in Unternehmen sei aber Lust auf die Anwendung von Corporate Happiness gemacht: hier lernen Sie neue, wertschaffende Ansätze kennen.

2.1
Glück als Lebensziel

Wer kennt sie nicht, diese Glücksmomente, in denen man eins ist mit sich und seiner Umgebung? Dieser eigentümliche Verlust von Zeit und Ort beim Betrachten einer wunderschönen Blume auf einer grünen Almwiese. Die Fokussierung auf den Augenblick, den erschöpfte Läufer als „runners high" bezeichnen, in dem ganz innen die Glückseligkeit sprudelt. Das Lesen eines inspirierenden Buches oder das Versinken in den Augenblick beim Singen oder Spielen eines Instrumentes bzw. die euphorisierende Kraft des Lieblingsmusikstücks. Wir alle kennen die Momente bei einer Fahrradtour, in denen man den Wind in den Haaren fühlt, die angenehme Kühle des Waldes, die einen verschmelzen lässt mit der Natur und die das Herz jubeln lässt.

Könnten wir nur diese Momente festhalten, könnten wir nur irgendetwas tun, um dieses Gefühl der Ausgeglichenheit und Zufriedenheit zu erlangen.

Oft sieht die „Realität" anders aus. Umfragen aus der heutigen Zeit, einer Zeit des Wohlstandes, zeigen Erschreckendes. Menschen gehen ungern zur Arbeit, leiden an Burn-Outs und fühlen sich überfordert. Menschen, die vermeintlich alles haben, klagen über depressive Schübe, können morgens kaum aufstehen. Mehr als die Hälfte aller Ehen werden geschieden, vom Rest ist bekannt, dass oftmals nur die Macht der Gewohnheit diese Lebensgemeinschaften zusammenhält. Die Unruhe vieler Menschen, gefangen in der Hektik von Arbeits- und Freizeitaktivitäten äußert sich in Angstzuständen.

Heutige Depressionsraten haben sich im Vergleich zu denen der 60er Jahre verzehnfacht (!), das Durchschnittsalter von depressiven Menschen ist im gleichen Zeitraum von 29 Jahre auf 14 Jahre gesunken. „Jeder fünfte Deutsche leidet im Laufe seines Lebens mindestens einmal an einer psychischen Störung, die meisten an Angst und Depression … die Häufigkeit der schweren Depressionen nimmt rapide zu – in Deutschland wie in praktisch allen Industrieländern … die Depression droht zu einer Pest des 21. Jahrhunderts zu werden." (Stefan Klein [2008a], S. 23).

Menschen sind mehr denn je auf der Suche nach innerer Zufriedenheit und Lebensglück. Einig sind sich alle, dass die „ulitmate currency" des Lebens Glück ist, dieses Gefühl, das jeder von uns kennt, in dem man eins ist mit sich und der Umwelt, ein Gefühl, in der Zeit und Raum verschwimmen und alles einen angenehmen Sinn ergibt. Ohne Angst kann man das Hier und Jetzt genießen, freut sich und ist dankbar zugleich.

Die Faktoren, die dieses wirkliche und authentische Glück beeinflussen, sind jedoch den wenigsten Menschen geläufig.

Die Psychologie hat sich nach dem zweiten Weltkrieg auf Forschungsgebiete konzentriert, die psychische Krankheiten behandeln und versuchen zu heilen (Menschen auf der Glücksskala von -3 auf 0 zu bringen). Hier sind beachtliche Fortschritte erzielt worden. 14 psychische Krankheiten sind heute behandelbar, 2 davon heilbar. Die Konzepte, Kranke zu heilen greifen beim Versuch, gesunde Menschen glücklicher zu machen, jedoch größtenteils ins Leere.

Viele Selbsthilfebücher hingegen versprechen viel, liefern wenig.

Selbsthilfebücher und Motivationstrainer versprechen viel, liefern wenig. Rezepte, die in wenigen Tagen durch 7 Prinzipien Glück versprechen, hinterlassen kaum Wirkung bei Lesern oder Seminarteilnehmern. Dennoch ist hier aus der Not vieler ein eigener florierender Wirtschaftszweig entstanden, der die Wichtigkeit des Themas nur bestätigt.

Doch es gibt aktuell mehr als nur Hoffnung. Seit einigen Jahren schließt in Amerika die angewandte positive Psychologie diese Forschungslücke. Sie konzentriert sich im Gegensatz zur „traditionellen" Psychologie darauf, die Determinanten des Glücks zu analysieren und zu beschreiben. Martin Seligman, Professor of Psychology an der University of Pennsylvania und Präsident der American Psychological Association (APA), hat das Ziel ausgerufen, auch von den Glücklichen zu lernen (Menschen auf der Glücksskala von 0 auf + 5 zu bringen) anstatt lediglich das Unglück zu analysieren. Die positive Psychologie, gepaart mit aktuellen Erkenntnissen der Hirnforschung und Quantenphysik, führt in Amerika zu einer wahren Begeisterungswelle. Der Traum, auf einer wissenschaftlichen Basis den Menschen Ansatzpunkte zu geben, um deren inneres Glück zu stärken, hat immense finanzielle Mittel für Experimente freigesetzt.

Neue Erkenntnisse der Hirnforschung und positiven Psychologie können helfen, glücklicher zu werden.

Besonders in Amerika wurden Forschungsprojekte gestartet, Lehrstühle gegründet, um der Frage der Fragen auf den Grund zu gehen. Hierbei ist es erklärtes Ziel, resultierende Forschungsergebnisse mit breiten Bevölkerungsschichten zu teilen. Das ist auch die Intention dieses Buches. Eine Vielzahl neuer, wissenschaftlich überprüfter Ergebnisse, wie wir unser inneres Glück beeinflussen können, wurden in letzter Zeit in amerikanischen Zeitschriften veröffentlicht. Das Problem hierbei ist, dass diese Erkenntnisse im „Elfenbeinturm der Wissenschaft" derzeit nur wenigen Menschen zugänglich sind.

Lassen Sie sich durch die Studien der Wissenschaft inspirieren und wenden Sie dieses Wissen für Ihr persönliches Glück an. Dieses Buch bietet Ihnen einen Blick hinter die Fassaden Ihres Wohlbefindens, lässt Sie aber nicht mit Erklärungen alleine. Ganz gezielte Übungen, die jeder von uns ins tägliche Leben einbauen kann, lassen Sie glücklicher werden, jeden Tag ein bisschen mehr.

„Der Glaube, dass wir im Schnellverfahren zur Erfüllung gelangen, ohne die eigenen persönlichen Stärken und Fähigkeiten zu trainieren, ist albern. Er führt zu einer Heerschar von Menschen, die in der Blüte ihres Lebens deprimiert sind und spirituell aushungern." **[Martin Seligman]**

Im Übrigen handelt es sich beim Versuch, immer glücklicher zu werden, um kein egozentrisches Streben. Glücklich sein ist ein Win-Win für Sie und Ihre Umgebung. Wenn Sie glücklich sind, werden Sie zum „Glücksfall" für andere Menschen, Sie werden die Kraft haben, zu helfen und die Geheimnisse des Glücks mit vielen zu teilen. Im Gegensatz zu materialistischem Streben führt Ihr Glück nicht dazu, dass andere unglücklicher werden. Gerade deswegen beschäftigt sich der zweite Teil des Buches ausführlich damit, dieses Wissen auf die Organisation von Unternehmen zu übertragen. Denn die guten Gefühle wirken auf Geist und Körper zugleich, sie mindern Stress und die damit verbundenen Konsequenzen. Glückliche Menschen lösen Probleme dauerhaft schneller, besser und sie sind kreativer. Sie sind auch aufmerksamer und netter und tragen so zu unser aller Gemeinwohl bei.

„Tausende von Kerzen können von einer einzigen Kerze entzündet werden und die Kerze wird dadurch nicht weniger lange brennen. Glück wird nie dadurch weniger, dass man es teilt."   **[Buddha]**

Fallstudie

Happy family/Teil 1: Danke der Nachfrage, uns geht's blendend!

Wilhelm ist 47 Jahre alt und ein erfolgreicher Geschäftsmann. Seit Jahren leitet er als Vorstandsvorsitzender eine Firma mit vielen Mitarbeitern, die DOLLAR AG.

Seine Jugendliebe, Lisa, hat er nach seinem Examen in Betriebswirtschaftslehre geheiratet.

Wilhelm und Lisa haben einen 15jährigen Sohn „Tunix", der Wilhelm und seiner Frau zunehmend Sorgen macht. In der Schule war er nie in die erfolgreichen Fußstapfen seines Vaters gestiegen, er scheint nur für den Augenblick zu leben. Nichts bringt er zu Ende, stattdessen lenkt er sich gerne mit Fernsehen oder Computerspielen ab, während seine Freunde ihr Studium verfolgen. Schon oft haben Wilhelm und seine Frau versucht, ihn für eine richtige Berufsausbildung zu begeistern. Nur widerwillig und um nicht vom Geldbeutel der Eltern abgeschnitten zu werden, besucht Tunix eine kaufmännische Weiterbildung.

Wilhelm ist eigentlich ganz zufrieden mit seinem Leben und kann sich nicht beklagen. Neben einer gesunden Familie und seinem gut bezahlten Job hat er auch einen großen Freundeskreis.

Und doch quälen ihn ab und an seine Sorgen. Er erlebt seit Jahren, dass seine Lebenszeit immer schneller zu rasen beginnt. Seine täglichen Aufgaben halten ihn völlig in Schach und ehe er sich versieht, ist eine Arbeitswoche ins Land gezogen.

Vor allem der Job fordert Wilhelm sehr und meistens kommt er spät abends völlig erschöpft nach Hause. Den ganzen Tag ist etwas zu tun: Die Gespräche mit seinen Mitarbeitern, die immer neuen Kundenwünsche und seine operative Schreibtischarbeit fordern ihn sehr.

Finanziell geht es Wilhelm und Lisa sehr gut. Sie leben in einer großen Penthouse-Wohnung mitten in einer tollen Stadt. Vor vielen Jahren hatten sie sich während ihres Studiums ineinander verliebt. Lisa denkt oft wehmütig an ihr romantisches Kennenlernen und so manches Rendezvous mit Kerzenschein.

In letzter Zeit beschwert sich Lisa jedoch öfter bei Wilhelm, weil er immer weniger Zeit zu Hause verbringt und sogar am Wochenende Aktenordner wälzt. Wilhelm hat Lisa oft genug den Grund erklärt: „Die Firma fordert das von mir, ich habe eine große Verantwortung – auch den Mitarbeitern gegenüber." Lisa versteht Wilhelm, auch wenn sie es eigentlich gerne anders hätte.

In letzter Zeit fühlt sich Wilhelm aber zunehmend ausgebrannt und schlapp. Manchmal hat er morgens kaum genügend Kraft, um aufzustehen. Er macht sich vor allem Sorgen, weil er trotz intensivem Grübeln nichts in seinem Leben findet, was er verbessern könnte. Er hat einen tollen Job, lebt mit seiner Frau, die er liebt und seinem Kind in einer schönen Stadt. Aber warum um alles in der Welt fühlt sich sein Leben oft so gehetzt an? Warum kann er oft gar nicht genießen, was er hat?

Mit Wehmut denkt er daran, als er als Kind voller Tatendrang und Euphorie enthusiastisch davon träumte, was alles einmal in seinem Leben passieren wird. Wenn er doch nur mal groß wäre ...

Groß ist er lange schon und viel erreicht hat er auch! Wilhelm hat hart gekämpft für seinen Wohlstand und seine Beziehung, aber fühlt sich so ein glückliches Leben an?

Als es ihm eines Morgens wieder einmal gar nicht gut geht, beschließt er, den Dingen auf den Grund zu gehen, denn ein Kämpfer war Wilhelm schon immer! Und so begibt er sich auf die Suche ... die Suche nach dem eigenen Glück ...

Literatur Abschnitt 2.1:

Stand der Glücksforschung: Klein (2008a), S. 17 ff.

Klassische und positive Psychologie: Seligman (2002a), Seligman (2002b), S. 17 ff., Seligman/Csikszentmihalyi (2000), Seligman/Parks/Steen (2004), Gable/Haidt (2005).

Happiness als eigentliche Währung (ultimate currency): Ben-Shahar (2007), S. 51 ff.

Depressionsraten in den USA: Ben-Shahar (2007).

Messung des Glücks: Frey (2010), S. 25 ff.

2.2
Der moderne Mensch auf der Suche nach Happiness

Die meisten von uns kennen das Gefühl, im Eiltempo durchs Leben zu hasten. Wer es pünktlich in die Arbeit geschafft und nicht im Stress des Autoverkehrs seine Nerven strapaziert hat, findet sich beim ersten Kaffee im Büro bereits darauf konzentriert, die erdrückende Fülle von Terminen und Tätigkeiten zu ordnen. Auf dem Platz im Büro angekommen, steht Multitasking auf der Tagesordnung. Gleichzeitig telefonierend und E-Mails lesend nicken wir einem Kollegen zu, der uns zu verstehen gibt, dass er sich über einen kurzen Besuch im Anschluss freut, um ein anstehendes Problem zu lösen. Eine To-Do-Liste mit unerledigten Aufgaben und die nächsten Termine in unserem Kalender drängeln bereits.

Wer aber denkt, dass das Ende des Arbeitstages die lang ersehnte Ruhe bedeutet, fühlt sich meist getäuscht. Wer viel arbeitet, möchte seine Freizeit entsprechend intensiv genießen. Die Anzahl der ersehnten Aktivitäten wie Abendessen gehen, Freunde treffen, Kinobesuche und nötige Besorgungen reihen sich wie an einer Perlenschnur durch den Feierabend.

Andere Arbeitsbienen sind hierzu schon zu erschöpft und freuen sich auf die mediale Ablenkung in den eigenen vier Wänden (Fernsehzappen!), gehen aber dennoch mit dem schlechten Gewissen ins Bett, einigen ihrer Verpflichtungen nicht gerecht geworden zu sein. Sie geloben Besserung für morgen – und fragen sich doch, ob sie die letzten Stunden des Tages zwischen Fernseher und Kühlschrank hätten besser nutzen können.

Von der inneren Stimme, die uns Glück verspricht

Erschöpft rennen wir Tag für Tag unseren Erwartungen hinterher, die uns bessere Gefühle versprechen, „Erreichtes endlich genießen können", „es geschafft haben" oder „am Ziel zu sein". Die große Hoffnung, dass irgendetwas in unserem Leben passieren möge, was uns wirklich glücklich macht, steckt in uns allen. Der oft zitierte Lottogewinn und der damit verbundene Traum, nicht mehr arbeiten zu müssen, sich alles leisten zu können, wirkt auf den ersten Blick naiv, doch allemal faszinierend. Leichter – da wahrscheinlicher – reizt die berufliche Beförderung, das Studienende, ein großer Kundenauftrag, ein größeres Auto, der Gedanke an die imaginäre Traumfrau oder den ersehnten Nachwuchs. Oft fürchten wir uns ebenso vor den negativen Ereignissen wie Krankheit, Unfällen oder Schicksalsschlägen, die unser Glück gefährden könnten.

Wir haben die Sehnsucht nach Glück und innerer Zufriedenheit in uns und hoffen, dass wir ihr näherkommen, wenn wir uns brav anstrengen in der Hektik unseres Alltags. Werden wir aber wirklich glücklicher, wenn wir etwas erreicht haben? Wie lange empfinden wir wirkliches Glück, wenn wir am ersehnten Ziel sind?

Die Wissenschaft ist diesem Phänomen auf den Grund gegangen. So wurden amerikanische Assistenzprofessoren befragt, wie intensiv und wie lange sie ihr persönliches Glück einschätzten, sollten sie zum Professor berufen werden, und wie sich ihr Wohlbefinden wohl im gegenteiligen Fall verhalten würde, wenn sie ihr begehrtes Ziel nicht erreichten. Wer die harten Umstände und die Bedeutung des Auswahlverfahrens für die aufstrebenden Professoren kennt und den enormen Einsatz, den die Befragten bereits hinter sich hatten, ist nicht verwundert über die Antwort der Befragten. Das Glücksgefühl der jahrelang ersehnten Professur erschien den Assistenzprofessoren immens, deren Wirkung andauernd, wäre doch ihr Traum endlich Wirklichkeit. Wenn sie sich hingegen vorstellten, nach all den jahrelangen Anstrengungen ihren Beruf nie ausüben zu können, brach für sie in ihrer Vorstellung eine Welt zusammen, von der sie sich kaum erholen würden. Versprochene Forschungsgelder, finanzielle Unabhängigkeit, Ruhm und innere Genugtuung standen einer oftmals kompletten beruflichen Umorientierung entgegen.

Die Ergebnisse der wissenschaftlichen Studien schienen die Vermutungen auf den ersten Blick zu bestätigen. Diejenigen, die

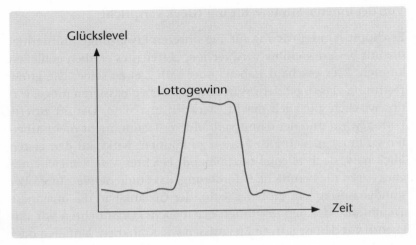

Abbildung 2:
Das psychologische Immunsystem des Menschen

Erreichte Ziele lassen uns nur kurzfristig glücklicher fühlen.

tatsächlich zum Professor berufen wurden, erlebten ekstatisches Glück. Alles hatte sich gelohnt, sie hatten es geschafft und fühlten sich rundum glücklich und zufrieden! Umgekehrt verhielt es sich ebenso. Auch die Abgelehnten sahen sich in ihren Erwartungen bestätigt, ihre Welt lag in Scherben vor ihnen, sie stellten sich selbst in Frage, ihr Lebensglück erlitt einen schweren Dämpfer. Nur in einem hatten sich beide Gruppen grundlegend geirrt. Die Dauer des empfunden Glücks bzw. Unglücks hielt nur sehr kurz an. Nach wenigen Monaten fühlten sie sich bereits wieder genauso glücklich wie vor dem Ereignis. Nichts hatte sich grundlegend geändert. Wer sich vorher glücklich und zufrieden wähnte, war dies auch eine Zeit nach der schmerzvollen Absage. Wer sich vor der Entscheidung im tiefsten Inneren unglücklich und unzufrieden fühlte, war dies auch in der ersehnten berufliche Stellung, nicht einmal kleine Unterschiede im Glücksniveau zeigten sich langfristig. Mit anderen Worten, egal wie bedeutend die erhofften Ziele waren und wie intensiv deren Erreichung für das eigene Leben empfunden wurde, am Glücksgefühl änderte das Erreichen kaum etwas – mit der Ausnahme von wenigen Wochen oder Monaten.

Viele ähnliche Untersuchungen (z. B. über das Glück von Lotteriegewinner oder das erlebte Unglück von Querschnittsgelähmten) zeigten immer wieder dieselben Ergebnisse. Glück und Unglück als Reaktion äußerer Veränderungen hielten bei weitem nicht so lange an wie zuvor angenommen (vgl. Abbildung 2).

Dieses Phänomen erklärt auch die Ergebnisse der Untersuchungen von Ed Diener. In vielen Experimenten hatte der anerkannte amerikanische Glücksforscher über Jahre versucht, einen statistischen Zusammenhang zwischen äußeren Faktoren und innerem Glücksgefühl herzustellen. Geld, Wohlstand, Status, Wohnort etc. hatten kaum einen Einfluss auf das innere Glück – außer, es stand einer dieser Faktoren gar nicht zur Verfügung und die eigene Existenz war dadurch gefährdet. Obdachlose machte Geld schon glücklicher, aber eben nicht über das Existenzminimum hinaus.

Auch volkswirtschaftlich lassen sich die Forschungsergebnisse bestätigen. Trotz des rasanten Wirtschaftswachstums mancher Länder ist das Glücksgefühl ihrer Bürger kaum angestiegen.

Ed Diener konnte dennoch einige Faktoren identifizieren, die eine messbare und vor allem langfristigere Auswirkung auf unser Glücksniveau zeigten. Die Beschneidung der politischen Freiheit durch diktatorische Unterdrückung, eine längerfristige Arbeitslosigkeit und der Verlust eines langjährigen Lebenspartners hatten sehr wohl Einfluss auf das empfundene Glück.

Woran aber liegt es, dass wir einen erreichten Status nicht länger genießen können?

Die Wissenschaft erklärt dieses Phänomen durch das psychologische Immunsystem des Menschen, das ihn an bessere oder schlechtere Lebensbedingungen schnell gewöhnt. Unseren Vorfahren half diese Eigenschaft im Überlebenskampf. Wer sich im Laufe der Evolution schneller an neue äußere Einflüsse anpassen konnte, war überlebenstechnisch im Vorteil. Langandauerndes Glück führte eben nicht zur Untätigkeit, ewiges Unglück nicht zu Depression und Abgeschiedenheit.

Der falsche Glücksengel

Selbst wenn es einen guten Geist gäbe, der uns mit allem versorgt, was wir brauchen, scheint das empfundene Glück kaum langfristig beeinflussbar. Dies zeigt eines der aufwändigsten Experimente der amerikanischen Psychologie überhaupt, die Cambridge Summerville Youth Study.

Um späterer Kriminalität entgegen zu wirken, sollten konkrete vorbeugende Maßnahmen auf ihre Wirksamkeit überprüft werden. Hunderte sozial gefährdete Jugendliche erhielten über sechs Jahre jede nur denkbare Fürsorge. Ein persönlicher Sozialarbeiter kümmerte sich mit viel Zeit und Interesse um die Schwierigkeiten, mit denen jeder Einzelne von ihnen zu kämpfen hatte. Sie erhielten nach Bedarf Nachhilfe und jede Form psychischer und medizinischer Unterstützung. Zudem wurden sie in sozialpädagogischen Sommercamps sowie in Sportaktivitäten oder Vereine eingebunden. Kurzum, alle pädagogischen, sozialen und medizinischen Hilfestellungen sollten dafür sorgen, dass sie unbeschwert aufwachsen konnten. Im Gegensatz dazu musste die Kontrollgruppe mit den lokal vorhandenen Hilfsangeboten und -strukturen vorlieb nehmen. Von nun an folgten die Psychologen den Jugendlichen bis zu ihrem 47. Lebensjahr – und hofften, Mittel und Wege zu finden, die Jugendlichen glücklicher zu machen und somit deren Gewaltbereitschaft zu senken. Konnten nahezu perfekte Lebensumstände die Jugendlichen glücklicher und weniger gewaltbereit werden lassen?

Die ganze Welt wartete gespannt auf die Ergebnisse, doch die Botschaft der Wissenschaftler war ernüchternd. Versuchs- und Kontrollgruppe unterschieden sich kaum in deren Gewaltbereitschaft, auch sonst zeigten sich kaum Unterschiede zwischen den Gruppen. Alle gute Fürsorge schien ins Leere zu laufen. Nur eine einzige Wirkung konnte nachgewiesen werden. So wurden die Mitglieder der Untersuchungsgruppe öfter arbeitslos und verfielen eher dem Alkohol. Die Fürsorge hatte sie abhängig werden lassen.

Die vergebliche Jagd nach dem Glück

Falsche Erwartungen an die Ursachen des eigenen Glücks führen mit zunehmendem Lebensalter zu Ernüchterung. So hoffen die meisten Menschen, dass sich ihr Leben und ihre Glücksgefühle verändern werden, wenn sie etwas erreicht haben. Natürlich hat dies einen kurzfristigen Einfluss auf unser Wohlbefinden. Der Student fühlt sich tatsächlich im siebten Himmel, wenn er seine Examensurkunde feierlich im Angesicht seiner Hochschullehrer, Verwandten und Freunde entgegen nimmt. Die Belohnung zeigt sich auch emotional von ihrer besten Seite. Nur lässt eben dieses Gefühl schon nach kurzer Zeit nach. Davon ernüchtert sucht er in anderen, höheren Zielen die erhoffte andauernde Belohnung. Vielleicht ein interessanter internationaler Job oder ein Doktortitel oder gar beides? Das Rennen nach dem ersehnten Glück geht in die nächste Runde und doch merkt der Läufer, dass er immer mehr an Zeit und Anstrengung investieren muss, um das nächste Ziel zu erreichen, nur um sich (kurzfristig) gut zu fühlen. Wieder am vermeintlichen Ziel angekommen, sieht er sich am Startpunkt der letzten Reise, denn jetzt winkt nach verflüchtigtem Glück die Beförderung, ein Professorentitel, ein Haus mit Garten, die hohe Rente etc. Die immer höhere Anstrengung für ein kurzes Glücksgefühl äußert sich zunehmend in Stress, aber schlimmer noch in der Angst, das nächste Ziel zu verfehlen und in immer größerer Niedergeschlagenheit. Egal, wie sehr er sich auch anstrengt, dem eigentlichen Ziel – Happiness – kommt er kaum näher. Die amerikanische Literatur nennt diese Vergeudung von Energien „life of a rat racer" (Leben als ewiges Rattenrennen), an dessen Ende selten das Glück, viel eher das Burn-Out-Syndrom hinter der Zielfahne lauert. Natürlich gibt es Menschen, die aus diesem Rennen vorher aussteigen und sich aus Enttäuschung entweder lediglich kurzfristigem Genuss hingeben (Hedonismus) oder jede Werthaltigkeit verneinen (Nihilsmus). Den ewig Rennenden fehlt die Kraft und der andauernde Glücksmoment, den beiden Letztgenannten der Sinn des Lebens. Glücklich sind meist weder die einen noch die anderen.

Falsche Interpretation führt zum Lebensweg des rat racers (Rattenrennen), Hedonisten oder Nihilisten.

Wenn das langfristige Glück aber kaum etwas damit zu tun hat, was uns von außen widerfährt, gibt es überhaupt eine Chance auf Veränderung, die wir selbst beeinflussen können? Sind wir unseren Genen ausgeliefert oder müssen wir unser vererbtes Glücksniveau einfach akzeptieren?

Happy family/Teil 2: Wilhelm – Die ewige Hetze nach Glück und Zufriedenheit?

Fallstudie

Wilhelm legte das Buch zur Seite und hörte in sich hinein. „Äußere Erfolge und Misserfolge beeinflussen das eigene Glücksgefühl also nicht so lange, wie wir denken."

Konnte das in seinem Leben auch zutreffen und hatte ihn das in seinem Lebensglück behindert? Er erinnerte sich an seine Jugend. Schon in seiner Schulzeit hatte sich Wilhelm enorm angestrengt, um ins Gymnasium zu kommen. Die Zeit damals war toll und unbeschwert, er hatte einen Großteil seiner Freizeit mit vielen Freunden verbracht und war sportlich aktiv gewesen. Nur das Taschengeld war immer sehr begrenzt, doch wenn er später arbeiten würde, könnte er sich bestimmt die vielen schönen Dinge leisten und genießen. Darauf freute er sich schon!

Die Zeit auf dem Gymnasium war geprägt von all den Freuden und Problemen seiner Selbstentwicklung. Als die Abiturprüfung in Sicht kam, legte sich Wilhelm richtig ins Zeug. Er wollte unbedingt eine gute Ausgangssituation, um das studieren zu können, was er wollte. So wälzte er tage- und nächtelang Bücher, lernte vieles auswendig und bereitete sich mit größtem Ehrgeiz auf die Prüfungsphase vor. Die Stimmen seiner Eltern hatte er in dieser Zeit oft im Kopf „Du brauchst eine gute Abiturnote, damit es Dir gut geht". Wilhelm verspürte erstmals wirklichen Leistungsdruck. Er konnte manchmal schlecht einschlafen und wachte nachts schweißgebadet auf. Gerade hatte er geträumt, dass er die Aufgaben nicht lösen konnte, obwohl er doch so viel gelernt hatte. Wenn er doch nur schon das Abitur in der Tasche hatte. Er freute sich auf die spannende Zeit, die dann kommen würde …

Wilhelm brillierte in der Abiturprüfung: Er hatte eine EINS! Jetzt wollte er wissen, was die Welt ihm bot. Endlich war er frei! Bei der anstehenden Studienwahl war er sich lange Zeit sehr unsicher. Bloß jetzt nichts falsch machen! Es wäre fatal, sich nun mit seiner guten Note für eine falsche Studienrichtung zu entscheiden. Was sollte er nur tun?

Wilhelm bewunderte seinen Vater Volker sehr. Dem gestandenen Unternehmer schien alles in seinem Berufsleben zu gelingen. Er führte eine Firma an, hatte viel Geld und legte Wilhelm immer nahe „Sieh zu, dass etwas aus Dir wird! Schau mich an, mir geht es gut! Ich an Deiner Stelle würde ins Management gehen!"

Gesagt, getan. Wilhelm schrieb sich – sehr zur Freude seines Vaters – an einer sehr renommierten Universität für das Studium der Wirtschaftswissenschaften ein. Gleich in den ersten Semestern stieg der Leistungsdruck enorm, die Noten wurden für Wilhelm immer wichtiger. Während andere Studenten nur „durchkommen wollten", hatte Wilhelm andere Ziele. Nur wenn er wirklich aus der Menge der Studierenden herausstach, konnte er sich seinen Arbeitgeber selbst aussuchen! Wilhelm lernte, dass er sich dieses Mal noch mehr als in seiner Schulzeit anstrengen musste, dann würde schon alles gut werden! Jeden Tag sehnte er sich nach dem perfekten Examensergebnis. Wenn er nur endlich fertig wäre und die Quälerei ein Ende hätte! Wie schön es wohl im Beruf werden würde! Kein Lernen, keine Prüfungen, sondern das Tun, was ihm Spaß machen würde. Vier lange Jahre lernte Wilhelm in seinem Arbeitszimmer. Er verzichtete auf vieles, genoss es aber jedes Mal, wenn er gute Noten nach Hause brachte, auch seine Eltern und Lisa waren dann begeistert. Oft fühlte er sich in dieser Zeit völlig ausgebrannt. Nur, wenn er die Notenliste der Universität durchging und seine Matrikelnummer suchte, jubelte er über sein gutes Abschneiden. Aber sehr schnell verflog die Freude, die nächsten Prüfungen standen an. Hatte er dann endlich alle Prüfungen eines Semesters geschafft, blickte er sorgenvoll auf das nächste akademische Jahr. Zudem hatte Wilhelm verstanden, dass Studieren alleine nicht ausreicht.

Viele Praktika bei internationalen Unternehmen waren wichtig, um später eine gute Arbeit zu finden. Also nutzte er die Semesterferien, um möglichst viele praktische Erfahrungen zu sammeln. Manchmal war er richtig ausgebrannt, wenn das Semester wieder losging.

Doch endlich, nach all den Mühen, war der Tag der Entscheidung gekommen! Und wieder gelang Wilhelm ein hervorragender Abschluss. Er war am Ziel seiner Träume! All die Entbehrungen hatten sich gelohnt. Jetzt würde er endlich genießen können und diesen Triumph konnte ihm keiner nehmen! Doch nur wenige Tage nach der Examensfeier holten ihn die Sorgen um einen guten Job ein. Schließlich brachte ihm sein gutes Examen nichts, wenn er in Vorstellungsgesprächen versagte. Was würden seine Freunde und seine Familie über ihn denken, die ihn wegen seiner guten Erfolge so bewunderten? Er wollte durch seine Leistung erneute Anerkennung bekommen und seinen mühsam aufgebauten Ruf nicht verlieren.

So bewarb er sich bei wirklich herausfordernden Unternehmensberatungen, die ihm schon in den Vorstellungsgesprächen alles abverlangten. Stresstests, Konfrontationsgespräche, mathematische Prüfungen, alles sollte er in kürzester Zeit erledigen. Wenn er nur einen dieser hochangesehenen Jobs bekäme! Wie in seinem ganzen bisherigen Leben glückte Wilhelm auch dies. Er jettete um die Welt, beriet Unternehmen in Deutschland, England und Amerika. Er verdiente sehr viel Geld und wurde von den Kunden für seine innovativen Ratschläge bewundert. Der Job forderte ihn sehr. Wenig Schlaf, zu viele Projekte in zu wenig Zeit, und auch der Reisestress nahmen in sehr in Anspruch. Wenn er doch nur seine Arbeitszeit selbst bestimmen konnte! Doch wie er es auch drehte und wendete, diesen Wunsch konnte er sich in seinem Job nicht erfüllen. Aufgeben wollte er den heißerkämpften Arbeitsplatz aber auch nicht, hatte er doch schon so viel Zeit und Mühen investiert. Dieser Konflikt rieb ihn förmlich auf. Oft tauschte er sich mit Lisa in dieser Zeit aus, die ängstlich die körperlichen Stresssymptome von Wilhelm registrierte. Magenschmerzen, Verspannungen, die sich manchmal in rasendem Kopfweh äußerten, zwangen Wilhelm schließlich zum Umdenken.

Mit seiner gesammelten Erfahrung gründete er die DOLLAR AG. Er war endlich sein eigener Chef! Die DOLLAR AG veranstaltete vor allem

Teambuilding-Maßnahmen für andere Unternehmen. Während er in der Anfangszeit seine Eigenständigkeit sehr genoss, sorgte er sich nun aber mehr und mehr um den Umsatz seiner Firma. Er hatte einige Mitarbeiter eingestellt und es war gar nicht so leicht, neue Kunden zu gewinnen. Wieder fand er sich einem enormen Leistungsdruck ausgesetzt. Doch er hatte die Lösungsformel in seinem Leben bereits erfolgreich gelernt. „Ohne Fleiß kein Preis!" Und so arbeitete er täglich bis an die Grenzen seiner Leistungsfähigkeit.

Wilhelm legte das Buch beiseite und reflektierte seinen beruflichen Werdegang. Immer wieder hatte er gedacht, dass sich beim Erklimmen der nächsten Karrierestufe seine eigene Zufriedenheit steigern würde. Wenn er nur einmal das Abitur hatte, wenn er eine gute Examensnote hatte, wenn er doch bloß diesen begehrten Job in der Unternehmensberatung ergattern könnte und wenn er doch endlich sein eigener Herr würde…. Dann würde alles besser werden! In Wirklichkeit war sein Glücksgefühl kein wirklich anderes geworden. Die Probleme hatten sich nur verschoben. Fehlte ihm in seiner Schul- und Studienzeit das Geld, fühlte er seine Fremdbestimmtheit und geringe Freizeit im Joballtag. Eines hatten aber alle Phasen seines Lebens gemeinsam: So sehr er sich auch anstrengte, richtig genossen hatte er seine Ausbildung und spätere Arbeit kaum. Erneut las er aufmerksam die Abschnitte des Buches Satz für Satz durch. Wilhelm fand sein Leben recht gut beschrieben. Am meisten identifizierte er sich mit dem Bild des „rat racers", gestresst kämpfend für die Erfolge, die aber im Nachhinein weniger hielten, als sie versprochen hatten. Etwas entmutigt ging er an diesem Abend ins Bett und schlief die Nacht über unruhig. Er hatte sich selbst erkannt, Lösungen schienen ihm aber kaum in Sicht.

Ein wenig bedauerte er seine Vergangenheit und ihm wurde klar, dass er auch Lisa und Tunix nicht so viel geben konnte, wie er gerne würde. Zu sehr war Wilhelm mit sich und seinem Wettrennen nach Glück und Zufriedenheit beschäftigt.

Übungen

1. Wann in meinem Leben habe ich einmal gedacht, nach einem erreichten Ziel oder Ereignis langfristig glücklicher zu werden? Wie lange dauert die gefühlte Glückseligkeit wirklich?
2. Wann in meinem Leben habe ich mich von einem Schicksalsschlag schneller erholt als befürchtet?

Literatur Abschnitt 2.2:

Das Glück von Lotteriegewinnern und Unfallopfern: Brickmann/
Coates/Janoff-Bulman (1978).
Glück und Geld: Csikszentmihalyi (1999).
Glück und Universitätsprofessoren sowie die Unterschätzung der
Dauerhaftigkeit äußerer Erfolge.
und Misserfolge auf das eigene Glück: Gilbert/Pinel/Wilson/Blum-
berg/Wheatley (1998).
Rattenrennen, Hedonismus, Nihilismus: Klein (2008a), S. 418 ff.,
Ben-Shahar (2007), 13 ff.
Glück und Geld: Frey (2010), 47 ff., Klein (2008a), S. 477 ff., Ben-
Shahar (2007), S. 55 ff., Ben-Shahar (2010), S. 177–180, Diener/
Oishi (2002).
Statistische Messung des Glücks: Frey (2010), S. 25 ff.
Cambridge Summerville Study: Mccord/Mccord (1959).

2.3
Prägt uns unser Gehirn oder gestalten wir es?

Wenn unser Glücksgefühl weniger das Resultat äußerer Lebensein-
flüsse ist, wovon hängt dann unsere Gefühlswelt ab, und können
wir sie willentlich beeinflussen? Die Beantwortung dieser Fragen
führt uns an den Ort, an dem die guten Gefühle entstehen: in unser
Gehirn.

Bis vor wenigen Jahren war sich die Wissenschaft darin einig,
dass unser Gehirn vergleichbar zum menschlichen Skelett spätestens nach der Pubertät ausgewachsen ist. Die Erkenntnis, dass wir
grundlegende Änderungen in unserem Gehirn selbst in der Hand
haben, ist erst der rasanten Entwicklung der jüngsten Hirnforschung
zu verdanken. Seit kurzem können Wissenschaftler im Computer-
tomographen dem Gehirn sogar bei seiner Arbeit zusehen.

Fast wöchentlich werden neue Forschungsergebnisse über unser
Denken, Fühlen und Handeln veröffentlicht. Die Botschaften sind
eindeutig. Wir sind unserem Schicksal in viel geringerem Maße ausgeliefert als bislang angenommen.

Wie Taxifahrer ihr Gehirn verändern

Englische Wissenschaftler sind der Frage nachgegangen, welche Spuren ein Training des menschlichen Orientierungssinns im Gehirn hinterlässt. Untersucht wurden Taxifahrer, die sich jeden Tag im unübersichtlichen Londoner Straßengewirr zurecht finden müssen. Die Lage und Erreichbarkeit von über 25.000 Straßen mit ihren zahlreichen Einbahnstraßen sind eine echte Herausforderung für jeden Autofahrer. Der Hippocampus der Taxifahrer, jener Teil des Gehirns, der für die räumliche Erinnerung zuständig ist, muss Höchstleistungen vollbringen. Verändert sich ein Teil des Gehirns, wenn es dauernd gefordert ist? Die Wissenschaft schaute den Taxifahrern beim Lernen zu.

Wer in London sein Geld mit Taxifahren verdienen will, muss seine Tauglichkeit zuerst unter Beweis stellen. Im Durchschnitt dauert das intensive Orientierungstraining zwei Jahre, an dessen Ende über 400 Fahrtrouten abgeprüft werden. Und tatsächlich hatte das Lernen Spuren im Gehirn hinterlassen. Der hintere Teil des Hippocampus war durch die vielen Stunden des Lernens beträchtlich angewachsen. Mehr noch, er vergrößerte sich nach erfolgreicher Prüfung sogar weiter mit den Jahren der Berufserfahrung. Das Gehirn passt sich neuen Herausforderungen an, indem es seine Struktur verändert. Interessanterweise geht die Stärkung eines Hirnareals meist mit der Schwächung eines anderen einher. Im Fall der Taxifahrer bildete sich der vordere Teil des Hippocampus entsprechend zurück, der für die Verarbeitung neuer, fremder Eindrücke zuständig ist. Während die Taxifahrer also in London jeden Fahrgast mit schlafwandlerischer Sicherheit durch die Stadt fuhren, waren sie in einer neuen, unbekannten Stadt orientierungsloser als jeder normale Tourist.

Mönche im Glück

Eine andere Untersuchung zeigt, wie Mönche durch Meditation ihre Gehirnstruktur verändern und so zu Glück finden. Unsere guten und schlechten Gefühle entstehen vor allem im Stirnhirn, das sich in zwei charakteristische Bereiche teilt. Glücksgefühle zeigen sich in ihren vielen Facetten im linken Teil, wohingegen Depressionen und Misstrauen in der rechten Hälfte angesiedelt sind. Dies zeigte sich in einer Vielzahl von Versuchen, in denen sich diejenigen Personen als besonders glücklich empfanden, deren Gehirnak-

tivität im linken Teil des Stirnhirns gegenüber dem Rechten überwog. Der Quotient von linkem zu rechtem Teil des Stirnhirns ließ
– bei gleichen äußeren Umständen – die Positivität der Menschen
vorhersagen. Je größer der Quotient ist, desto besser das Wohlbefinden des Menschen!

Richard Davidson zeigte diesen Zusammenhang in vielen Experimenten. So spielte er Versuchspersonen Ausschnitte von Spiel-
filmen vor. Die gleichen Filmszenen führten zu unterschiedlichen
Gefühlen bei den Zuschauern. Diejenigen Probanden, bei denen
der linke Teil des Stirnhirns dem rechten überwog, lachten mehr
an lustigen Stellen und empfanden gleichzeitig grausame Szenen
als weniger tragisch. Genau umgekehrt verhielt es sich bei den Zuschauern, deren rechter Teil des Stirnhirns größer war als der linke.
Sie fühlten Tragisches und Grausames intensiv, zu den guten Gefühlen hatten sie weniger Zugang. Die Wahrnehmung der gleichen
„Realität" erzeugte bei den Versuchspersonen also unterschiedliche
Gefühle. Je nachdem wie ihr Verhältnis von linkem zu rechtem präfrontalem Cortex war, so zeigten sich auch ihre Gefühle.

Müssen sich Menschen mit einer hohen Aktivität im rechten
Teil ihres Stirnhirns nun damit abfinden, unglücklicher zu sein?
Auch hier hat die Wissenschaft den Spezialisten beim Training über
die Schulter gesehen.

Besonderes Aufsehen erregte hierbei die Untersuchung des Stirn-
hirnes von Mönchen, die ausgiebig und über lange Zeit meditiert
hatten. Teilweise über 10.000 Stunden hatten sich die Mönche auf
ihren Atem und den Augenblick im Hier und Jetzt fokussiert und so
den schlechten Gefühle kaum Aufmerksamkeit geschenkt. Ihr ge-
messenes Verhältnis von linkem zu rechtem präfrontalem Cortex
überraschte selbst die Wissenschaftler. Nie zuvor war eine so große
Dominanz von linkem zu rechtem Stirnhirn bei Menschen gemessen worden. Die Meditation hatte die Gehirnstrukturen der Mönche grundlegend verändert. Sie hatten trainiert, Eins mit sich selbst
zu sein und auf gelassene Art Glück zu finden. Die Fußspuren des
Glückstrainings hatte der Computertomograph sichtbar gemacht.

Herr Pawlow und seine Hunde

Iwan Pawlow erforschte zu Beginn des 20. Jahrhunderts den Ver-
dauungstrakt von Hunden. Ihm fiel bei der Fütterung seiner Hunde
auf, dass diese auch dann einen erhöhten Speichelfluss zeigten,

wenn er gar kein Essen mit sich trug. Hatten seine Schritte und sein immer gleicher Arbeitsanzug die Verdauungssäfte der Hunde aktiviert? Diese Frage regte ihn zu einem Experiment an, für das er später den Nobelpreis bekam. In seinem Versuch läutete er ein paar Tage lang jedes Mal mit einer Glocke, wenn er den Hunden ihren Fressnapf vorsetzte. Nachdem sich die Tiere nach einiger Zeit an die sonderbare Prozedur gewöhnt hatten, ließ Pawlow die Glocke ertönen, ohne die Tiere zu füttern. Nur durch den Ton der Glocke lief den Hunden bereits das „Wasser im Mund zusammen". In ihren Gehirnen war scheinbar eine neue Verdrahtung entstanden, die den Glockenton mit der Vorstellung vom ersehnten Essen verbunden hatte. Die Glocke allein reichte nun aus, um die Verdauungssäfte zu aktivieren. Pawlow nannte das Phänomen Konditionierung. Es beschrieb, dass ein ansonsten neutraler Reiz (Glockenton) alleine genügen kann, um eine Körperreaktion hervor zu rufen. Hierfür war nur nötig, ihn eine Zeit lang zusammen mit dem eigentlichen Reiz (Futter) zu wiederholen, der die Reaktion des Körpers (Verdauungssäfte) ursächlich auslöst. Dieser eigentliche Reiz konnte später weggelassen werden, der Körper reagierte alleine auf den neutralen Reiz. Iwan Pawlow standen damals nicht die Möglichkeiten heutiger Hirnforschung zur Verfügung und so musste er sich mit deskriptiven Verhaltensanalysen zufrieden geben. Was war im Gehirn der Hunde wirklich passiert?

Der Garten der Neuronen

Unser Gehirn besteht aus 100 Milliarden Neuronen, Gehirnzellen, die wie Pflanzen in einem Garten verbunden sind. Erst diese Verbindungen zwischen den Neuronen machen unser Gehirn so mächtig. All unsere Erfahrungen und unser Gelerntes sind dort abgespeichert.

Über diese Verdrahtungen unseres Gehirns ist geregelt, wie wir denken und fühlen, wenn ein äußerer Reiz unsere Sinnesorgane trifft. Wären diese Verdrahtungen starr und unveränderbar, wäre uns die Basis für ein lebenslanges Lernen entzogen. Aber genau diese Möglichkeit stellt einen der größten Evolutionsvorteile des Menschen dar. Wenn wir uns einmal an einer Herdplatte die Hand verbrennen, passiert uns das selten ein zweites Mal. Die Neuronen, die durch den Sehnerv aktiviert werden (Bild der Herdplatte) und diejenigen für den gefühlten Schmerz, feuern zugleich. Unser Ge-

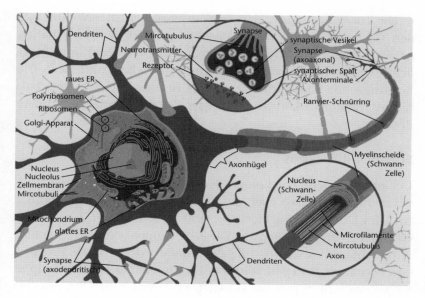

Abbildung 3: Zusammenspiel von Neuronen (Quelle: http://de.wikipedia.org)

hirn „merkt" sich diesen Zusammenhang, indem zwischen den Neuronen Verbindungen entstehen, die sogenannten Synapsen (vgl. Abbildung 3). Sinneseindrücke werden so mit Gefühlen verbunden. Das alleinige Bild der Herdplatte lässt uns fortan vorsichtig handeln. Gleiches war bei den Pawlowschen Hunden geschehen. Die Verdrahtung von Glockenton und Futter wurde im Gehirn durch die gleichzeitige Reizung der beteiligten Neuronen geschaffen. Waren die Synapsen erst einmal gebildet, musste diese Verbindung lediglich einige Tage durch Wiederholung gestärkt werden. Feuerten danach alleine die Neuronen, die durch den Glockenton aktiviert wurden, wurden jetzt zugleich auch diejenigen produktiv, die für den Genuss des Futters zuständig waren, selbst wenn gar keine Mahlzeit lockte. Der Speichelfluss auf das Glockenläuten war das Ergebnis einer veränderten Gehirnstruktur.

Die eigene Gefühls- und Bewertungswelt ist nicht real. Unser Gehirn schafft uns eine subjektive Welt, die wir Realität nennen.

Psychologen sind der Meinung, dass wir unser ganzes Leben lang unsere Kindheit immer wieder durchleben und versuchen, damit „fertig zu werden". Die Wissenschaft kann da nur zustimmen. Gerade in unseren ersten Lebensjahren werden viele Neuronen miteinander verbunden. Unser Weltbild entsteht durch diese Verschaltungen im Kopf. Wir trauen uns Dinge zu oder sind schüchtern, wir fühlen uns selbstbewusst oder abhängig von anderen. Das alles hat unser Gehirn erstmals in einer Zeit gelernt, in der uns die weitreichenden Folgen noch nicht bewusst waren.

Die Tücke liegt darin, dass sich unser so gelerntes Weltbild jeden Tag bestätigt. Wir nennen Realität, was wir selbst geschaffen haben. Unsere subjektive Einschätzung der Welt und ihrer Möglichkeiten ist durch die Verdrahtungen im Gehirn hinterlegt. Die herausragende Erkenntnis für uns alle ist, dass wir diese Verschaltungen verändern können – zu jeder Zeit im Leben, auch heute noch!

Erlernte Hilflosigkeit

Der amerikanische Psychologe Martin Seligman fand in einem Experiment heraus, dass auch das Gefühl der Hilflosigkeit erlernbar ist. Seine Untersuchung hierzu bestand aus zwei Teilen. Zuerst teilte er Hunde in drei Gruppen auf. Die erste Gruppe wurde in einer Box Stromschlägen ausgesetzt, die die Hunde jedoch durch Drücken eines Schalters abstellen konnten. Die Hunde der zweiten Gruppe hatten das schlechtere Los gezogen. Sie konnten den Stromschlägen nichts entgegen setzen und mussten die missliche Lage ertragen, es gab keinen Schalter. Die dritte Gruppe, die Kontrollgruppe war keinen elektrischen Schocks ausgesetzt.

Um die Reaktionen der ersten beiden Gruppen vergleichbar zu machen, musste die Anzahl der Stromschläge im Experiment synchronisiert werden. Jedes Mal, wenn Gruppe eins Strom verspürte, wurden auch die Tiere der zweiten Gruppe elektrisiert. Der unangenehme Reiz widerfuhr den Hunden beider Gruppen also gleich oft, der Unterschied bestand lediglich darin, dass Gruppe eins im Gegensatz zu ihren Hundekollegen der zweiten Gruppe die Stromschläge aktiv vermeiden konnte.

Im zweiten Teil des Experiments waren dieselben Hunde wieder in einer Box. Auch diesmal wurden sie Stromschlägen ausgesetzt, nur mit einem großen Unterschied. Alle Tiere konnten die qualvolle Box einfach verlassen und waren so von den elektrischen Schocks befreit. Die Hunde der ersten Gruppe entflohen der Box sofort, wie einfach war diesmal auch der Ausweg! Etwas länger benötigten ihre Kollegen aus der Kontrollgruppe, doch auch sie nutzten ihre objektive Chance schnell. Schockierend war aber das Verhalten der zweiten Gruppe. Sie ertrugen geduldig die Stromstöße, ohne die Flucht zu ergreifen. Obwohl es objektiv eine einfache Lösung für ihr quälendes Problem gab, hatten sie innerlich aufgegeben. Ihre Kraft und Aufmerksamkeit, sich zu befreien, war im ersten Experiment schwer beschädigt worden. Sie hatten unbewusst Hilflosigkeit erlernt.

Wer sich also im ersten Teil des Experiments aus eigener Kraft befreien konnte, fand schnell die Lösung, wer die Hilflosigkeit seiner Befreiungsversuche allerdings einmal ertragen hatte, wehrte sich beim zweiten Versuch kaum noch. Martin Seligman übertrug das Modell auf den Menschen und konnte so Wege in die Depression erklären. Denn auch im gesunden Menschenleben ist die erste Lebensphase fast immer von Hilflosigkeit gekennzeichnet. In der Kindheit waren wir zumeist auf unsere Eltern angewiesen. Auf dem Rücken liegend und schreiend war so manches Tun vergeblich. Zudem haben uns unsere liebevollen Ernährer von so manchem Vorhaben bewusst abgehalten. Entweder waren wir zu jung, die Idee zu abenteuerlich oder sie passte einfach nicht ins Konzept der älteren Generation. Und auch als wir heranwuchsen, scheiterten wir manchmal im Leben. Es verschalteten sich – ohne unser Bewusstsein – die Neuronen in unserem Gehirn und ließen uns Hilflosigkeit erlernen. So erkennen wir heute die objektiven Lösungen unserer Probleme oft nicht mehr, genau wie die Hunde im zweiten Teil von Seligmans Experiment. Unsere automatisierten Reaktionen und innere Stimmen kommen jedem von uns aber schon so vertraut vor, dass sie uns real erscheinen. Das Gehirn schafft sich seine eigene Welt und gaukelt uns dabei objektive Realität vor.

Missbrauchte Zwillinge

Im Rahmen der Zwillingsforschung machten Psychologen eine interessante Entdeckung. Sie waren eineiigen Zwillingen gefolgt, die aus einem üblen Elternhaus kamen. Die Ehe ihrer Eltern war ein Drama, der Vater war dem Alkohol verfallen, selbst seine sexuellen Übergriffe auf die Töchter waren keine Seltenheit. Diesem Martyrium entflohen, nahmen die erwachsenen Töchter ihr Leben selbst in die Hand. Wie würde sich aber der Schock der ersten Lebensjahre auf ihr Leben auswirken? Waren sie dauerhaft geschädigt und flüchteten sich gar in Drogen? Konntten sie ihre Wut in Mut verwandeln und gingen ein völlig neues Leben an? Würden die beiden ihr Leben auch in gleicher Weise verändern, schließlich war ihr Erbmaterial komplett identisch?

Als die Psychologen die erste Tochter aufspürten, erinnerte ihr Familienleben stark an die selbst erlebte Kindheit. Sie war mit einem gewalttätigen Trunkenbold verheiratet und auch ihre Kinder litten unter den dramatischen Verhältnissen der Familie. Die Tochter hatte ihr Familienmuster übernommen und es in die nächste Generation übertragen. Im Gespräch mit den Wissenschaftlern wurde sie nach den Gründen gefragt, die zu ihrer desolaten Familiensituation führten. Unter Tränen antwortete sie: „Wussten Sie denn nicht, wie mein Vater zu uns war?"

„Für verschiedene Gemüter ist dieselbe Welt Himmel bzw. Hölle."
[Ralph Waldo Emerson]

Gespannt beobachteten die Psychologen das Leben der zweiten Tochter. War auch sie gefangen in der Dramatik ihrer Kindheit? Zum Erstaunen der Wissenschaftler führte sie eine Bilderbuchehe und hatte reizende Kinder. Die Eltern liebten sich und taten viel zum Wohlbefinden aller. So genossen die Kinder jeden Tag im trauten Elternhaus und gingen vergnügt in die Schule. Nach den Gründen für ihr himmlisches Familienglück befragt, antwortete sie irritiert: „Wussten Sie denn nicht, wie mein Vater zu uns war?"

Was machte den Unterschied zwischen den beiden Töchtern aus? Sie hatten das gleiche Trauma erlebt, ihre Erbinformation war identisch und doch lebten sie ein komplett unterschiedliches Leben. Mehr noch, sie begründeten ihren Lebenswandel sogar mit dem gleichen erlebten Schock der frühen Kindheit. Sie hatten sich für Glück oder Unglück unbewusst entschieden und damit ihr Gehirn verdrahtet. Ihr Weltbild einer Mann-Frau-Beziehung hatte sich in jungen Jahren in ihren Gehirnen verfestigt. In ihrem weiteren Leben hatten sie daher Familienglück bzw. ein erneutes Drama wie ein Magnet angezogen, ohne es zu merken.

Im Verlaufe dieses Buches werden Sie sich immer mehr Ihren eigenen „Verdrahtungen" im Kopf bewusst werden und lernen, wie Sie noch mehr Verantwortung für sich selbst übernehmen und neue Entscheidungen treffen können. Sobald Sie sich in Ihrem Innersten dafür entscheiden, glücklich zu sein, wird sich das Schicksal in wunderbarer Weise um Sie kümmern.

Der Regisseur, der keinen Schlaf braucht

Weitere Antworten auf die Frage nach der Funktion des menschlichen Gehirns finden wir in der Evolution. Die Menschheit hat sich im Laufe der Jahrmillionen vortrefflich entwickelt. Und das, obwohl wir in unseren körperlichen Fähigkeiten den meisten Tieren deutlich unterlegen sind. Im Wettlauf mit Raubkatzen sind wir ohne jede Chance. Vögel fliegen über unseren Köpfen und Delphine schwimmen uns im Meer auf und davon. Wir können nicht so tief tauchen wie ein Wal und sind lange nicht so stark wie ein Elefant. Nur in einem sind wir den anderen Tierarten überlegen: in unserem Denken. Wir können unser Handeln reflektieren. Einem Problem gegenübergestellt, wählen wir aus einer Vielzahl von Handlungsalternativen die für uns Beste aus. Das gelingt uns aber nur, weil wir im Laufe unseres Lebens ständig lernen. All unsere Eindrücke und die damit verbundenen Gefühle speichern wir in unserem Gehirn ab. Wie bei den Pawlowschen Hunden entstehen so nach und nach die Verdrahtungen in unseren Köpfen. Wir merken uns, dass ein Croissant gut schmeckt, die Sonne warm und angenehm ist, aber auch, dass uns Vorgesetzte immer kontrollieren wollen oder uns nur Anstrengung zum Erfolg bringt. Einmal gelernt und oftmals wiederholt, reagieren wir dann fast automatisch auf die äußeren Reize. Dies hilft uns im Alltagsleben ungemein. So müssen wir nicht überlegen, welche Muskeln wir beim Laufen anspannen müssen, und wir vergessen auch nicht zu atmen. Automatisch stoppen wir mit unserem Auto an einer roten Ampel, ohne uns darauf konzentrieren zu müssen. In unserer ersten Fahrstunde haben wir noch das Radio ausgeschaltet, weil wir auf Kuppeln, Bremsen und Blinken konzentriert waren. Heute telefonieren wir dabei, denken über den Arbeitstag nach oder unterhalten uns angeregt mit unserem Beifahrer.

Unterbewusst läuft unser Leben ab und erzeugt die guten und schlechten Gefühle. Wir fällen Entscheidungen an jedem Tag und sind uns doch über ihre unterbewusste Entstehung kaum im Klaren. Wir merken gar nicht, wie sehr wir die äußeren Erlebnisse im Licht unseres Unterbewusstseins einfärben. Wir interpretieren Ereignisse automatisch, ohne es wahr zu nehmen. Wir schaffen uns unser Bild der Welt, so wie wir es gelernt haben, ohne uns zu verdeutlichen, dass es auch ganz anders sein könnte. Was wir erleben ist nicht die äußere Realität, sondern unsere Interpretation. Einer Frau, die sich unterbewusst nicht attraktiv findet, kann dieses Gefühl von außen kaum genommen werden. Sie sieht jeden Tag im Spiegel ihre Problemzonen völlig überzeichnet. Und wenn sie wirklich objektiv gut aussieht? Wie wird sie die externe Rückmeldung ihrer Schönheit aufnehmen? Ihr Gehirn gibt ihr die Antwort vor. Sie nimmt die aufrichtigen Komplimente ihrer Verehrer zwar wahr, interpretiert sie aber automatisch als Mitleid. „Die Männer wollen mir gut zureden, so sehr ist meine Unvollkommenheit mittlerweile offenkundig", mag sie sich denken. Als Opfer ihrer Wahrnehmung merkt sie nicht, wie ihr die Lösung ihres Problems verschlossen bleibt wie den hilflosen Hunden aus Seligmans Experiment. Gefangen im Spiel der Neuronen und Chemikalien in ihrem Kopf, empfindet sie real, was subjektiv ist. Ähnlich wie in dem Film „Die Truman Show", einem Spielfilm von 1998 mit Jim Carrey in der Hauptrolle, merken wir oft nicht, dass unsere Wahrnehmung subjektiv und nicht objektiv ist.

Unser Unterbewusstsein steuert uns den ganzen Tag und ist selbst in der Nacht aktiv. Der Regisseur in unserem Kopf passt zudem ständig darauf auf, dass die Dinge von außen unseren inneren Bewertungen entsprechen. Er versucht mit allen Mitteln, äußere Eindrücke mit bereits Gelerntem zu verknüpfen und legt diese nur *scheinbar* passend in der Bibliothek des Unterbewusstseins ab. Die bewundernden Blicke der Männer auf der Straße nützen der attraktiven Frau also nichts, wenn der Regisseur in ihrem Kopf nur nach Bestätigungen sucht, dass sie nicht hübsch ist. Tiefes Mitleid der Verehrer über ihre Unvollkommenheit ist die passende Erklärung für ihr Unterbewusstsein. Wieder bestärkt ein „realer" Eindruck ihre subjektiven Verschaltungen im Kopf. Die Neuronennetze verstärken sich durch die scheinbar erneute Bestätigung, obwohl die Realität sogar das Gegenteil zeigt.

Wissenschaftler verbildlichen die tragische Konsequenz der wiederholten Wahrnehmungsfalle, indem sie die Verbindungen zwischen den Neuronen als Wasserrinnsale darstellen. Anfangs verbindet nur ein schwaches Rinnsal die Neuronen, z. B. der Anblick eines Pickels im Spiegel oder eine schwache Bindehaut am Oberschenkel, mit dem Gefühl der eigenen Unansehnlichkeit. Wiederholte Fokussierung auf die äußeren Schwachstellen lassen die einmal geschaffene Verbindung zwischen den Neuronen immer mehr verstärken. Das Flussbett wird ausgegraben, das Rinnsal wächst zum Fluss. Immer kleinere Auslöser von außen aktivieren nun ohne unser Zutun die immer intensiveren Gefühle.

Ein Kameramann mit schlechter Ausrüstung

Der Regisseur in unserem Kopf ist uns nicht bewusst, er zieht die Strippen im Verborgenen. Es gibt aber noch einen zweiten wichtigen Evolutionsvorteil, der uns überleben ließ: unser Bewusstsein. Wenn Gefahr droht, richtet sich die gesamte Aufmerksamkeit unseres Gehirns darauf. Alle anderen Eindrücke unserer Umwelt werden ausgeblendet. Nur mit dieser Gabe ist es uns möglich, schnell eine Bedrohung zu erkennen und blitzschnell zu entscheiden. Kampf oder Flucht. Im Gegensatz zum Unterbewusstsein ist die Aufnahmekapazität unserer bewussten Wahrnehmung aber sehr gering. Wer schon mal versucht hat, sich mehrere Ziffern zu merken, weiß um seine Grenzen. Versuchen Sie es selbst und prägen Sie sich mit einem kurzen Blick die nachfolgende Ziffernkette ein.

2 4 1 2 1 9 7 0 3 1 1 2 1 9 7 1

Es wird Ihnen in kurzer Zeit schwer gelingen, die Ziffernfolge korrekt wieder zu geben. Leichter fällt es Ihnen, wenn sie aus den Zahlen Weihnachten 1970 und das darauffolgende Neujahrsfest ableiten können.

Mehr als sieben unterschiedliche Eindrücke kann unser Bewusstsein kaum verarbeiten. Aber genau diese Konzentrationsfähigkeit hat uns das Leben gerettet. Wir konnten uns ganz auf das Rascheln im Busch fokussieren und erkannten die Gefahr des lauernden Löwen. Das Plätschern des Bachs und das Singen der Vögel hatten wir dabei völlig ausgeblendet. Was wir bewusst erleben, ist also nur ein kleiner Ausschnitt aus dem Spektrum visueller und auditiver Reize, die uns umgeben. Unser innerer Kameramann richtet zudem den Blick nur auf das, was unser Regisseur ihm befiehlt. So sieht die hübsche Frau im vorangegangenen Beispiel nur ihre Problemzonen. Die Schönheit ihrer Ausstrahlung, die Augen und der hübsche Mund bleiben der eigenen „Kamera" verborgen. So wird sie erneut darin bestätigt, alles andere als attraktiv zu sein. Die Kraft des Unterbewussten und die Fokussierung der eigenen Wahrnehmung bewahrheiten und verstärken sich gegenseitig. Wir fokussieren das, auf was wir eingestellt sind und bestätigen hierdurch wiederum unsere Einstellung.

Auch die Ergebnisse unserer Handlungen verfolgen Regisseur und Kameramann gespannt. So ist das Ergebnis unseres Tuns und Erlebens eine aufwärts oder abwärts gerichtete Spirale, je nach unserer Einstellung. Wer gelernt hat, dass das Leben ihn nicht liebt, wird es auch nicht erfahren. Die Tragik dieses Phänomens liegt darin, dass es bei derselben Person auch hätte anders sein können. So hatten sich die eineiigen Zwillinge unterbewusst entschieden, wie sie ihre Vaterbeziehung interpretierten. Während sich die eine Tochter entschloss, ihr Schicksal passiv zu akzeptieren, bewirkte der frühkind-

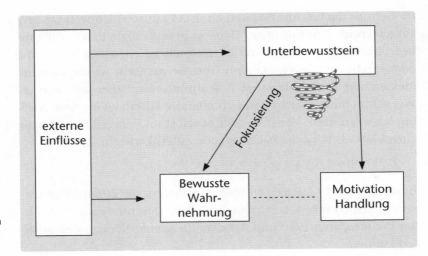

Abbildung 4:
Einflussfaktoren
auf die Glücks-
spirale

liche Schock bei ihrer Schwester das Gegenteil. Sie entschied sich
für eine aktive Rolle und widersetzte sich dem Schicksalsschlag.
Beide ahnten aber nicht, welche Auswirkungen diese Entscheidung
für ihren weiteren Lebensweg hatte. Der Regisseur in ihren Köpfen
hatte sein Drehbuch in den Händen, der interne Kameramann fokussierte sich fortan auf die dazu passenden Szenen, Eindrücke und
Gefühle. Beide Weltbilder begannen, sich zu manifestieren. Das Ergebnis erklären beide Schwestern mit derselben Kindheit und proji-
zieren die Ursache für ihr Lebensglück auf ihr Elternhaus. Dass der
wahre Grund *in ihnen selbst* liegt, einer Entscheidung, die sie auch
heute noch widerrufen könnten, wissen sie nicht.

„Der Kritteler wird
sich auch im
Paradies bestätigt
fühlen."
[Henry David
Thoreau]

Die Erkenntnisse der Hirnforschung zwingen uns zum Umdenken, vom Opfer unserer äußeren Umstände hin zu einer Welt voller Selbstverantwortung. Die Freiheit, unser eigenes Glück zu finden, bezahlen wir mit der schmerzvollen Wahrheit, auch für unsere
schlechten Gefühle Verantwortung zu tragen.

Die einmal eingeschlagene Richtung der dargestellten Spirale
grundlegend zu ändern, ist aber alles andere als einfach. Zu sehr
machen uns die andauernden Interpretationen unseres Gehirns
einen Strich durch die Rechnung. Der Veränderungsprozess gelingt
nur dann, wenn wir ihn mit hoher Energie und aktiv durch Übungen angehen. Die benötigte Energie muss uns von außen zugeführt
werden oder in uns selbst entstehen. Steigt der Druck der äußeren Verhältnisse stark an, lernen wir durch Schmerz. Weitaus angenehmer ist allerdings das Lernen durch Klugheit. Die Einsicht und

die daraus entstandene Motivation, dass wir selbst Herren unseres Schicksals sind, sind das Kraftwerk der Veränderung. Wir müssen Lebenssituation, deren Wahrnehmung und unser Handeln gleichzeitig ändern.

Rituale und die Pflege von Gewohnheiten sind gute Möglichkeiten, das Gehirn zu formen. Ca. dreißig Tage schätzen Wissenschaftler benötigen wir beispielsweise, um uns eine neue Gewohnheit anzutrainieren. Nur schwer kommen wir davon wieder los.

Der Evolutionsvorteil „Lernen" kann uns also auch zum Verhängnis werden. Wenn wir aber nicht nur unser externes Umfeld, sondern auch dessen innere Interpretation im Blickfeld haben, sind wir an wichtigen Stellschrauben des Glücks angelangt. Schon Albert Einstein erkannte, dass die Interpretation seiner Umwelt für den Menschen weitaus wichtiger ist als das, was ihm wirklich von außen zustößt. Die Wissenschaft hat erst jetzt begonnen, die Worte des genialen Physikers wirklich zu verstehen.

„Die wichtigste Frage, die sich ein Mensch stellen muss, ist die, ob ihn das Leben liebt."
[Albert Einstein]

Lassen Sie uns das Gehirn wie einen Muskel trainieren. Mönche und Taxifahrer waren uns in diesem Kapitel gute Lehrmeister.

Happy family/Teil 3: Die Stolpersteine im Leben ähneln sich!   Fallstudie

Wilhelm war etwas überfordert mit den Aussagen dieses Kapitels. Sein Gehirn verdrahtete sich also selbständig, ohne dass er das bewusst wahrnahm. Es lernte jeden Tag dazu und speicherte sein Wissen ab. Dies führte dann dazu, dass viele seiner Reaktionen und Gefühle gelernt waren und unbewusst ausgeführt wurden. Mit anderen Worten: Manchmal war er über etwas traurig oder wütend, und doch waren seine Gefühle also nicht objektiv „angemessen oder nicht", sondern eben aus seiner eigenen Vergangenheit gelernt, und sie konnten scheinbar auch wieder verlernt werden. Ein anderer Mensch mit einer anderen Vergangenheit würde also die gleichen Erlebnisse seines Lebens möglicherweise völlig anders interpretieren und sich auch anders fühlen!

Soweit so gut. Dieser Abschnitt des Buches ließ ihn Hoffnung schöpfen. Wenn die beschriebenen Aussagen wahr wären, wäre er ja selbst in der Lage, seine Gefühlslage zu beeinflussen. Er wäre dann für die guten wie die schlechten Tage in seinem Leben verantwortlich, er wäre sein eigener Manager und nicht den äußeren Einflüssen hilflos ausgeliefert!

Wilhelm wollte den Dingen auf den Grund gehen. Er schrieb für ein paar Tage abends in ein kleines Buch Situationen, in denen er sich sehr verletzt fühlte, bei denen er einen „emotionalen Stich" in seinem Bauch spürte. Würde Wilhelm immer über ähnliche Situationen und Gefühle stolpern, hätte er vielleicht wirklich Verhaltens- und Gefühlsmuster gelernt, die ihm immer *ähnliche* Probleme bereiten würden.

Nach einigen Tagen analysierte er seine Aufschriften und versuchte, Muster zu entdecken und Gleiches zusammenzufassen.

Uhrzeit	Situation	Gefühl
13:30 h	Ein Kunde beschwert sich lautstark über sein Unternehmen. Wilhelm hat Angst, den Kunden zu verlieren.	Überforderung/Angst vor Versagen
20:15 h	Lisa ist genervt darüber, wie er die Spülmaschine eingeräumt hat. Muss er alles immer perfekt machen?	Kritik schlägt ihm auf den Magen
20:45 h	Lisa bittet ihn, den Müll runter zu tragen. Warum muss er sich um alles kümmern?	Kritik schlägt ihm auf den Magen
12:00 h	Wilhelm muss über die Annahme eines neuen Projektes entscheiden. Einerseits würde er gerne, andererseits quälen ihn die Unsicherheiten. Er kann sich nicht entscheiden, muss es aber dringend tun.	Überforderung/Angst vor Versagen
14:30 h	Ein Mitarbeiter beschwert sich bei Wilhelm, dass er so wenig verdient. Wie undankbar können Menschen sein? Er opfert sich doch sowieso jeden Tag für das Unternehmen und seine Mitarbeiter auf. Undank ist der Lohn!	Wut

Tabelle 1:
Wilhelms emotionales Tagebuch

Wilhelm fiel auf, dass die meisten Situationen eines gemeinsam hatten. Obwohl er für seine Mitarbeiter und seine Familie alles Erdenkliche machte und sich aufopferte, fühlte er sich durch Kritik angegriffen. Mit gutem Willen und Arbeitseinsatz ging er seine täglichen Herausforderungen an, und obwohl er aus seiner Sicht deutlich mehr machte als alle anderen, wurde er immer noch kritisiert. Schon in seiner Jugend hatte es ihm extrem missfallen, wenn Freunde oder Mitschüler etwas an ihm auszusetzen hatten. Neben seiner Empfindlichkeit gegenüber Kritikern identifizierte er aber noch eine weitere Art von Situationen, die ihm laufend das Leben schwer machten. Er wollte unter keinen Umständen etwas falsch machen! Seine Angst vor dem Versagen behinderte ihn im Treffen von Entscheidungen in seinem Unternehmen. Manchmal schob er wichtige Entscheidungen ganz einfach so lange vor sich her, bis sie sich von selbst erledigt hatten. Wenn er sich schließlich für etwas entschieden hatte, wollte er es auch perfekt machen. Irgendetwas in ihm zwang ihn, eine fehlerlose Arbeit abzugeben, doch das war kaum möglich und kostete enorme Zeit und Mühen.

Warum hatte sich sein Gehirn so entwickelt, was waren die Gründe? Die Geschichte mit den missbrauchten Zwillingen hatte Wilhelm intensiv gelesen, doch in seiner Kindheit war eigentlich alles in Ordnung gewesen. Seine Eltern hatten viel arbeiten müssen, um gemeinsam die Familie ernähren zu können. So war Wilhelm viel alleine gewesen und hatte früh sein eigenes Leben organisiert. Anerkennung hatte er sich von außen geholt, aus Sportvereinen und Freundschaften.

Plötzlich fiel es Wilhelm wie Schuppen von den Augen. Na klar! Sein Vater hatte ihm immer wieder erzählt, wie enorm wichtig ein gut bezahlter Job ist. Immer wieder hatte er Wilhelm ins Gebet genommen, er wäre so stolz auf ihn, wenn aus ihm ein guter und einflussreicher Manager würde. Wie stolz er und seine Mutter dann auf Wilhelm wären! Geradezu überschwänglich wurde Wilhelm für seine schulischen Erfolge gelobt und er hatte diese Zuneigung richtig in sich aufgesogen! Endlich waren seine Eltern stolz auf ihn! Dabei hatten beide eben nicht viel Zeit für ihn und so erkaufte er sich ihre Liebe und Zuneigung durch gute Noten und berufliche Erfolge.

Situation	Gefühl	Gefühl hinter dem Gefühl	Bezug zur eigenen Vergangenheit
Ein Kunde beschwert sich lautstark über sein Unternehmen. Wilhelm hat Angst, den Kunden zu verlieren.	Überforderung/ Angst vor Versagen	Du bist nicht gut, wie Du bist!	Wilhelms Vater Volker hat enorme Leistungsansprüche an ihn.
Lisa ist genervt darüber, wie er die Spülmaschine eingeräumt hat. Muss er alles immer perfekt machen?	Kritik schlägt ihm auf den Magen	Gefalle anderen, dann wirst Du geliebt!	
Lisa bittet ihn, den Müll runter zu tragen. Warum muss er sich um alles kümmern?	Kritik schlägt ihm auf den Magen	Vergiss nicht, dass Du für Deine Leistungen geliebt wirst.	Wilhelm wurde stets für seine herausragenden Erfolge geschätzt und gelobt.
Wilhelm muss über die Annahme eines neuen Projektes entscheiden. Einerseits würde er gerne, andererseits quälen ihn die Unsicherheiten. Er kann sich nicht entscheiden, muss es aber dringend tun.	Überforderung/ Angst vor Versagen	Kümmer Dich darum, dass Du erfolgreich bleibst!	Ansonsten hatten Wilhelms Eltern sehr wenig Zeit für Wilhelm, da sie beide berufstätig waren.
Ein Mitarbeiter beschwert sich bei Wilhelm, dass er so wenig verdient. Wie undankbar können Menschen sein? Er opfert sich doch sowieso jeden Tag für das Unternehmen und seine Mitarbeiter auf. Undank ist der Lohn!	Wut		

Tabelle 2:
Die Ursachen der Vergangenheit für Wilhelms Stolpersteine

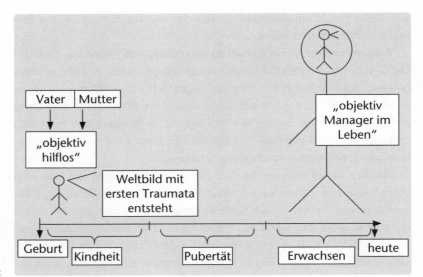

Abbildung 5:
Wie Wilhelms
Vergangenheit
sein heutiges
Leben einschränkt

Sein Gefühl, geliebt zu werden, hatte also schon in seiner Jugendzeit ein Fundament bekommen: Außergewöhnliche Erfolge! Seine erreichten Leistungen waren sogar ein Teil seiner Persönlichkeit geworden, die er mit allen Kräften beschützte. Aus diesem Grund war Wilhelm extrem kritikunfähig geworden, kratzte doch dann jemand an seiner Basis, die so wesentlich für die Zuneigung anderer geworden war. Das konnte er unter keinen Umständen zulassen! So arbeitete er eben noch mehr und war immer geplagt vom Gedanken, dass er etwas falsch machen könnte. Seine Entscheidungsunfähigkeit war im Grunde die Furcht vor drohenden Misserfolgen, die unweigerlich einen Liebesentzug nach sich ziehen würden.

Wilhelm hatte gelernt, dass Leistung die ersehnte Liebe nach sich zog und so verdrahtete sich sein Gehirn entsprechend und versuchte, ihn vor Liebesentzug zu schützen.

Sicher ein Evolutionsvorteil, diese Verdrahtungen des Gehirns, und so hatte sich der „kleine Wilhelm" in seiner Kindheit tatsächlich vor Liebesentzug schützen können, indem er diverse Erfolge angehäuft hatte. Doch in seiner jetzigen Lebensphase war dies völlig unnötig geworden. Natürlich bewunderte Lisa Wilhelms Leistungen, aber sie liebte ihren Mann um seiner selbst willen. Auf die Liebe von Kunden und Mitarbeiter war Wilhelm eigentlich gar nicht *emotional* angewiesen, hatte er doch genügend Freunde und seine Familie.

Wilhelm wurde diese wohlgemeinte Tücke seines Gehirns langsam klar. Es versuchte ihn vor Gefahren zu schützen, die es aber nur in seiner

Kindheit gegeben hatte. Automatisch und unbewusst reagierte er nach einem Muster, das er sich in seiner Jugend antrainiert hatte. Er verwechselte Kunden, Mitarbeiter und seine Familienmitglieder mit seinen eigenen Eltern, denen er mit Leistungen gefallen wollte. In seinem heutigen Leben behinderten diese Muster sein eigenes Glücksgefühl enorm. Immer wieder fokussierte Wilhelm unterbewusst mögliche Fehler in seinem Verhalten und hinterfragte seine Leistungen. Ihm fiel der Genuss seines Lebens schwer, zu sehr versuchte Wilhelm, von allen geliebt zu werden.

Wilhelm war sehr aufgewühlt von seinen Erkenntnissen. Mit aller Kraft beschloss er, seine Aufmerksamkeit und sein inneres Weltbild zu ändern. Was gelernt war, konnte verlernt werden. Da war er sich sicher.

Lange erzählte er Lisa an diesem Abend von seinen Entdeckungen. So euphorisch hatte Lisa ihren Mann lange nicht erlebt und so begann auch sie, Wilhelms Buch zu lesen. Auch Lisa entdeckte viel Neues, warum sie so war, wie sie war. Denn auch Lisa hatte etwas in ihrer Kindheit gelernt, was sie heute unnötig belastete: Sie hatte unterbewusst das Gefühl, geliebt zu werden, mit ihrem guten Aussehen verknüpft. So machte ihr der Alterungsprozess extrem zu schaffen, verbunden mit der Furcht, wie sie wohl in einigen Jahren aussehen würde. Die eigene Unsicherheit war jedoch in ihrem Elternhaus entstanden. Ihr Bruder war der heiß geliebte Sohn ihrer Eltern, der in Sport und Beruf brillierte. Für Lisa interessierten sich die Eltern deutlich weniger. „Achte auf Deine Schönheit, Lisa, damit Du einem starken Mann gefällst, der Dich beschützt" hatte ihre Mutter ihr immer wieder gesagt und ihr dabei vor dem Spiegel zärtlich

Situation	Gefühl	Gefühl hinter dem Gefühl	Bezug zur eigenen Vergangenheit
Fühlt sich von Wilhelm vernachlässigt, immer ist die Arbeit für ihn wichtiger als die Familie.	Fühlt sich hilflos, scheut aber auch Konflikte.	Attraktives Aussehen als Grund, geliebt zu werden. Alleine ist sie überfordert, Wilhelm ist ihr starker Rückhalt. Sie findet sich selbst wenig attraktiv und liebt sich kaum selbst. Tut sich schwer, für ihre eigenen Wünsche einzustehen und zu fordern. Sie fürchtet die Ablehnung der Anderen.	Lisas Mutter Susi legte sehr viel Wert auf ihr eigenes und Lisas Aussehen. Sie kann sich an Sätze wie diese erinnern „Wir finden einmal einen guten Mann für Dich"! Susi und ihr Mann gaben Lisas Bruder Manfred alles an Lob und Anerkennung, Lisa stand oft in der zweiten Reihe.
Entdeckt neue Falten im Gesicht.	Angst, dass ihre Schönheit vergeht.		
Wilhelm erzählt, dass er in Südamerika Interessenten besucht und vier Wochen auf Geschäftsreise ist.	Angst vor dem Alleine sein.		
Tunix räumt sein Zimmer nicht auf und kommt abends nicht früh genug nach Hause.	Kann nicht Nein sagen und Tunix in die Schranken weisen.		

Tabelle 3:
Die Ursachen in der Vergangenheit für Stolpersteine von Lisa

über ihre langen schönen schwarzen Haare gestreichelt. So war sie froh, in Wilhelm einen echten „Macher" an ihrer Seite zu haben und fürchtete sich gleichzeitig sehr vor dem Alleinsein. Würde Wilhelm sie auch noch lieben, wenn sie Falten hatte? Konflikten innerhalb der Familie ging sie gänzlich aus dem Weg, schließlich wollte sie auf keinen Fall jemanden verärgern und damit die Beziehung gefährden. Gleichzeitig musste sich Lisa aber eben auch arrangieren und versuchte „mit dem zufrieden zu sein, wie es eben war". Doch das gelang ihr immer weniger und auch Lisa beschloss, den Ballast der Vergangenheit endlich abzuwerfen, der ihr das Leben heute so schwer machte. Eigentlich konnte Lisa sehr stolz auf sich sein. Sie hatte eine gute Ausbildung, war fleißig, kümmerte sich jeden Tag um Wilhelm und Tunix, und sie war sich auch im Haushalt für nichts zu schade. Doch richtig stolz war sie nie auf sich gewesen. Langsam dämmerte ihr, dass die Ursachen für ihr schwaches Selbstvertrauen in ihrer Kindheit zu finden waren.

Doch noch ein Gedanke trieben sowohl Lisa und auch Wilhelm um. Übergaben sie beide Tunix auch eine unsichtbare Last, ohne es zu wissen? Hatten seine Probleme vielleicht auch mit ihren unbewussten Signalen zu tun? Sicher liebten sie beide Tunix und wollten nur das Beste für ihn. Aber auch ihre Eltern hatten schließlich nicht vorsätzlich gehandelt, sondern die Macht des Unterbewusstseins hatten Lisa und Wilhelm das Leben schwerer gemacht, als es hätte sein müssen.

Übungen

1. Wann habe ich mich auf eine unangenehme Tatsache fokussiert? Gewann die Tatsache durch die Fokussierung immer mehr an Bedeutung?
2. Wann in meiner Kindheit haben mich meine Eltern oder Geschwister emotional verletzt? Welche Strategien haben mir damals geholfen, als ich mich selbst nicht wehren konnte? Was könnte sich in meinem Gehirn als Lerneffekt verdrahtet haben? Beschränken mich diese Verdrahtungen (sinnlos) in meinem heutigen Leben?

Literatur Abschnitt 2.3:

Individuelle Filminterpretationen: Davidson, R.J., Tomarken, A.J., und Henriques (1990).
Veränderung in den Gehirnen der Mönchen durch Meditation: Ulrich Kraft (2005).
Linker und rechter Teil des Stirnhirns: Klein (2008 a), S. 91 ff.

Erlernte Hilflosigkeit: Seligman (1979).

Wofür die guten Gefühle da sind, „broaden und built theory":
Fredrickson (2001).

Veränderung in den Gehirnen der Taxifahrer:Maguire et al. (2000).

Der Garten der Neuronen: Klein (2008a), S. 115 ff., Spitzer (2009a).

Zufälliges Glück und Wahrnehmung: Wisemann (2003).

Rituale und Gewohnheiten: Loehr/Schwartz (2003).

Zu erlernten Verhaltensmustern aus der Kindheit: Winterheller
(2009a), Spitzer (2009a).

3.
My Happiness: Kann jeder von uns glücklicher werden?

◆

*Glück ist, wenn Gelegenheit
auf Bereitschaft trifft.*

[Fred Endrikat]

3.1
Ziele setzen, aber richtig!

Qualvoll im Schlaraffenland

Welchen Zustand strebt ein Mensch an? Sind wir wirklich glücklich, wenn wir auf einer Südseeinsel ausgesetzt dem Nichtstun frönen? Brauchen wir eine Beschäftigung, nur um unseren Lebensunterhalt zu finanzieren oder wäre ein bezahltes Nichtstun die Idealvorstellung für ein erfülltes Leben? Bexton et. al. (1954) gingen der Frage auf den Grund. In ihrem Experiment entlohnten sie Studenten dafür, nichts zu tun. Die Versuchsteilnehmer bekamen aber nicht nur Geld fürs Faulenzen, der bezahlte Stundenlohn war zudem auch überdurchschnittlich hoch. Auf den ersten Blick erschien den Versuchsteilnehmern das Angebot geradezu paradiesisch. Während andere Studenten hart arbeiteten und sich bei der Arbeit erschöpften, konnten sie sich ausruhen und kassierten mehr als ihre schwitzenden Kollegen. Bexton stellte sicher, dass seine Probanden tatsächlich in einem abgeschirmten Raum untätig waren, zu Mahlzeiten oder Toilettengängen durften sie freilich ihr „Arbeitszimmer" verlassen. Doch nicht lange ertrugen die Studenten das sogenannte „Paradies". Die meisten von ihnen brachen das Experiment nach einigen Stunden ab, nur wenige hielten die drei veranschlagten Tage durch. Was war passiert?

Der Mensch ist nicht dafür gemacht, untätig zu sein. Wir alle sind von Natur aus dazu bestimmt, unsere Potentiale zu entwickeln, hart dafür zu arbeiten und unser sinnvolles Streben genießen zu können. Unser Gehirn hat sich in der Evolution dazu entwickelt, dass wir belohnt werden, wenn wir uns unseren Herausforderungen stellen. Chemische Substanzen in unserem Kopf führen uns vom „Wollen" zum „Tun" und „Genießen". Ein zielloser Mensch kann kaum glücklich werden. Wie aber finden wir unsere Ziele? Können wir uns diese selbst suchen oder ist die eigentliche Bestimmung in uns selbst verborgen?

Das Ziel in uns finden – Beruf oder Berufung?

Der Bereich der persönlichen Zielfindung ist nicht gerade neu, doch wird er erstaunlich oft falsch verstanden. Meist wird davon ausgegangen, dass das Erreichen des Ziels das eigentlich Erstrebenswerte ist. Diese Vermutung führt uns in die Irre und ihre Konsequenzen können dramatisch sein. Tal Ben-Shahar kommt in seinen Büchern und den darin erwähnten Quellen der Zielfindung aus dem Blickwinkel der positiven Psychologie auf die Spur.

Vergleichen wir die Zielfindung mit einer mehrtägigen Bergwanderung, bei dem das Erklimmen des Gipfels das erklärte Ziel ist. Wie wir alle wissen, ist die Wegstrecke lang und nur einen Moment sind uns die Gipfelfreuden vergönnt. Wenn einem Menschen das Wandern absolut keinen Spaß macht und er nur die kurzen Augenblicke auf dem Gipfel genießt, wie meinen Sie, wird der Wanderer über den Ausflug berichten? Sicher wird er die Stunden der empfundenen Unlust der Euphorie auf dem Berggipfel gegenüberstellen und schnell herausfinden, dass Anstrengung und Erfolg für ihn in keinem Verhältnis standen. Für ein neues Bergabenteuer wird er schwer zu begeistern sein.

Wie anders ist das Gefühl bei einem echten Wanderer. Auch für ihn ist der Anstieg beschwerlich und er spürt das Gewicht des Rucksacks auf seinem Rücken. Dennoch ist er ganz in seinem Element. Das Rauschen des Gebirgsbaches, der Duft der Waldblumen und das Schattenspiel der Bäume auf seinem Wanderweg faszinieren ihn. Jeder Schritt in der Natur wird für ihn zum Erlebnis, an dessen Ende der ersehnte Gipfel steht. Auch ihn verzückt der Blick hoch oben vom Gipfel in die Täler und rückblickend wird er über jedes Detail des Ausflugs schwärmen. Der Aufstieg war für ihn mehr als nur Mittel zum Zweck und doch war auch ihm die Gipfelfahne wichtig. Die Vorfreude auf das nächste Bergabenteuer ist ihm förmlich anzusehen!

Ein echter Wandersmann auf seinem Lieblingsberg ist gerade in der heutigen Berufswelt immer seltener geworden. Zu sehr zwingen der Druck der Gesellschaft und der Kampf um die Anerkennung

Dritter die Menschen in die Rolle des rat racers (vgl. Kapitel 2.2). Gefangen auf einer Wanderroute, die ihnen keinen Spaß macht, gaukeln lediglich die Versprechungen der Gipfelfahne in Form von Anerkennung durch Status, monetäre Ziele und Machtzuwachs vor. Doch der Moment der Zielerreichung ist kurz und flüchtig. Lange dauert die anstrengende Bergwanderung, die mit Spaßverzicht gepflastert ist.

Für viele von uns legt die moderne Mediengesellschaft die Zielrichtung unserer Bemühungen fest, oder uns wird der Druck, den eigenen Eltern zu gefallen, zum Verhängnis. In all diesen Fällen trotten wir lustlos auf einer fremdbestimmten Wanderroute und sehnen uns dabei immer mehr nach dem Gipfelglück. Dort angekommen erfahren wir tatsächlich ein kurzes Glücksgefühl, das jedoch schnell verblasst. In Eile nach längerer Zufriedenheit lassen wir uns auf die nächste fremdbestimmte Wanderroute ein, anstatt in Ruhe selbst nach einem eigenen Berg Ausschau zu halten.

Den eigenen Berg erkunden

Die bezahlten Faulenzer in Bextons Experiment haben gezeigt, dass der Mensch ein Lebensziel braucht, um glücklich zu werden. Aber wie finden wir es? Die positive Psychologie kann helfen. Ein wirklich eigenes, selbstbestimmtes Ziel, bei dem wir Wanderung und Gipfelsturm gleichermaßen genießen, verfügt über dreierlei.

(1) Hohe innere Bedeutsamkeit des Ziels

Die innere Bedeutung, die Sie Ihrem Ziel zugestehen, muss Sie faszinieren, auch weit über den jetzigen Augenblick hinaus. Vielleicht wollen Sie Menschen ausbilden, singen oder Theater spielen, Patienten heilen oder sich um die Familie kümmern. Irgendetwas, bei dem Sie ganz Sie selbst sind und wissen, dass das Ihr eigenes Ziel ist. Denken Sie nicht nach, sie werden fühlen, was sie fasziniert!

(2) Einbringen der eigenen Stärken

In unserer Erziehung und Ausbildung haben wir gelernt, eigene Schwächen zu vermeiden. In der Schule sollten keine Fehler gemacht werden, wir sollten zu Hause ordentlicher sein und nicht zu spät kommen. Unser Unterbewusstsein hat so im Laufe unseres Lebens gelernt, unsere Fehler zu beobachten. Stellen Sie sich vor, was

Sie über einen Ihrer Mitarbeiter denken, der jedes Mal, wenn Sie ihm zusehen, Fehler macht. Sie werden den Eindruck bekommen, dass er seinen Aufgaben nicht gewachsen ist. Sie haben sich in ihm getäuscht und werden ihm fortan leichtere Aufgaben geben. Dasselbe geschieht unbewusst in unserem Kopf. Der innere Kameramann fokussiert sich laufend auf unsere Fehler. Auf der Leinwand in unserem Kopf wird ein Film abgespielt, in dem die Hauptfigur viel öfter versagt als es tatsächlich der Fall ist. Anders gesagt, unser Selbstbewusstsein leidet, wenn wir uns nur um unsere schwachen Seiten kümmern. Durch die angelernten Verdrahtungen in unserem Kopf werden wir also tendenziell schwächer als stärker, wir sind in einer abwärts gerichteten Spirale gefangen. Und das alles nur, weil wir uns positiv entwickeln wollten! Nur ein konsequentes Umdenken führt uns zu Wachstum. Wir müssen unsere Stärken pflegen und ausbauen, jeden Tag. Sie machen uns selbstbewusster und lassen uns mit erhöhter Energie auch unserer Schwachstellen wie von selbst entledigen. Seligman konnte in seinen Versuchen zeigen, dass die regelmäßige Fokussierung auf die eigenen Stärken das eigene Wohlbefinden beachtlich fördern kann. Vor allem dann, wenn die Probanden versuchten, ihre beobachteten Stärken auf immer neue Weise in ihrem Leben anzuwenden. So kann jemand, der eine schnelle Auffassungsgabe hat, diese jeden Tag neu und anders anwenden (Schule, Quizshow, Musikunterricht etc.).

Für unsere Ziele ist es sehr wichtig, dass wir auf unserer Wanderung unsere Stärken einbringen können und so bei jedem Schritt unsere Potentiale fördern.

„Die wahre Tragödie des Lebens ist nicht, dass wir nicht genügend Stärken haben, sondern dass wir die, die wir haben, nicht anwenden."

[Buckingham & Clifton]

(3) Spaßfaktor

Es gibt viele Tätigkeiten in unserem Leben, die uns Spaß machen. Wir lachen gerne, reden gerne mit Leuten oder geben uns lieber still einer Lektüre hin. Jeder von uns erfreut sich anderer Beschäftigung. Die englische Redensart „No pain, no gain" führt uns bei der Zielfindung in die Irre. Ertragenes Leid ist nicht zwingend die Bedingung für späteren Erfolg und Glück. Selbstverständlich können wir unser Weltbild darauf ausrichten, wir haben es schließlich selbst in

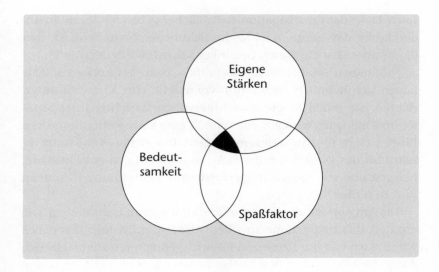

Abbildung 6:
Wie wir unsere Ziele finden
(Ben-Shahar [2007], S. 104)

der Hand, wie wir erkannt haben. Die Wanderung auf dem Weg zu unserem Ziel kann uns aber auch unglaublich viel Spaß machen. Es ist nicht einfach zu akzeptieren, dass sich jeder von uns auf seinem Lebensweg gut fühlen darf. Dass Spaß und Leidenschaft auch zu besseren Resultaten führen, ist schwer für diejenigen Zeitgenossen zu ertragen, die die Regel „no pain, no gain" verinnerlicht haben.

In der Schnittmenge von Bedeutsamkeit, der Einbringung eigener Stärken und der Tätigkeiten, die uns Spaß machen, liegen unsere individuellen, selbstbestimmten Ziele.

Gehen wir einmal davon aus, dass Sie ein oder mehrere Ziele für sich gefunden haben. Wieso sollten Sie sich fortan besser fühlen? Ist die Wahrscheinlichkeit, dieses Ziel zu erreichen, nun gestiegen oder werden Sie sich unglücklicher fühlen, weil sie vielleicht auf Ihrem Lebensweg weit entfernt von ihrer Bestimmung sind?

Wieder einmal liegt die Erklärung in unserem Gehirn. Nehmen wir an, Ihr Herzenswunsch besteht darin, Lehrer an einem Gymnasium zu sein. Die Ausbildung anderer ist für Sie ein hohes Ziel, komplexe Sachverhalte zu erklären fällt Ihnen leicht und Unterrichten bereitet Ihnen einen Heidenspaß. Kurzum, ihr erklärtes Ziel erfüllt alle drei Kriterien und ist zu Recht Ihr selbstbestimmtes Ziel. Nehmen wir weiter an, dass Sie gerade eine Ausbildung zur Bankkauffrau machen und Ihnen das (ehrlich gesagt) wenig Spaß macht. Vielleicht sind Sie unbewusst dem Vorbild Ihrer Eltern oder dem Ruf der Gesellschaft gefolgt, der die moderne Businessfrau im positiven Licht der Emanzipation sieht. Sicher geben Sie Ihren Freunden Recht, dass Lehrerin für Sie Ihr heimlicher Traumberuf ist, aber die Realität lässt Sie diesen Gedanken schnell wieder verwerfen.

Nun haben Sie aber Ihr Ziel formuliert, es ausgesprochen und Sie haben sich heimlich auch schon vorgestellt, eine Klasse zu unterrichten. Sie sehen in die erwartungsvollen Gesichter Ihrer Schüler und merken gar nicht, wie schnell eine Unterrichtsstunde verfliegt, so sehr sind Sie in Ihrem Element. In welcher Weise nutzt Ihnen nun das Wissen um Ihr Ziel? Warum ist es so entscheidend, bewusst und vor allem unterbewusst seine Bestimmung zu kennen und zu fühlen?

Die Reise zu Ihrem Ziel muss Ihnen genauso viel Spaß machen wie das Erreichen.

Die Antwort auf diese Fragen ist, dass wir dann beginnen, unsere eigenen Kindheitsträume zu leben. Unser Gehirn hilft uns dabei, wir müssen uns nur lange und intensiv genug mit unseren eigenen Zielen und Wünschen beschäftigen. Dass wir bereits mit der reinen Beschäftigung mit unseren Lebenszielen unseren Wünschen so viel näher kommen, hat mit der Tatsache zu tun, dass unser Gehirn Vorstellung und Realität nicht trennen kann. Was wir uns vorstellen, haben wir bereits erlebt. Auch dieses Mysterium hat die Wissenschaft eindrucksvoll untersucht.

Wie Träume in Ihrer Vorstellung Wirklichkeit werden können

Damasio fand in seinen Versuchen heraus, dass unser Gehirn eine reine Imagination von echter Wirklichkeit nicht unterscheiden kann. In seinen Experimenten ließ Damasio Probanden beispielsweise einen Apfel auf einer Leinwand betrachten und zeichnete dabei die Gehirnaktivität in ihren Köpfen auf.

Danach bat Damasio die Versuchsteilnehmer, sich den gleichen Apfel mit geschlossenen Augen lediglich vorzustellen. Zu seinem Erstaunen waren die gleichen Hirnareale aktiv geworden. Das Gehirn kann die Imagination und Realität nicht unterscheiden. Auf den ersten Blick ist es kaum zu glauben, dass wir Vorstellungen und Wirklichkeit nicht trennen können. Vielleicht können Sie sich an Ihren letzten Traum erinnern, wie Sie am Morgen aufgewacht sind und kurz unsicher waren, ob die Verfolgungsjagd auf dem See gerade Traum oder Wirklichkeit war. Erst die bewusste Wahrnehmung ihres Bettes und die Uhrzeit des Weckers lassen Sie die Erfahrung entsprechend einordnen. Ihr Gehirn hat den Traum aber erlebt, als ob er real gewesen wäre. Die Evolution hat sich bei diesem Trick natürlich etwas gedacht. Unser Gehirn nutzt dieses Phänomen, um uns zu Tätigkeiten anzuregen und dafür zu belohnen. Wenn wir zum Beispiel hungrig sind, richtet sich unsere Aufmerksamkeit automatisch auf äußere Reize, die uns Abhilfe versprechen. Wir nehmen die Aufschrift einer Dönerbude war oder die Blinkreklame einer Fast-Food-Kette. In diesem Augenblick schüttet unser Gehirn den Botenstoff Dopamin aus, die chemische Substanz für das „Wollen". Bei der reinen Vorstellung des begehrten Döners geben uns die grauen Zellen bereits einen Vorgeschmack auf die Mahlzeit, es läuft uns buchstäblich das Wasser im Mund zusammen. Obwohl wir uns den Döner also nur vorstellen, gaukelt uns das Gehirn zu einem Teil schon den Genuss des Essens vor wie bei den Pawlowschen Hunden. Die guten Gefühle treiben uns an, unsere Ziele weiter zu verfolgen und erlauben uns, uns auf die Nahrungssuche konzentrieren zu können. Andere äußere Reize werden dabei weitestgehend ausgeblendet. Buchstäblich Häppchen für Häppchen werden wir zur Futterstelle geleitet. In diesem Mechanismus liegt begründet, dass unser Gehirn Realität und Imagination nicht richtig unterscheiden kann und soll. Wäre dies anders, würde es uns erst beim ersten Bissen gut schmecken, zuvor wären wir dem Essen neutral gegenüber eingestellt. Diese intelligente Art der Führung hat unseren Vorfahren oft das Leben gerettet und uns vor existentiellen Bedrohungen geschützt. Wie können wir uns diese wunderliche Funktionsweise unseres Gehirns aber bei der Zielfindung zu Nutze machen?

Wir kommen wieder auf das Beispiel der Dame zurück, deren Traumberuf Lehrerin ist. Bei ihrer fortwährenden gedanklichen Vorstellung des Lehrerberufes nimmt ihr Gehirn ihre Imagination als Realität wahr. Ihr Unterbewusstsein speichert die unterrichteten Stunden ihrer Vorstellung als real ab, obwohl diese nie stattgefunden haben. Ihre Wahrnehmung und Interpretation in ihrem Gehirn verändern sich, schließlich ist sie bereits Lehrerin, zumindest empfindet ihr Gehirn das so. Immer öfter drängen sich nun die zahlreichen Möglichkeiten, den Beruf doch noch auszuführen in ihr Bewusstsein. Ihre Realität ändert sich dadurch nicht, ihr Kameramann fokussiert lediglich alles, was sie ihrem Lehrerberuf näher bringt. Durch die neue Betrachtungsweise auf ihre Umwelt erhöht sich die Wahrscheinlichkeit des Zufalls für sie.

Gleichzeitig versucht der innere Regisseur, die Welt in ihrem Kopf mit der äußeren, realen Welt in Einklang zu bringen. Die ständige Beschäftigung mit dem Berufswunsch zieht den richtigen Job also wie ein Magnet an. Eine Garantie für den Erfolg des Unterfangens kann die Imagination – entgegen der Literatur der Selbsthilfebücher – nicht geben, lediglich die Wahrscheinlichkeit für den Erfolg steigert sich.

Aber auch bei der Anleitung zur Imagination kann die Wissenschaft den Erfolgsweg klarer kennzeichnen als diverse Selbsthilfebücher. Den Unterschied zeigt das Experiment von Shelly Taylor (1999). Sie teilte ihre Studenten in drei Gruppen ein. Alle Studenten mussten sich auf eine Prüfung vorbereiten. Taylor interessierte sich für den Wirkungsgrad der Imagination einer guten Prüfung und mehr noch, sie wollte herausfinden, welche Art der Vorstellung am erfolgreichsten war. Während sich die erste Gruppe lediglich den Erfolg der Examensprüfung vorstellte, beschäftigte sich die zweite Gruppe bei diesem Gedankenspiel auch mit dem Prozess der Vorbereitung. In ihren Köpfen malten sich die Studenten aus, wie sie eifrig und leidenschaftlich lernten und sich so gut gelaunt Tag für Tag die Inhalte einprägten. Voller Elan stellten sie sich vor, wie sie sowohl den Lernprozess als auch die Nachricht von der guten Benotung in vollen Zügen genossen. Die Kontrollgruppe bereitete sich lediglich inhaltlich auf die Prüfung vor. Die Ergebnisse waren bemerkenswert. Die besten Resultate erzielte die Gruppe, die sich sowohl das Ergebnis als auch die Vorbereitungszeit vorstellte. Aber nicht nur der Erfolg war ihnen sicherer, sie empfanden auch mehr Spaß während des Lernens und waren weniger nervös.

Unser Gehirn kann Imagination und Realität kaum unterscheiden.

Spitzensportler nutzen diese Techniken schon lange. Im Kopf gehen Skiläufer ihr Rennen und Turner ihre Übungen durch und stellen sich selbst bei der Siegerehrung vor einer applaudierenden Menge vor.

Die besten Resultate lassen sich übrigens erzielen, wenn Sie in Ihrer Vorstellung möglichst viele Sinne ansprechen. So bleibt der Lehrerin zu wünschen, auch den Geruch des Klassenzimmers, die Geräusche der Schüler und das Gefühl, mit Kreide an die Tafel zu schreiben, in ihre Vorstellung mit aufzunehmen.

Beruf oder Berufung?

Nehmen Sie sich die Zeit, Ihre wirkliche Berufung zu erkennen. Genießen Sie die Reise und das Ziel. Sie werden sehen, dass Sie Ihr großes Ziel befreit, sich am Hier und Jetzt zu erfreuen. Wenn Sie auf Ihrem wirklichen Berg wandern, können Sie die Blumen am Wegrand und die Sonnenstrahlen, die durch die Blätter auf Ihren Weg fallen, genießen. Solange Sie unsicher alle 5 Minuten auf den Kompass schauen und ängstlich einen Fuß vor den anderen setzen, weil Ihnen die Richtung nicht klar ist, werden Sie ebenso wenig Freude an der Reise durch Ihr Leben empfinden, wie wenn Ihnen die Wanderroute von jemand anderem diktiert wird. Sie können Ihren Beruf als Job, Karriere oder Berufung ansehen. Motivation, Empfindung, Erwartung und Vorfreude unterscheiden sich je nach Ansichtsweise erheblich, wie die Arbeit von Wrzesniewski 1997 (Abbildung 7) zeigt. Dabei ist jedoch keines der Modelle besser als das andere, die Entscheidung trägt jeder von uns für sich selbst, nur sollten uns die Konsequenzen der Entscheidung klar sein.

„Ein Investmentbanker, der sich bei seiner Berufswahl die richtigen Fragen stellt, kann spiritueller sein als ein Mönch, der in Wahrheit an seiner persönlichen Bestimmung vorbei lebt."
[Tal Ben-Shahar]

Natürlich gibt es viele Phasen in unserem Arbeitsleben, in denen wir eher einen Job machen und dies ist auch keinesfalls als „schlechter" zu sehen. Um zur wirklichen Berufung zu gelangen, sind oft auch viele Jobs nötig, in denen wir uns die nötige Qualifikation oder Erfahrung holen oder schlicht, um uns erst einmal eine finanzielle Basis zu erwirtschaften. Es geht vor allem darum, dass Sie sich bewusst werden, welche Konsequenzen Ihre Arbeit für Ihre weitere Zukunft hat und dass Sie sich bei Ihrer Arbeit auch richtig gut fühlen dürfen. Die Entscheidung für die eigene Lebensqualität liegt mehr bei uns als uns oftmals bewusst ist.

„Das Leben ist zu kurz, um das zu tun, was ich tun müsste, es ist gerade lang genug, das zu tun, was ich tun will."
[Tal Ben-Shahar]

Wie Sie sich um Ihre Ziele am besten kümmern

Sich mit unseren eigenen Zielen und Wünschen zu beschäftigen, ist eine der vordringlichsten Tätigkeiten, um glücklicher zu werden. Entscheidend ist nicht die einmalige Suche danach, sondern die nahezu tägliche, zumindest wöchentliche Auseinandersetzung damit. Die Wissenschaft gibt hierbei Hinweise zur Durchführung. Stellen Sie sich Ihre Ziele ganz spezifisch, das Ergebnis und den Prozess, wie im vergangenen Kapitel beschrieben. Wählen Sie ein anspruchsvol-

	Innerer Antrieb	Arbeit ist …	Erwartungen	Freut sich auf …
ARBEIT	Gehaltsscheck	lästige Pflicht/ Muss	Keine	Freitag/ Urlaub
KARRIERE	Geld und sozialer Aufstieg	Wettrennen	Ansehen und Macht	weiterer Aufstieg
BERUFUNG	Sache an sich/ mit sich übereinstimmende Ziele	Aufgabe/ Berufung/ Leidenschaft/ Ehre	Bessere Welt/ Befriedigung	noch mehr Arbeit

Abbildung 7: **Differenzierung zwischen den Begriffen Arbeit, Karriere und Berufung** (Vgl. Wrzesniewski [1997])

les Ziel! Idealerweise sollte es so herausfordernd sein, dass Sie gerade nicht mehr daran glauben können. Wenn Sie gerne Gitarre spielen und davon träumen, andere Menschen damit zu erfreuen, dürfen Sie sich auch zutrauen, vor hundert Leuten aufzutreten. Natürlich nur, wenn Sie das fasziniert. Sie werden im Selbstversuch sehr schnell feststellen, dass das, was Sie sich heute zutrauen, nichts damit zu tun hat, was Sie wirklich können. Goethe ahnte schon damals, dass unsere individuellen erlernten Verdrahtungen in unserem Gehirn dafür verantwortlich sind, was wir für möglich halten und was nicht.

„Wir alle kleben in unserem Leben an irgendeiner Stelle und haben Wünsche in uns. Der soziale Leim hält uns aber bei jedem Schritt zurück, den wir auf unsere wirklichen Ziele zugehen."   **[Manfred Winterheller]**

Das Gelernte in uns bestimmt, was möglich ist, und hat mit der Realität oft wenig zu tun. Sie haben im Verlauf dieses Buches schon gesehen, wie stark und auf welch raffinierte Weise unser Gehirn uns limitieren kann.

Natürlich gibt es unrealistische Vorstellungen. Ein Rentner wird das olympische 100m-Finale nicht gewinnen, so sehr er sich auch den Erfolg vorstellen mag. Aber unsere Wünsche sind meist viel braver, und doch halten uns Freunde, Familie und vor allem wir selbst uns davon ab. Sie können das selbst ändern, doch wird es Ihnen nur gelingen, wenn Sie sich oft genug mit Ihren Zielen und Wünschen beschäftigen. Das Gehirn lässt sich nicht so leicht foppen! Neben der bereits dargestellten Imagination wurde auch das Schreiben von Zielen intensiv erforscht, und es ist zu Beginn auch einfacher anzuwenden als die reine Imagination. Wie Claypool und Cangemi (1983) herausgefunden haben, ist die Wirkung des Schreibens enorm und es ist zudem leichter, dabei zu bleiben als der Versuch, seine Gedanken zu kontrollieren. Zu oft schweifen wir in unserer Vorstellung ab, wenn wir nicht geübt sind.

Legen Sie Ihr Ziel am besten in die mittlere Zukunft, und beschreiben Sie, was in 5 Jahren sein wird. Dieses Vorgehen befreit Sie davon, an den Weg dorthhin denken zu müssen. Zu kurzfristig gesetzte Ziele bewirken, dass Sie nicht wirklich daran glauben können. Zu leicht nimmt uns sonst unser begrenztes Denken die Kraft, unseren Wünschen nachzugehen. So ist es leichter, sich vorzustellen, am Ende seines Lebens eine wunderbare Biographie fertiggestellt zu haben, wie es ein französischer Dichter beschrieb. Alles, was er fortan verfasste, war nicht dem Druck der Zielerreichung ausgesetzt. Dennoch spornte ihn sein großer Wunsch zur täglichen Meisterleistung an.

Happy family/Teil 4: Unsere Wünsche sind Befehle des Lebens – oder: Was machen wir eigentlich in unserem Leben? **Fallstudie**

Wilhelm las die Passagen über die eigene Zielfindung mit großer Sorgfalt. Viel hatte er bereits in seinem BWL Studium darüber gelesen, aber nie hatte er hierbei über seine eigenen Lebensziele nachgedacht. Wie war er eigentlich zu seinem Job gekommen? Alles hatte sich nach und nach so ergeben, jeder Schritt war sinnvoll hinter den nächsten gesetzt, aber so richtig hinterfragt hatte er sein eigenes, übergeordnetes Ziel nie. Er begann, seine Stärken aufzuschreiben bzw. was ihm besonderen Spaß bereitete und ihm bedeutsam war.

Stärken	Bedeutsamkeit	Spaß
Ehrgeiz Verbindlichkeit Organisationstalent Pflegen von Freundschaften	Familie (Lisa und Tunix) Mitarbeiter ausbilden und fördern Werte schaffen für sich und Familie Eigenbestimmtheit Auf seine Gesundheit achten Andere erfreuen	Urlaub machen Sport treiben Musizieren Freunde treffen Ergebnisse erzielen

Tabelle 4:
Wilhelms Gegenüberstellung von Stärken, Bedeutsamkeit und Spaß

Er versuchte, die drei Welten aus Stärken/Bedeutsamkeit/Spaß zu vereinen. Zum Teil war es gar nicht einfach, denn oftmals konnte er die Spalten aus Tabelle 4 nicht miteinander kombinieren. Auch wenn ihm beispielsweise Musizieren viel Spaß machte, richtig gut war er darin nicht. Ähnlich verhielt es sich mit der körperlichen Aktivität, gleichwohl er eine große gesundheitliche Bedeutung in regelmäßiger sportlicher Bewegung sah.

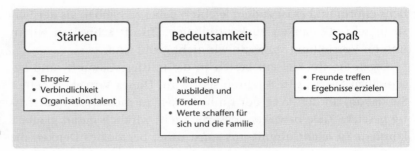

**Abbildung 8:
Tätigkeitsbestim-
mung von Wilhelm
(Beruf)**

Dennoch kamen ihm nach einigem Nachdenken interessante neue Erkenntnisse, in der eine Kombination aller Teilaspekte möglich war (vgl. Abbildung 8).

Er erkannte, dass die Arbeit, die er hatte, eigentlich schon alle drei Teilbereiche gut kombinieren ließ. So war er wie kaum ein anderer fähig, mit großem Ehrgeiz Projekte voranzutreiben. Leider verhedderte er sich oft in vielen „Abarbeitungsthemen", durch die er sich selbst am Ausleben seiner eigentlichen Stärken behinderte. Er hatte einfach nicht genug Zeit für alles. So beschloss er, seine Arbeitszeit mehr zu fokussieren und einige Aufgaben an seine Mitarbeiter zu delegieren, damit er selbst mehr Zeit für die Dinge hatte, die er wirklich gut konnte und die ihm Spaß machten. Durch diese Überlegungen wurde ihm zudem klar, wie sehr ihm daran lag, seine Mitarbeiter auszubilden und gemeinsame Werte zu schaffen. Sofort schossen ihm einige Möglichkeiten zur Umsetzung in den Kopf, für die bislang nie Zeit gewesen war.

Auch realisierte Wilhelm, dass der eigene Spaß in seinem Unternehmen zu kurz kam. Er fasste den Entschluss, eine neue Arbeitsatmosphäre zu schaffen, in der sich jeder wohlfühlte und das Miteinander freundschaftlicher wurde.

Doch auch völlig neue Betätigungsfelder kamen ihm in den Sinn (vgl. Abbildung 9). Auch wenn er kein Superstar werden würde, was seine Hobbies Musik und Sport anging, so konnte er beides gut damit kombinieren, Freundschaften zu knüpfen und zu pflegen. Mehr noch, Wilhelm spielte mit dem Gedanken, ab und an kleine Konzerte zu organisieren, in denen er sich und anderen die Möglichkeit schuf, laienhaft etwas zum Besten zu geben. Er freute sich zudem auf Sporttreffs mit Gleichgesinnten!

Wilhelm spürte wahrlich die Vorfreude auf seine neuen Aufgaben. Allein die Vorstellung der neuen Tätigkeiten gab ihm Energie. Er beschloss, von nun an mehr auf sein Innerstes zu hören. Viel zu lange war er fremd-

Abbildung 9:
**Tätigkeitsbestim-
mung von Wilhelm
(Privat)**

bestimmten Zielen hinterher gelaufen, um vor allem seinem Vater zu gefallen, damit war jetzt Schluss!

Freudig erzählte er Lisa von seinen Erkenntnissen und die Euphorie schwappte schnell zu ihr über. Auch sie machte sich über ihre eigene Persönlichkeit Gedanken und fand nach genauen Überlegungen mehr über ihre Stärken heraus. Als nächstes dachte sie darüber nach, wie sich daraus für sie neue Tätigkeitsfelder entwickeln ließen. So nahm sie sich beispielsweise vor, ihre Stärken, die Kommunikation und das gute Zuhören, mehr in ihre Arbeitswelt zu integrieren.

Außerdem kamen sie auf die Idee, dass diese Art, sich über die eigenen Ziele bewusst zu werden, vielleicht auch in der Situation mit ihren Sohn Tunix helfen könnte. Er würde ein neues Selbstbewusstsein daraus ziehen, wenn er klar seine Stärken vor Augen gehalten bekäme. Zudem könnte er vielleicht besser herausfinden, in welche berufliche Richtung sein weiterer Lebensweg zukünftig gehen sollte. Sie nahmen sich deshalb vor, bei nächster Gelegenheit, mit Tunix darüber zu sprechen.

Übungen

1. Wann haben Sie sich *bei der Arbeit* auf ein großes Ziel richtig gut gefühlt? Wann hat Ihnen also der Weg zum Ziel richtig Freude bereitet? Fühlen Sie sich in das Gefühl wieder hinein, dass die Anstrengung Ihnen Freude bereitet hat.
2. Erarbeiten Sie sich Ihr eigenes Ziel:
   - Erstellen Sie eine Liste von Allem, was Ihnen bedeutsam ist in Ihrem Leben
   - Erstellen Sie eine Liste Ihrer Stärken
   - Erstellen Sie eine Liste der Tätigkeiten, die Ihnen Spaß machen
   - Suchen Sie in der Schnittmenge der obigen Fragen Ihre Lebensziele
3. Stellen Sie sich das Bemühen und Erreichen Ihrer Ziele bildlich vor. Beziehen Sie alle Sinnesorgane in die Vorstellung mit ein (Riechen, Schmecken, Sehen, Hören, Fühlen).

4. Schreiben Sie einmal wöchentlich Ihre Ziele in ein Buch, in jedem Detail. Denken Sie dabei nicht an den Weg. Beschreiben Sie, wie Ihr Leben in 5 Jahren aussehen soll.

Literatur Abschnitt 3.1:

Der generelle Ansatz Bedeutung/Spaß/eigene Stärken: Ben-Shahar (2007), S. 65 ff. und S. 101 ff.

Die Vorfreude vom Genuss schüttet das Gehirn schon vorab aus: Klein (2008a), S. 223 ff.

Der Mensch braucht Ziele und Tätigkeiten: Bexton/Heron/Scott (1954).

Das Gehirn kann Vorstellung und Realität nicht unterscheiden: Damasio et al. (2000), Damasio (1995), Kosslyn (1994).

Beruf und Berufung: Wrzesniewski et al. (1997).

Übung zum Ziele schreiben: Winterheller (2004), S. 53 ff.

Ziele schreiben: Claypool/Cangemi (1983).

Selbstbestimmte hohe Ziele: Locke/Latham (2002), Sheldon/Houser-Marko (2001), Sheldon/Elliot (1999), Marano (2003).

Wichtigkeit eigene Stärken einzubringen: Seligman (2002), S. 125 ff.

Fokussieren der Zieltätigkeit und nicht nur des Ergebnisses: Taylor/Pham (1998).

3.2
Entwickeln Sie Ihr Weltbild und beeinflussen Sie Ihr Unterbewusstsein

Wir sind auf einem guten Weg, glücklicher zu werden, wenn wir uns unsere Ziele immer wieder einprägen. Der Schlüssel zum eigenen Wohlbefinden liegt zu einem großen Teil in dem Gefühl begründet, das Richtige tun zu wollen. Genügt das aber alleine?

Ein entscheidender Aspekt bei der Zielfindung ist, dass wir grundsätzlich an eine Welt glauben, in der uns ein glückliches Leben bestimmt ist, eine Welt, in die wir hinein geboren werden, um unsere innersten Sehnsüchte und Wünsche auszuleben. Auf dem Weg zum eigenen Glück kann uns unser Unterbewusstsein aber enorm im Weg stehen. Wir können auch gelernt haben, dass es uns im Leben nicht zusteht, glücklich zu sein. Erinnern sie sich an die missbrauchten Zwillinge im vorherigen Kapitel. Was wir selbst glauben, erweist sich als richtig und erscheint uns objektiv. Das Erlebte stimmt dann wiederum mit unseren eigenen Einstellungen überein und wir zementieren unbewusst die Verschaltungen in unserem Kopf.

Sie haben also selbst die Möglichkeit, Ihr Unterbewusstsein gezielt zu steuern. Denken Sie an die Pawlowschen Hunde oder die veränderten Hirnstrukturen der Mönche und Taxifahrer aus den bereits vorgestellten Experimenten. Sie können Ihr Schicksal selbst bestimmen und sind nicht hilflos den Launen der Natur und Ihrer Umgebung ausgesetzt. Stellen Sie sich Ihr Leben als Seereise vor, Sie alleine haben die Wahl, mit Ihrem Segelboot passiv von den Stürmen des Ozeans durchgeschüttelt zu werden und voller Angst neue Wellen zu fürchten. Genauso gut können Sie sich aber auch dafür entscheiden, dass das Leben Sie liebt und voller Elan als Kapitän beherzt Ihr Lebensboot steuern. Jede Welle macht Sie stärker, nach jedem Tief kommt ein Hoch, beides hat seinen Reiz.

Sobald Sie aufhören, die Wellen in Ihrem Leben zu bekämpfen und akzeptieren, dass Sie dieses einzigartige Leben geschenkt bekommen haben, um glücklich zu sein, werden Sie einen dramatischen Unterschied in Ihrem Leben bemerken. Sie werden sich nicht nur gut fühlen, Sie werden auch Ihren Zielen und Träumen näher kommen, weil der Steuermann in Ihrem Kopf Sie voller Vertrauen auf Ihrer Lebensreise begleitet, egal wie stürmisch es wird.

Egal, ob Du denkst Du schaffst es oder nicht – Du hast recht.
(Henry Ford)

Die moderne Wissenschaft stimmt den Weisen und Gelehrten längst vergangener Tagen zu. Das Leben liebt jeden von uns, es gibt dazu keine Alternative. Natürlich können wir selbst unser Unterbewusstsein dazu erziehen, eine Welt voller Jammer und Unglück zu verinnerlichen. Egal, wie Sie sich entscheiden, Sie werden immer recht behalten, denn so funktioniert unser Gehirn. Die Konsequenzen Ihres selbst geschaffenen Weltbildes können empfundenes Lebensglück oder eine unerfüllte Reise durch die Lebensjahre sein.

Lang lebe die positive Einstellung!

Wie sehr sich eine positive Einstellung für Ihr Leben auszahlen kann, hat Danner im Jahr 2001 in seinem Experiment gezeigt. Danner ging einer der faszinierendsten Fragen nach, welche die Menschheit zu jeder Zeit bewegte: Was sind die wirklichen Ursachen für ein langes Leben? Warum leben manche Menschen mehr als hundert Jahre und warum sterben andere bereits im Berufsleben? Kann die Wissenschaft den Menschen einen Rat geben oder sogar die Lebenserwartung vorhersagen? Gibt es Erklärungen, die die unterschiedlichen Lebensspannen begründen oder ist unser Alter vollends durch unsere Gene bestimmt?

Das Hauptproblem der Untersuchung lag für Danner in der Vielzahl der möglichen Variablen, die das Leben der untersuchten Personen beeinflussten. So konnte die Lebensdauer von in sich gekehrten Landwirten und gestressten Managern zwar gemessen werden, doch lebten beide komplett unterschiedliche Leben, was die Ursachenforschung schier unmöglich machte. Selbst die Untersuchung einer Gruppe von ihnen konnte kaum Aufschlüsse geben. Wenn Danner bei seinem Experiment beispielsweise den Blick auf die Manager gerichtet hätte, so lebten bei genauerer Untersuchung auch diese sehr unterschiedlich. Sie hatten Freunde oder eben nicht, lebten alleine oder in einer Beziehung, ihr Berufsleben und -klima waren unterschiedlich und vieles mehr. Wie hätte man also die wahren Gründe finden können im Gewirr möglicher Einflussfaktoren? Scheiterte das Experiment also bereits an der konzeptionellen Fragestellung?

Doch dann hatte Danner eine Idee. Ihm fiel eine Population von Menschen auf, die einerseits groß genug war, um signifikante Aussagen zu machen, und die sich andererseits in ihren Lebensgewohnheiten kaum unterschied. Danner begann, sich für das Leben von Nonnen zu interessieren. Eingebettet in die Glaubensgemeinschaft folgten sie den gleichen Ritualen. Sie hatten einen festgelegten Tagesrhythmus, aßen gemeinsam die gleichen Mahlzeiten und auch ihre beruflichen Aufgaben waren gut vergleichbar. Viele Variablen konnten also im statistischen Sinne kontrolliert werden. Warum lebten aber einige Nonnen überdurchschnittlich lange und andere nicht, was waren die Gründe für ein langes Leben von einigen unter ihnen? Ihr Leben war doch so ähnlich! Danner begab sich auf die Suche. War es das Wetter, lebten Nonnen im warmen Kalifornien länger als die in Chicago? Lag es an der Luftverschmutzung, lebten die Nonnen in der klaren Luft der Berge Colorados länger als ihre Kolleginnen in der schlechten Luft von Los Angeles? Konnte die unterschiedliche Intelligenz der Nonnen die individuelle Abweichung vom Erwartungswert der Lebensdauer erklären? Oder lag der Unterschied im Grad der Religiosität, der den Nonnen ein längeres Leben bescherte, weil sie noch stärker als ihre Kolleginnen auf die Macht Gottes vertrauten?

So sehr Danner auch suchte, er wurde nicht fündig. Bis er bei seinen Überlegungen auf eine weitere mögliche Ursache stieß. Alle Nonnen hatten zu Beginn ihrer Ordenszeit einen Aufsatz geschrieben, was sie sich von ihrem Leben erwarteten, ob sie verbittert oder wohlwollend auf ihre Vergangenheit zurückblickten und wie sie ihre kommende Zeit im Kloster einschätzten. Danner ließ die Briefe der Nonnen von unabhängigen Lesern nach dem Grad der Positivität der Aufsätze ordnen. Die Leser hatten dabei keine Information über die jeweilige Nonne, ob die Autorin noch lebte, welcher Nationalität sie angehörte oder wie sie aussah. Sie lasen intensiv die Ausführungen und ordneten die Aufsätze dabei nach der positiven Grundeinstellung des Verfassers.

Das Ergebnis war faszinierend. Konnte keine andere Variable auch nur ansatzweise die unterschiedliche Lebensdauer der Nonnen vorhersagen, der Grad ihrer positiven Einstellung korrelierte mit der durchschnittlichen Überlebenswahrscheinlichkeit. Mit 85 Jahren waren 80 % der Nonnen mit den positivsten Aufsätzen noch am Leben, jedoch nur 55 % der Nonnen, die wenig Lebensfreude zum Ausdruck gebracht hatten. Mit 94 Jahren lebten immerhin noch 50 % der positiv gestimmten Nonnen, jedoch nur 15 % der negativen Untersuchungsgruppe. Ihre innere Einstellung zum Leben hatte ihr Leben verlängert.

Das verräterische Lächeln

Auch in anderen Experimenten zeigte sich ein Zusammenhang von empfundener Lebensfreude und einer höheren Lebenserwartung. Der Mimikforscher Paul Ekman zeigte, dass es 18 verschiedene Formen des Lächelns gibt. Jede zeichnet sich durch eine Beteiligung anderer Gesichtsmuskeln aus, die für den Gesichtsausdruck verantwortlich sind. Unter den Arten des Lächelns findet sich aber nur eine einzige Form, die authentische Freude widerspiegelt, das sogenannte Duchenne-Lächeln. Diese Art der Freude zeichnet sich durch die Beteiligung der Augenringmuskeln aus, die wir bewusst kaum steuern können. Interessanterweise reagiert unser Gehirn lediglich auf das Duchenne-Lächeln mit Glücksgefühlen. Ekman konnte sogar nachweisen, dass seine Probanden die guten Gefühle empfanden, wenn er die beteiligten Muskeln elektrisch reizte und so das Duchenne-Lächeln künstlich provozierte. Die Ausschüttung der Glückshormone konnte überlistet werden.

Keltner/Harker (2001) gingen in ihren Experimenten aber noch weiter. Half die mit dem Duchenne-Lächeln gezeigte Lebensfreude den Menschen auch langfristig? War den Duchenne-Lächelnden ein glücklicheres Leben vergönnt? Keltner/Harker ließen in einer Untersuchung eine Vielzahl alter Klassenfotos untersuchen und markierte dabei diejenigen Schülerinnen, die dem Kameramann ein authentisches (Duchenne-)Lächeln zeigten und verglich ihre Lebensfreude und Partnerschaften mit denen ihrer Klassenkameradinnen. Die Duchenne-Lächelnden waren mit 27 Jahren mit einer höheren Wahrscheinlichkeit verheiratet, berichteten im Alter von 52 Jahren über glücklichere Partnerschaften und zu allen Messterminen über ein höheres Glücksgefühl als ihre Kolleginnen. Die Ergebnisse bestätigten sich auch dann, als die Forscher Störvariablen eliminierten, wie z. B. die äußerliche Schönheit der Frauen. Nicht gutes Aussehen machte den Unterschied, sondern die Positivität der ehemaligen Collegeschülerinnen.

3.2.1
Die Medien als Glücksfalle

Was ist aber nun zu tun? Wie können wir unsere positive Einstellung ändern? Wie schon mehrfach erwähnt, liegt die Einstellung in unserem Unterbewusstsein verborgen. Alles, was uns umgibt, prägt uns – ob wir das wollen oder nicht, spielt dabei keine Rolle. Die Tücke liegt in der unterbewussten Verarbeitung.

Auch wenn wir wissen, dass Leonardo DiCaprio im Film „Titanic" nicht stirbt und munter weiter schauspielert, rühren uns die dramatischen Szenen des Untergangs zu Tränen. Unser Unterbewusstsein ist schlicht und kann – wie schon gezeigt – nicht zwischen Realität und Imagination unterscheiden. Es speichert alles ab, was uns an Eindrücken begegnet.

Unsere negative Einstellung zum Leben wird durch die modernen Medien verstärkt.

Evolutionsbedingt interessieren wir uns mehr für die Gefahr und das Schlechte in der Welt als für die schönen Momente. Für unsere Vorfahren war dieser Blick auf die lauernde Gefahr überlebensnotwendig. Wer den Löwen im Gebüsch nicht frühzeitig erkannte, lebte nicht mehr lange. Es wird Sie in den Nachrichten langweilen, dass jeden Tag über 25.000 Flugzeuge den europäischen Luftraum sicher überfliegen, das Interesse an einem einzigen Absturz füllt dagegen unsere Gazetten über Tage. Egal, welche Zeitung Sie sich kaufen, welchen Fernsehsender Sie sehen oder welchen Radiosender Sie hören, das Schlechte auf der Welt wird in großem Maße überrepräsentiert. Es gibt sehr wohl Negatives, aber das Verhältnis Positiv zu Negativ wird völlig verzerrt wiedergegeben. Das liegt aber weniger an der Bösartigkeit der Medienverantwortlichen, als vielmehr an unserer eigenen Nachfrage nach Berichten über das Außerordentliche und Schlechte. Schauen Sie sich einmal bewusst die Meldungen an, die Tag für Tag Ihr Unterbewusstsein beeinflussen. Stories über korrupte Manager und Politiker, Gewaltverbrechen und Familiendramen sind die Zugpferde heutiger Nachrichten. Verstehen Sie mich an dieser Stelle nicht falsch. Es ist wichtig, sich auf drohende Gefahren vorzubereiten und von drohendem Unheil zu wissen. Eine intensive Beschäftigung mit Politik oder ein erhöhtes Angebot an Selbstverteidigungskursen für junge Mädchen bieten Information und Schutz des eigenen Lebens. Dennoch lauert nicht hinter jedem Busch ein Sexualstraftäter und es gibt Millionen rechtschaffener Kaufleute. Aber genau dieses Verhältnis wird immer mehr auf den Kopf gestellt, weil wir uns nicht für das Gute, den Normalfall interessieren. Dadurch, dass die Medien einen immer größeren Einfluss auf uns haben, wird unser unterbewusstes Bild unserer Welt immer negativer. Wir merken kaum, wie wir unsere schlechte Welt selbst erschaffen.

Wir zahlen heute einen hohen Preis an Wohlbefinden für eine Fähigkeit, die unseren Vorfahren als Urinstinkt gegeben war, uns heute jedoch auf dem Weg zum Glück mehr im Weg steht als von Nutzen ist.

Wie können wir uns auf das Positive in unserem Leben fokussieren, wenn in unserer Welt das Negative ständig überrepräsentiert wird? Der erste Schritt dazu ist, dass wir uns bewusst werden, welche Konsequenzen der unreflektierte Mediengenuss auf unser Wohlbefinden hat. Die Ausführungen und Experimente im Abschnitt 3.1 haben es gezeigt. So sehr es Ihnen hilft, alle Sinne in die Imagination Ihrer Ziele einzubinden, genauso schädlich ist die hinterlassene Spur schlechter Nachrichten, die Sie nicht nur lesen, sondern in vertonten Bildern wahrnehmen. Bilder setzen sich in Ihrem Unterbewusstsein viel stärker fest als Gelesenes.

Fokussieren und genießen Sie gute Nachrichten und informieren Sie sich aus einer seriösen Zeitung über drohende Gefahren, die Ihr eigenes Leben auch wirklich betreffen. Verlieren Sie sich nicht in der Berichterstattung von Unfällen und tragischen Schicksalen, in denen die entsetzten Gesichter der Betroffenen direkt in

Ihrem Unterbewusstsein ein negatives Weltbild formen. Das bedeutet nicht, dass Sie die Augen vor Ungerechtigkeiten verschließen sollen, bei deren Beseitigung Sie selbst mithelfen können. Vielmehr ist Ihre Wachsamkeit gefordert, um den Blick auf eine wunderbare, aber nicht fehlerlose Welt zu richten.

3.2.2
Die Liebe zum Leben üben

Sie verändern Ihr Unterbewusstsein, wenn Sie es vor einer künstlichen Überrepräsentation des Negativen schützen. Zudem können Sie Ihr Unterbewusstsein positiv ausrichten, indem Sie die Liebe zu sich selbst, zu anderen Mitmenschen sowie zum Leben an sich jeden Tag üben. Leider fällt es uns Menschen nicht leicht, Liebe in ihrer reinen Form zu üben. Zu oft verwechseln wir das Gefühl „etwas oder jemanden zu lieben" mit „etwas oder jemanden zu brauchen" (Winterheller 2009b).

Wenn z. B. ein Mann seiner Frau seine Liebe gesteht, wird das oft damit verwechselt, dass er von ihr „geliebt werden" will. Liebe bedeutet aber lediglich, dass man freudig alles dafür gibt, dass es dem anderen gut geht, ohne dafür etwas als Gegenleistung zu bekommen. Würde der Mann sich wirklich freuen, wenn seine Frau mit einem anderen Mann ein noch glücklicheres Leben führen könnte? Wenn er sie wirklich lieben würde, würde er sich das tatsächlich für sie wünschen. In Wahrheit würden viele Männer an seiner Stelle „zu Recht" mit Eifersucht reagieren, weil sie in Wirklichkeit ihre Frauen brauchen und dies mit Liebe verwechseln. Wir sind es nicht gewohnt, reine Liebe zu üben. Wir tun uns daher wesentlich leichter, an den Tochtergefühlen der Liebe, nämlich Dankbarkeit und Großzügigkeit zu arbeiten (Winterheller 2009b). Und so ist es auch nicht verwunderlich, dass die Wissenschaft herausgefunden hat, dass die Kultivierung von Dankbarkeit und Großzügigkeit unser Unterbewusstsein so stark beeinflussen kann, dass wir jeden Tag glücklicher werden. Wir können lernen, dass uns das Leben liebt und uns positiv gesinnt ist.

Dankbarkeit und Großzügigkeit üben heißt, Happiness trainieren!

Happiness durch Dankbarkeit

Unser Lebensstandard hat sich im Vergleich zu unseren Urahnen in großen Teilen der Welt dramatisch verbessert. Wenn wir hungrig sind, müssen wir uns nicht den Gefahren der Jagd aussetzen oder mit leeren Händen nach Hause zurückkehren. Wir kaufen heute Spezialitäten aus aller Welt in Supermärkten ein, kochen unsere Mahlzeit auf elektrischen Öfen, gehen ins Restaurant oder lassen uns asiatische Spezialitäten direkt nach Hause bringen. Unser Geschirr müssen wir nicht zwingend spülen, hier greift uns die Technik ebenso unter die Arme wie beim Staubsaugen oder Rasenmähen. Während vor gar nicht allzu langer Zeit unser Zahnarzt ohne Betäubung an uns „herumdokterte", müssen wir heute dank moderner Anästhesie den Arztbesuch kaum fürchten. Dem Fortschritt der Medizin haben wir eine längere Lebenserwartung zu verdanken. Kamen unsere Vorfahren in ihrem ganzen Leben kaum nennenswert aus ihrem Dorf heraus, jetten wir heute in die entlegensten Winkel der Welt. Wem das noch nicht genug ist, der kann mittlerweile gegen Aufpreis Tickets für eine Reise ins All lösen.

Und dennoch können wir all diese wundervollen Dinge kaum schätzen. Unser Gehirn ist darauf trainiert, Veränderungen wahrzunehmen, vor allem gefährliche und drohende. An das Gute gewöhnen wir uns viel zu schnell, erinnern Sie sich nur an die Professoren und Lottogewinner aus Kapitel 2.2. Wir kehren nach kurzer Zeit wieder zu unserem ursprünglichen Glückslevel zurück und lauern weiterhin gespannt auf mögliche Gefahren. Mit anderen Worten, wir haben das Staunen über das Gute und unsere Dankbarkeit durch einen Mechanismus verloren, der unseren Vorfahren das Leben rettete. So warten wir vergeblich auf das Gute in unserem Leben, obwohl wir längst davon umgeben sind. Das Gute nicht schätzend und wieder auf neue Gefahren ausgerichtet, profitieren wir emotional kaum vom erreichten Fortschritt. Lassen Sie uns die Brille unserer Urgroßväter ablegen, die sich in einer gefährlichen Welt zu Recht auf Bedrohungen fokussieren mussten. Setzen Sie die Brille auf, die das Gute in Ihrem Leben sichtbar macht und Sie werden nach einigem Training überrascht sein, wie unglaublich großzügig das Leben zu Ihnen ist. Dieser Sinneswandel ist kein Placebo, das Ihnen die tragische Welt freudig erscheinen lässt. Es ist umgekehrt. Sie leben in einer unglaublich erfüllenden Welt und sind sich dessen oft nicht bewusst. Lassen Sie sich von Ihrem Gehirn nicht foppen. Das Gute ist der Normalfall, das Schlechte die Ausnahme und daher für unsere Wahrnehmung weitaus interessanter.

„Wenn die Sterne nur einmal im Jahr strahlen würden, wäre das wunderbar."
(Tal Ben-Shahar)

Die Erzählungen unheilbar kranker Patienten, die sich bewusst werden, dass der Tod in Kürze eintreten wird, ähneln sich in erschreckender Art und Weise. Alle berichten, dass die letzten Tage und Wochen ihres Lebens die glücklichsten gewesen seien und wunderten sich über ihre Lebenszeit davor. Wenn das Ende sichtbar wird, richtet sich unser Blick nur noch auf das Hier und Jetzt. Es gibt keine drohenden Gefahren mehr, wenn das Ende bereits so nahe ist. Was soll jetzt noch Schreckliches passieren? Wir erleben die Welt plötzlich wieder unverzerrt und mit großer Demut und Dankbarkeit. Ein Sonnenaufgang, ein tiefer Atemzug frischer Luft, spielende Kinder am Straßenrand, all das haben wir immer für so selbstverständlich angesehen und gar nicht bemerkt. Plötzlich rührt es uns zu Tränen der Freude, lediglich durch die veränderte innere Einstellung. Warum waren uns unser ganzes Leben lang diese Momente stillen Glücks nicht vergönnt? Wir waren doch immer von Sonne, Luft und spielenden Kindern umgeben. Lassen Sie uns das Staunen wieder lernen, wie Kinder, die voller Vorfreude und Spaß die Welt erkunden.

Ich fragte mich, wie es möglich sein könnte, eine Stunde durch den Wald spazieren zu gehen und nichts von Bedeutung zu sehen. Ich, die nicht sehen kann, finde hunderte von Dingen: Die feine Symmetrie eines Blattes, die glatte Haut einer Weißbirke, die raue, zottige Rinde einer Kiefer. Ich, die blind bin, kann denjenigen einen Hinweis geben, die sehen: Verwenden Sie Ihre Augen, so als ob Sie morgen mit einem Schlag erblinden würden. Hören Sie den Klang der Stimmen, die Lieder eines Vogels, die geballte Kraft eines Orchesters, so als ob Sie morgen Ihr Gehör verlieren würden. Berühren Sie jeden Gegenstand, als ob morgen Ihr Tastsinn versagen würde. Riechen Sie den Duft der Blumen, Schmecken Sie die Würze in jedem Biss, so als ob Sie morgen nicht mehr schmecken oder riechen könnten. Machen Sie das Beste aus allem. Dann wird Ihnen die Herrlichkeit und die Schönheit des Lebens in allen Facetten offenbart werden.

[Helen Keller]

Die Wissenschaft hat die große Wirksamkeit von Dankbarkeitsübungen in zahlreichen Experimenten bestätigt. So wurden Probanden angehalten, täglich zu reflektieren, was in ihrem Leben gut lief. Sie sollten mindestens drei solcher Dinge niederschreiben, für die sie dankbar waren. Möglicherweise hatten sie sich gefreut, dass sie im Sonnenschein zur Arbeit gegangen waren, ein schönes Gespräch mit einer Arbeitskollegin geführt oder am Abend einen interessanten Fernsehfilm gesehen hatten. Nach einigen Wiederholungen stieg nicht nur das Wohlbefinden der Teilnehmer nachhaltig, sie fühlten sich zudem gesünder und suchten seltener einen Arzt auf. Sogar ihre Blutwerte veränderten sich positiv zur Kontrollgruppe. Ihr Immunsystem war durch die Fokussierung auf die positiven Seiten ihres Lebens gestärkt worden. Die Probanden verfügten nicht nur über ein höheres Energieniveau, sie erreichten auch ihre persönlichen Ziele schneller und leichter. Aber nicht nur sie selbst, sondern auch ihre Umwelt profitierte von ihren Dankbarkeitsübungen. So zeigte sich, dass sich ihre Bereitschaft, anderen zu helfen, erhöht hatte. Wieder einmal hatte sich das Glück einzelner auch auf andere ausgebreitet.

Durch die intensive Beschäftigung mit den Sonnenseiten des Lebens verändern Sie das Verhältnis zwischen guten und schlechten Erfahrungen, die in Ihrem Kopf abgespeichert sind. Gerade weil das Gehirn die Imagination und die tatsächlichen Erlebnisse kaum unterscheiden kann, drehen Sie so an Ihrer eigenen Glücksspirale. Aber es gibt noch einen anderen Effekt. Sie *lernen* auch buchstäblich, die positiven Seiten Ihres Lebens zu beobachten und in den Vordergrund zu stellen. Diese Fähigkeit hilft Ihnen jeden Tag, noch mehr Positives in Ihrem Leben zu entdecken.

Happiness durch Großzügigkeit

Wenn Sie Dankbarkeit regelmäßig üben, wird sich Ihr Weltbild ändern. Sie werden das Leben als prinzipiell wohlwollend empfinden, Glück und Ausgeglichenheit erfahren und mehr Vertrauen in die Erreichbarkeit Ihrer Ziele verspüren. Der Effekt wird aber noch größer, wenn Sie zugleich Ihre Großzügigkeit trainieren. Zeigen Sie sich und Ihren Mitmenschen, dass das Leben alle liebt, jeden einzelnen. Seligman hat in seinen Experimenten untersucht, dass die Wirkung der zuvor gezeigten Dankbarkeitsübung noch gesteigert werden konnte, wenn die Person ihre Dankbarkeit nicht nur niederschreibt, sondern diese im Angesicht des betreffenden Menschen vorliest, also großzügig seine Dankbarkeit auch der betreffenden Person zeigt.

In Seligmans Versuchen wurde deutlich, dass die Intensität des Glücksgefühls beim persönlichen Vorlesen messbar höher war, als wenn die Versuchspersonen die Dankbarkeit nur alleine übten. Jeder Mensch hört gerne dankbare Worte von seinen Mitmenschen. Dass dadurch aber auch der Vortragende profitiert, hat die Wissenschaft gezeigt. Die Dauer des empfundenen Glücksgefühls bei der persönlich vorgelesenen Botschaft hielt im Schnitt zwar nur einen

Liebe Deinen Nächsten wie Dich selbst!
(Bibel, Matthäus)

Monat an, bei der inneren Dankbarkeitsübung hingegen sechs Monate. Das sollte uns aber nicht allzu viel Kopfzerbrechen machen. Haben wir nicht jeden Tag Gelegenheit, unsere Dankbarkeit unseren Mitmenschen zu zeigen? Könnten wir nicht dem Installateur sagen, dass er seinen Job gut gemacht hat oder der Kassiererin ein Trinkgeld geben für ihre gute Arbeit? Gelegenheiten gibt es bei genauerem Hinsehen unendlich viele, die Durchführung fällt uns nur schwer. Wir sind es eben nicht gewohnt. Vielleicht hilft uns, dass die Wissenschaft den positiven Effekt *für uns selbst* in der Aussprache unserer Dankbarkeit *gegenüber anderen* bereits bewiesen hat.

„Nimm dir jeden Tag eine halbe Stunde Zeit für Deine Sorgen und in dieser Zeit mache ein Schläfchen."
(Lao Tse)

Doch es lohnt sich auch, sich selbst gegenüber großzügig zu sein, wie Manfred Winterheller in seinen Handlungsempfehlungen aufzeigt (Winterheller 2004). Belohnen Sie sich, erfüllen Sie sich regelmäßig einen Herzenswunsch, zeigen Sie sich selbst, dass das Leben Sie nicht mit unerfüllbaren Wünschen auf die Erde geschickt hat und leiden lässt. Die Limitationen Ihres Glücks sind durch die Verschaltungen der Neuronenbahnen in Ihrem Kopf entstanden und nur Sie selbst können diese Grenzen sprengen. Zum einen dadurch, dass Sie verstehen, dass Ihr Bild von der Welt nicht objektiv real ist, sondern dass Sie es selbst geschaffen haben. Zum anderen können Sie noch einen weiteren Schritt in Richtung Ihres Glücks gehen, indem Sie nicht nur reflektieren, sondern agieren. Je großzügiger Sie zu sich selbst sind, desto größer wird Ihr Handlungsspielraum.

Dabei ist es nicht wichtig, dass Ihre Herzenswünsche, die Sie umsetzen möchten, möglichst groß sind oder viel Geld kosten. Vielmehr geht es darum, sich selbst zu zeigen, was möglich ist und dass das Leben Sie liebt. Vielleicht sind Sie auf einem nächsten Fest ganz Sie selbst oder verbringen einmal ein Wochenende ganz nach Ihren Vorstellungen?

Seien Sie aber auch großzügig zu Ihren Mitmenschen, helfen Sie ihnen bei der Erfüllung ihrer Wünsche, spenden Sie Bedürftigen. Gestalten Sie eine Welt, in der gegeben wird, Sie werden am meisten davon profitieren. Aber bringen Sie Geduld mit: Ihr Unterbewusstsein wird eine Weile brauchen, um dies zu verinnerlichen. Interessant daran ist, dass die Wirkungen der Großzügigkeit zweierlei sind. Zum Einen trainieren Sie Ihr Gehirn darauf, dass jedem auf diesem Planeten geholfen wird und jeder die Großzügigkeit der anderen erfährt. Zum Anderen werden Sie zu einem Magneten für andere Menschen. Denn wir alle umgeben uns gerne mit Menschen, die es gut mit uns meinen und uns verstehen und lieben.

Wir genießen ihre Nähe und geben ihnen großzügig unser Wohlwollen zurück. Je mehr Sie geben, desto mehr erhalten Sie, Sie müssen nur den ersten Schritt machen. Vielen von uns fällt aber gerade diese Anfangsinvestition so schwer. Wir verharren passiv in unserem Leben und warten vergeblich auf Hilfe oder einen Geniestreich des Schicksals. Wenn Sie aber anfangen, dankbar und großzügig zu sein, werden Sie jeden Tag intensiver spüren, wie das Leben Sie liebt und Sie werden noch mehr zurückgeben können. Die aufwärts gerichtete Glücksspirale ist dann für Sie nicht mehr aufzuhalten. Im Grunde genommen drehen Sie die negativen Aspekte des Industrialisierungszeitalters gefühlsmäßig zurück. Sie erfreuen sich am weltweit geschaffenen Wohlstand und nehmen ihn nicht länger als gegeben hin. In einer medienorientierten Welt, die die „ICH AG" propagiert, geben Sie anderen die Hand – Sie werden überrascht sein über das entstehende Glücksgefühl.

3.2.3
Meditation verändert Hirnstrukturen

Durch Dankbarkeit und Großzügigkeit lernen wir wieder, das Hier und Jetzt zu schätzen. In einer Welt, in der man – zumindest in unseren Breiten – weder Hunger, Krieg noch Verfolgung leiden muss, schenkt uns das Schicksal eigentlich alles im Überfluss. Wir haben aber gelernt und sind es gewohnt, unsere Probleme zu fokussieren, anstatt uns an dem zu erfreuen, was wirklich geschieht. Nichts anderes lehren die Übungen der Meditation. Wie sehr die Konzentration auf den eigenen Atem Gehirnstrukturen verändern kann, haben wir bereits im Kapitel 2.3 gesehen. Bei den wahren Meistern mit über 10.000 Stunden Meditationserfahrungen hatten die Wissenschaftler festgestellt, dass sich die beiden Hälften des Stirnhirns unterschiedlich entwickelt hatten. Der linke Teil, zuständig für die guten Gefühle, war im Vergleich zum rechten Teil stark angewachsen. Aber was kann ein „normaler Mensch" in unseren Breitengraden von diesen Untersuchungen lernen, um sein Glücksgefühl auszudehnen? Die Erkenntnis ist wohl kaum, dass wir unser Leben komplett umstellen und zu Meditierenden werden müssen, um glücklicher zu werden.

Der Wissenschaftler John Kabat Zinn ging daher der Frage nach, ob auch kurzes, aber regelmäßiges Meditieren bereits positive Effekte zeigt. Seine Probanden meditierten acht Wochen lang, täglich

45 Minuten, wohingegen die Kontrollgruppe lediglich auf ein angebliches Experiment wartete. Die Resultate waren beeindruckend. Nicht nur, dass die Probanden über ein besseres Wohlbefinden und geringere Ängste berichteten, auch bei ihnen hatte sich das Verhältnis von linkem zu rechtem Stirnhirn geändert. Aber auch das Immunsystem der meditierenden Gruppe war gestärkt. Man hatte hierzu alle Teilnehmer Grippeerregern ausgesetzt. Diejenigen Probanden, die täglich meditiert hatten, hatten signifikant mehr Antikörper produziert und konnten sich besser gegen die Krankheitserreger behaupten. Die Kontrollgruppe zeigte keinerlei Veränderung.

Der Versuch, uns durch Nachdenken aus einer Depression zu befreien, bringt uns selten weiter, er treibt uns nur tiefer in die Problematik hinein und ist nicht Bestandteil der Lösung.   **(Williams)**

Wir haben in unserer Kultur gelernt, über Probleme nachzudenken und Lösungen zu finden, um diese zu bekämpfen. Die Meditation schlägt einen anderen Ansatz vor. Sie führt die Menschen zwar auch zu den Problemen hin. Anstatt aber nachzugrübeln, was dagegen zu tun wäre, verweilen die Meditierenden lediglich bei den Problemen und nehmen diese einfach nur wahr.

Diese Wahrnehmung ist unverzerrt durch kreisende Gedanken und Bewertungen. Durch die Meditation erleben wir das eigentliche Hier und Jetzt und bemerken, dass wir den Moment genießen können, auch wenn wir unsere Probleme beobachten. Dieses neue reine Erfahren verändert unser Gehirn. Es entstehen alternative – und eben nicht mehr negative – Neuronenbahnen.

Hatten wir bislang mit einer körperlichen Beschwerde z. B. ein Gefühl von Hilflosigkeit verbunden, erleben wir dieses jetzt ohne die bisherige negative Bedeutung. Der meditative Problemlösungsansatz kommt uns im Westen sehr ungewohnt vor, haben wir doch gelernt, völlig anders mit unseren Problemen umzugehen. Unser andauerndes Gedankenkreisen über mögliche Auswege führt uns jedoch zu einer ständigen Verstärkung unserer negativen Hirnverschaltungen. Die regelmäßige Meditation erschafft hingegen neue, alternative Neuronenbahnen.

Die Ergebnisse der Hirnforschung gewähren uns einen neuen Zugang zu den meditativen Techniken aus Fernost. Die Wirkungen der Meditation sind nun sichtbarer geworden. Vielleicht ist das für uns Ansporn genug, aufgeschlossener für derartige Übungen zu sein.

Happy family/Teil 5: Das Leben liebt mich?!

Wilhelm sah nun langsam klarer. Seine ganze Umgebung, alles, was er erlebte, prägte sein Gehirn. Teilweise war er sich dessen gar nicht bewusst, weil er vieles gar nicht wirklich wahrnahm. Erst als er intensiv darüber nachdachte, was er täglich im Fernsehen sah, in Magazinen las oder wie er selbst auch andere Leute behandelte, wurde ihm klar, wie er – ohne es zu wissen – davon geprägt wurde.

Allerdings war ihm spätestens seit der Übung Happy family/Teil 3 (Stolpersteine) klar, wie Erlebtes aus der Vergangenheit seine Zukunft negativ beeinflussen konnte. Ihm wurde plötzlich bewusst, wie wichtig es für ihn war, sich mit den positiven Seiten seines Lebens zu beschäftigen. Dadurch würde er sich nicht nur zum jetzigen Zeitpunkt besser fühlen, er könnte künftig auch vermehrt die sonnigen Seiten des Lebens erkennen. Die Entscheidung, ob das Leben ihn liebte oder nicht, konnte kein anderer treffen als er selbst.

Wilhelm beschloss zusammen mit Lisa, ein Experiment zu wagen, um zu fühlen, wie stark sie ihr eigenes Glücksgefühl selbst bestimmen konnten.

Sie folgten in den kommenden vier Wochen den folgenden Regeln …

TAGESZEIT	TUN	WEGLASSEN
Morgens nach dem Erwachen	Ziele schreiben, was im Leben schön wäre und wie es sich anfühlt. Besonders an schönen Tagen: Laufen in der Natur.	Sich nicht nach dem Erwachen in negativen Gedanken verlieren, was man alles an diesem Tag schaffen und erledigen muss.
Tagsüber	Nettigkeit üben, mal ein gutes Wort hinzufügen oder Leuten helfen.	Mal ein schlechtes Wort weglassen oder einen unnötigen Streit verhindern.
Abends vor dem Einschlafen	Ein Buch lesen/Film schauen, der das Leben positiv darstellt. 30 Minuten aufschreiben, was an diesem Tag passiert war, und wofür sie dankbar waren.	Zappen zwischen verschiedenen Fernsehsendern, Verzicht auf Nachrichtensendungen, die mit eindrucksvollen Bildern und Tönen den Schrecken der Welt darstellen. Direkt vor dem Einschlafen keine Kriegsfilme oder Ähnliches.

Tabelle 5:
Rituale im Tagesablauf für mehr Ausgeglichen- und Zufriedenheit

Bereits nach kurzer Zeit waren Lisa und Wilhelm von den Ergebnissen begeistert. Sie fühlten sich jeden Tag ein wenig besser, weil sie sich mehr und mehr bewusst wurden, wie schön ihr Leben eigentlich war. Natürlich gab es negative wie positive Seiten. Sie lernten aber durch die Beschäftigung mit der „sunny side of life", dass diese in großem Maße in ihrem Leben vorhanden waren. Viel mehr als ihnen vorher bewusst war!

Und noch etwas änderte sich: Durch das Training der Dankbarkeit nahmen sie auch am nächsten Tag die positiven Dinge in ihrem Leben vermehrt wahr. Ihre Aufmerksamkeit richtete sich unbewusst auf das, was in ihrem Leben schon hervorragend funktioniert hatte. Auch negativen Erlebnissen konnten sie nun manchmal etwas Positives abgewinnen.

Wilhelm fiel auf, dass sich auch sein Bauchgefühl änderte. Es war kein klassisches „positives Denken", durch das er früher versucht hatte, sich einzureden es wäre schon alles gut und er hätte keinen Grund, sich schlecht zu fühlen. Nein, es hatte sich etwas Grundlegendes in seinem Denken und Fühlen verändert. Er erlebte sich kraftvoller und zufriedener.

Lisa bemerkte zudem, dass sie besser schlief und viel ausgeruhter erwachte. Offenbar hatten die vielen zum Teil negativen Eindrücke aus den Medien und das vermehrte Grübeln über eigene Probleme sie bis in den Schlaf verfolgt.

Auch das aktive Erwachen, verbunden mit der Reflektion ihrer eigenen Lebensbestimmung, hatte beiden Kraft gegeben, mit Spaß in den Tag zu starten! Sie hatten genug Energie, die Liebe gegenüber sich und anderen auszuweiten, was sie wiederum stärkte.

Verblüfft und aufgeregt diskutierten Wilhelm und Lisa ihre Gefühlsveränderung und beschlossen, die Rituale erst einmal beizubehalten.

Anregungen

1. Schreiben Sie einen Brief (Umfang ca. eine DIN-A-4 Seite), in dem Sie Ihre Dankbarkeit zu einer Person ausdrücken (Familie, Freunde, Lebenspartner, Mitarbeiter o. ä.). Eine zusätzliche Wirkung erzielen Sie, wenn Sie den Brief der betreffenden Person vorlesen.
2. Schreiben Sie abends drei Sachen auf, für die Sie dankbar sind. Fühlen Sie sich ganz darin ein und versuchen Sie nicht, diese zu analysieren.
3. Sagen Sie jeden Tag eine positive Bemerkung zu jemandem oder erfreuen Sie ihn mit etwas. Sie können die Übung auch umdrehen und sich darin versuchen, schlechte Äußerungen wegzulassen.

Literatur Abschnitt 3.2:

Langlebige Nonnen: Danner/Snowdon/Friesen, W. (2001).

Duchenne Lächeln: Ekman (1993), Klein (2008a), S. 40 ff., Klassenfoto Studie: Keltner/Harker (2001).

Medien und Glück: Frey (2010), S. 132, Winterheller (2004), S. 79 ff., Spitzer (2009b).

Die Schwierigkeit, Liebe zu üben: Dr. Winterheller (2009b).

Dankbarkeit üben: Emmons/Mc Cullough (2003), Seligman (2002), S. 70 ff., Lyubomirsky/Sheldon/Schkade (2005), Ben-Shahar (2010), S. 1–3, 73–75, 81–85, Dr. Winterheller (2010), S. 99 ff., Jiménez (2010), S. 84 ff., 273 ff., Gilbert/Wilson/Koo/Algoe (2008).

Großzügigkeit üben: Seligmann/Steen/Park/Peterson (2005), Wallis (2005), Winterheller (2004), S. 136 ff., Zur Freiwilligenarbeit: Frey (2010), S. 101 ff.

Die Macht des Schreibens: Pennebaker (1997).

Meditation: Kabat-Zinn (1990), Williams et al. (2007), Ben-Shahar (2007), S. 28 ff., Benson (1997).

3.3
Die Kunst des Tuns

In den vorangegangenen Kapiteln haben wir intensiv beleuchtet, wie unser Glücksgefühl entsteht. Es hängt weniger von den externen Einflüssen in unserem Leben ab, als vielmehr davon, wie wir damit umgehen und diese interpretieren. Natürlich können wir unsere Umgebung positiv gestalten und uns aussuchen, in welcher Form wir uns z. B. den Medien aussetzen. Noch entscheidender aber ist, dass wir konsequent an unseren inneren Einstellungen und Wahrnehmungen arbeiten. Wie wir gesehen haben, ist die Macht unseres Unterbewusstseins derart groß, dass wir ein an sich schönes Leben langweilig und traurig empfinden können und – schlimmer noch – sogar davon überzeugt sind, dass die Realität nun mal so ist. Die Fokussierung auf unsere innersten Ziele und Werte, also das, was uns wirklich Spaß macht und worin wir gut sind, hilft uns dabei, uns positiv zu verändern.

Wenn wir regelmäßig Dankbarkeit und Großzügigkeit üben, werden wir unser Dasein positiver erleben und lernen, den Blick auf das in unserem Leben zu richten, was bereits prächtig funktioniert. Unser Energielevel steigt und wir strotzen vor Tatendrang.

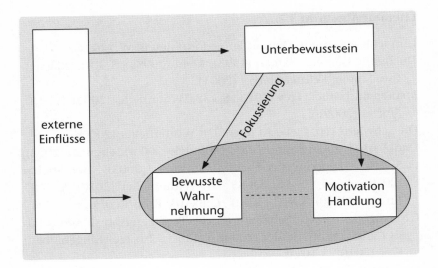

Abbildung 10:
Tun

Und genau dieses „Tun" ist ein wesentlicher Bestandteil unseres Veränderungsprozesses.

Über unseren gesamten Lebenszeitraum wird unser Gehirn geprägt durch

- die Wahrnehmung der Umwelt
- die Bewertung unserer Einstellungen und unserer Ziele
- unser Tun oder Unterlassen
- das wahrgenommene Ergebnis unserer Bemühungen.

Unser Gehirn hat in dieser Spirale jahrelang gelernt, die Verschaltungen haben sich in unserem Kopf gebildet und wir haben sie immer wieder unbewusst trainiert. Um die Spirale positiv zu verändern, genügt es nicht, wenn wir nur an einer Stellgröße ansetzen. Hohe Energie ist für die Veränderung nötig, zu stark fallen wir sonst wieder zurück in Altbewährtes.

Wenn Sie sich wirklich ändern wollen, müssen Sie an möglichst vielen Stellschrauben, die dieser Kreislauf bietet, gleichzeitig ansetzen. Wie dies für externe Einflüsse, unsere Wahrnehmung und innere Einstellung sowie unsere Ziele und unser Weltbild funktioniert, haben Sie bereits erkennen können. Wenden wir uns jetzt aber dem Tun an sich zu und beschäftigen uns eingangs mit dem Phänomen, warum uns gerade dies manchmal so unendlich schwer fällt.

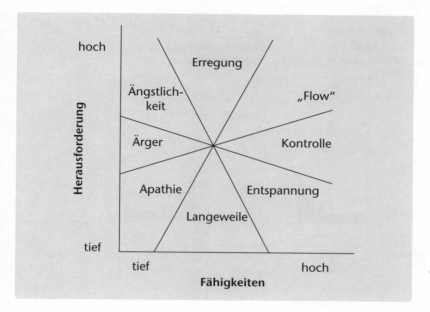

Abbildung 11:
Csikszentmihalyi
und flow-
Forschung

3.3.1
Was uns vom Tun abhält und wie wir es überwinden

Der ungarische Forscher Mihaly Csikszentmihalyi hat sich in seinen Experimenten wie kaum ein anderer mit der richtigen Art des Tuns beschäftigt. Er war vor allem angetan von der erfüllend anmutenden Arbeit von Künstlern. Maler, die voll und ganz in ihrem Schaffen aufgehen, den Pinsel wie in Trance führen und dabei Raum und Zeit um sich herum vergessen, strahlen ihre innere Freude und Schaffenskraft förmlich aus. Ist so etwas auch bei „normalen" Tätigkeiten und Berufen möglich? Wenn ja, was sind die Bestimmungsgrößen für diesen erstrebenswerten Zustand, in dem Arbeit nicht lästig und anstrengend, sondern als Erfüllung und Selbstausdruck erscheint?

Csikszentmihalyi bezeichnete diesen eigentümlichen Zustand als „flow" und konnte nach jahrelanger Forschung die wesentlichen Einflussfaktoren beschreiben, die nötig waren, um diesen flow-Zustand zu erreichen (vgl. Abbildung 11).

So war es wichtig, dass ...

- die Person ihre Stärken bei der Aufgabe voll mit einbringen konnte,
- die Aufgabe diese Stärken auch forderte,

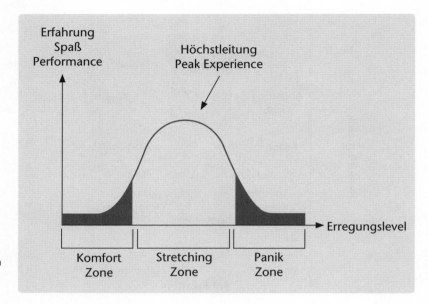

Abbildung 12:
**Verschiedene
Arten von
Anstrengung**
(in Anlehnung an
Csikszentmihalyi
[1992])

- die Aufgabe bekannt war und die Person darin geübt war,
- die Person frei von Ängsten war,
- das Gehirn somit optimal gefordert war und die Aufmerksamkeit ganz bei der Tätigkeit blieb.

War die Aufgabe im Vergleich zum eigenen Können zu einfach, empfanden die Menschen Langeweile, im anderen Fall Überforderung und Angst. Wenn die Aufgabe aber genau dem Können entsprach, konnte die Aufmerksamkeit des Gehirns optimal genutzt werden. Die Gedanken schweiften weder aus Überforderung noch aus Langeweile ab und blieben ganz im Hier und Jetzt beim Tun. Prinzipiell kamen alle Arten von Aufgaben dafür in Frage. Dieses Vorgehen ist übrigens dem Ansatz der Meditation, der durch Konzentration auf die eigene Atmung lediglich das Hier und Jetzt fokussiert und alle anderen Störungen unbeachtet lässt, ganz ähnlich..

Man kann die Tätigkeiten nach dem Grad der inneren Erregung der Person, die sie ausführt, gliedern. In der sogenannten Komfort-Zone ist die Erregung gering, wir sind unterfordert und können so keine guten Ergebnisse erzielen, schlimmer noch: die Arbeit macht uns auch keinen Spaß! Ist die innere Erregung hingegen zu hoch, fühlen wir uns überfordert, sind nervös und verängstigt. Unsere Messlatte liegt so hoch, dass wir uns vor der Aufgabe fürchten. Auch in der sogenannte Panik-Zone fühlen wir uns unwohl und auch hier sind die Resultate unserer Leistung gering. Im optimalen Bereich, der Stretching-Zone, können wir unsere Potentiale hingegen voll einbringen. Wir sind ganz bei der Sache und empfinden dabei auch die größte Freude – gepaart mit individuellen Spitzenleistungen. Die Ergebnisse von Csikszentmihalyis Experimenten werden seit Jahren im Spitzensport angewandt und Wissenschaftler und Trainer sind sich darin einig, dass in den wirklich großen Wettkämpfen nicht die Technik oder die Kondition die größte Rolle spielt. Wer am meisten „im flow" ist, hat die Nase vorn! Wie finden wir unsere individuelle Stretching-Zone und was hält uns davon ab, uns glücklich jeden Tag weiter entwickeln zu können?

Der Perfektionist zerstört sich selbst – Learn to fail or fail to learn

Beschäftigen wir uns zuerst mit der Frage, warum die innere Erregung für eine Aufgabe zu hoch sein kann. Eigentlich hat niemand etwas davon, sich zu viel anzustrengen. Im Gegenteil schon die bekannte Regel des Wissenschaftlers Pareto gibt vor, dass oft mit 20 % der Arbeitsleistung 80 % des Ziels erreicht werden kann. Wozu die weitere Anstrengung und die überhöht gesteckten Ziele?

Wieder einmal ist ein gelerntes Weltbild schuld am geringen Wohlbefinden, die Sicht des Perfektionisten. Tal Ben-Shahar zeigt in seinem Buch „The Pursuit of Perfect" die dramatischen Ursachen und Folgen des eigenen Perfektionismus, auf die wir im Folgenden weiter eingehen.

In den ersten Jahren unseres Lebens erreichten wir Erstaunliches. Wir lernten zu krabbeln, zu gehen, zu essen, zu sprechen und uns in der komplexen Welt zurecht zu finden. Dabei war eines immer gleich. Unsere größten Fortschritte machten wir durch unzählige Misserfolge, Lernen war ohne Versagen nicht möglich. Bevor wir aufrecht gehen konnten, mussten wir tausende Male auf den Boden fallen und versuchten es tapfer und mit einem Lächeln ein weiteres Mal. Die vielen Fehlversuche zu essen zierten unsere Leibchen nach jeder Mahlzeit. Wir hätten all dies nicht geschafft, hätten wir aufgegeben und unsere Versuche nach ein paar Misserfolgen eingestellt. Der Mensch lernt eben durch seine Fehler.

Lerne zu scheitern, oder scheitere beim Lernen!
[Tal Ben-Shahar]

Viele von uns verlernen diese Gabe, es „einfach auszuprobieren", im Laufe ihres Lebens. Wir wollen anderen gefallen und wurden auch in unserer Ausbildung dazu erzogen, Fehler zu vermeiden. Um eine Aufgabe zu 100 % perfekt zu erledigen, müssen alle nur denkbaren Fehler vermieden werden. Pareto zeigt in seinen Studien, welche enormen Kraftanstrengungen hierfür nötig sind. Was aber noch schlimmer ist als die unnötig investierte Zeit, ist die Angst, die sich entwickelt, trotz hohem Arbeitseinsatz dennoch zu scheitern. Restrisiken können fast nie gänzlich ausgeschlossen werden. So kann ein Student mit ordentlichem Aufwand eine gute Note erreichen, eine fehlerlose Arbeit verschlingt jedoch unendliche Energien. Zudem steigt die Angst vor dem Versagen mit der investierten Arbeitsleistung. Unser Gehirn lernt die Angst vor dem Versagen und speichert sie ab. Um diese Angst zu vermeiden, werden künftige Projekte entweder automatisch gar nicht erst angegangen (es könnte ja schief gehen!) oder mit vielen Gewissensbissen von so vielen Seiten beleuchtet, dass sie entweder unlösbar erscheinen oder enorme Kraft eingesetzt werden muss. Ein Teufelskreislauf kommt in Gang, da der Perfektionist enorme Ressourcen einsetzen muss, die ihn zermürben. Auf Dauer sind Top-Resultate so kaum möglich, was die Angst vor dem Versagen zusätzlich schürt.

Etwas wagen, bedeutet für einen kurzen Moment den Halt zu verlieren, nichts zu wagen bedeutet jedoch, sich selbst zu verlieren.

[Sören Kierkegaard]

Unterstützt wird diese Angst vor dem Versagen durch den Einfluss der Medien. Egal, ob Zeitungen, Fernsehen oder Hörfunk, sie alle berichten nur von den herausragenden Leistungen der Entertainer, Sänger, Sportler oder Wissenschaftler. Und wieder verzerrt die moderne Berichterstattung die Realität. Der Zuschauer vergleicht unwillkürlich seine eigenen Leistungen mit den Darstellungen der Medien. Wir scheinen umgeben von hochtalentierten Menschen und empfinden unsere eigenen Talente und Begabungen als unterdurchschnittlich. Sie werden eine ganze Reihe von Top Performern gesehen haben, deren Stimme besser klingt, deren Tanzschritte eleganter aussehen und deren Styling perfekter ist. Nur übersehen Sie dabei, dass Sie bei der jahrelangen Vorbereitung nicht dabei waren. Wie viele Jahre unglaublicher Arbeit Künstler wie Robbie Williams oder Sportler wie Boris Becker investiert haben, hat Ihnen niemand gezeigt. Warum auch, die vielen vergeblichen Versuche, das unzählige Scheitern – vor allem wenn es nicht dramatisch oder aufregend inszeniert ist – hätten Sie auch nicht interessiert – wäre es anders, würden Sie es in den Medien mit verfolgen können (die Nachfrage bestimmt das Angebot!). Aber wie schon beschrieben, interessieren wir uns für das Außergewöhnliche, nicht für das Mittelmaß. Würden Sie zudem wissen, wie die Stimmen der wirklichen Top-Leute künstlich gesäubert werden und die Plakate der Models am Computer retuschiert werden, würden Sie Ihre eigenen Leistungen besser einordnen können.

Auch die amerikanische Wissenschaftlerin Ellen Langer interessierte sich für dieses Phänomen. Sie stellte in ihrem Experiment zwei Gruppen von Studenten die Leistungen von herausragenden Wissenschaftlern und Forschern vor und fragte sie danach nach ihrer Bewertung. Zudem interessierte sie sich dafür, wie wahrscheinlich die Studenten es ansahen, in ihrem eigenen Leben vergleichbare Leistungen zu bringen. Die Reaktion der ersten Gruppe war kaum verwunderlich. Konfrontiert mit der Spitze internationaler Forschung reagierten die Studierenden mit großem Respekt und Anerkennung, erklärten aber gleichzeitig resigniert, dass sie selbst zu Ähnlichem nicht in der Lage wären.

Auch der zweiten Gruppe stellte Langer die Leistungen der Wissenschaftler vor. Im Gegensatz zur ersten Gruppe zeigte sie aber zudem auch deren Lebenslinien auf, ihre zahlreichen Enttäuschungen und Fehlschläge auf ihrem Weg zum großen Ziel. Sie berichtete von den Widerständen, Selbstzweifeln und Rückschlägen. Die Studenten der zweiten Gruppe bewunderten die großen Forscher nicht minder, im Gegensatz zu ihren Kollegen aus Gruppe eins schätzten sie ihre eigenen Fähigkeiten aber viel höher ein. Die Illusion, dass sie dazu nicht in der Lage wären, war wieder einmal nur im Kopf entstanden. Die Medienlandschaft lässt uns an unseren eigenen Potentialen zweifeln!

Es wäre schade, wenn Sie aus Angst vor dem Versagen Ihre eigenen Limitationen in Ihrem Kopf festzurrten. Lesen Sie Biographien und interessieren Sie sich für das wirkliche Leben der großen Geister unserer Zeit. Über 10.000 Mal versuchte Thomas Eddison, seine Glühbirne zum Leuchten zu bringen. Einmal befragt, warum er nicht aufgegeben habe, antwortete er, dass jeder gescheiterte Versuch nötig war, um das große Werk zu vollbringen. Die Vorstellung an nachts erleuchtete Straßenzüge hatte ihm zusätzlichen Mut zum Durchhalten gegeben.

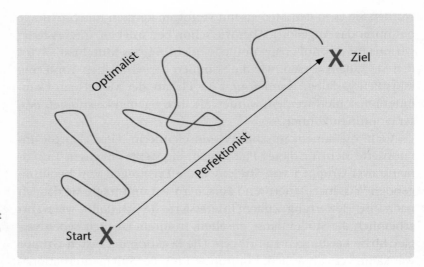

Abbildung 13:
**Perfektionist
versus Optimalist**
(in Anlehnung an
Tal Ben-Shahar
[2009])

Alles oder nichts

Im Weltbild des Perfektionisten gibt es nur schwarz und weiß, alles oder nichts. Entweder ist das Ziel vollends erreicht oder es ist gescheitert. Das Problem dieser Einstellung ist, dass es auf der Welt keine 100% gibt, Vollkommenheit im eigentlichen Sinne ist kaum denkbar. Im Gehirn des Perfektionisten führen damit alle Erfolge und Anstrengungen zu einem Scheitern, immer wieder wird ihm bewusst, dass es den direkten Weg zwischen Start und Ziel nicht gibt. Verzweiflung und Versagensängste vermiesen ihm die Reise gründlich. Dies führt in der Konsequenz zu einer vermehrten Anstrengung, aber leider nicht zu besseren Resultaten, im Gegenteil. So wird das eigene Selbstvertrauen zwischen hoher Anstrengung und gefühltem Drama aufgerieben und leidet enorm. Erlernte Hilflosigkeit macht sich breit wie bei den Hunden aus Seligmans Experimenten.

„Der Optimalist hingegen weiß, dass er oftmals auf seinem Weg scheitern wird und auch ihm gefällt der Augenblick des Abkommens vom Weg nicht" (Tal Ben-Shahar). Er gewinnt dem Fehlversuch aber einen Lerneffekt ab und geht frohen Mutes seinen Weg weiter. Er hat begriffen, dass Scheitern ein Teil des menschlichen Handelns ist, zugleich aber unabdingbar zur Weiterentwicklung dient. Die betrachtete Wegstrecke des Optimalisten ist möglicherweise länger, aber durch sein hohes Energielevel wird er nicht nur schneller zum Ziel gelangen, sondern kann den Weg dorthin in vollen Zügen genießen.

3.3.2
Die Kunst es trotzdem zu tun – Fake it 'til you make it

Manchmal hält uns ein anderes Problem von der angestrebten Stretching-Zone ab: wir sind zu Aufschiebern in unserem Leben geworden! Wir nehmen uns viel vor, doch kurz vor Beginn einer Tätigkeit oder in den ersten Minuten des Tuns schweifen wir ab. Wir müssen erst den Schreibtisch aufräumen oder brauchen noch eine Tasse Kaffee, bevor wir mit der eigentlichen Tätigkeit anfangen können. Erstaunlicherweise dauert es mindestens 5 oder gar 10 Minuten, eher wir dann tatsächlich am Stück eine Aufgabe erledigen können. Manchmal kommt es genau aus diesem Grund erst gar nicht dazu. Aber auch wenn wir uns gerade nicht danach fühlen oder unsere Einstellung nicht stimmt, haben wir dennoch die Möglichkeit, es einfach zu tun. Wir können in unserer Spirale der positiven Veränderung auch ganz naiv nur am Tun ansetzen, getreu dem Motto „fake it til you make it". Wir benehmen uns einfach so, wie wir wünschten zu sein. Je intensiver und häufiger wir dies tun, umso eher tricksen wir unser Gehirn aus, das unserer Veränderung entgegensteuert.

„Wenn Sie Ihre Erfolgsquote vergrößern wollen, verdoppeln Sie Ihre Fehlerquote."
[Thomas Watson]

Wie schlicht unser Unterbewusstsein auf unsere Bemühungen reagiert, zeigt das folgende Experiment von Haemmerlie.

Schüchterne Männer beim Flirten

Haemmerlie wählte für sein Experiment schüchterne, heterosexuelle Männer als Versuchspersonen aus, die wenig soziale Kontakte hatten und sich schwer taten, mit Frauen ins Gespräch zu kommen. Sie alle waren zu einem Experiment geladen und wurden gebeten, im Wartezimmer Platz zu nehmen. Nicht aber das sogenannte Experiment war der Untersuchungsgegenstand, sondern die Ereignisse im Wartezimmer. Das Verhalten der Versuchspersonen sollte nicht durch deren Bewusstsein verzerrt werden und so wussten sie nicht, was das eigentliche Ziel der Untersuchung war.

Zu Beginn des Experiments entschuldigte sich der Versuchsleiter bei seinem Probanden und erklärte ihm, dass sich der Zeitplan leider stark nach hinten verschoben hätte und noch einige Personen vor ihm dran seien. Er möge bitte im Wartezimmer Platz nehmen. Hier wartete schon eine attraktive Frau, die – so meinte der Versuchsteilnehmer – wie er auf das eigentliche Experiment wartete. In Wirklichkeit war sie Teil der Untersuchung und folgte den genauen Instruktionen, die man ihr im Vorfeld gegeben hatte. Sie führte 12 Minuten lang eine anregende Diskussion mit dem verschüchterten, ängstlichen Mann und hörte ihm interessiert zu. Sie lachten, redeten über dies und jenes, kurzum, sie hatten eine wunderbare Zeit. Als die Dame an der Reihe für das angebliche Experiment war, betrat eine weitere gutaussehende Frau das Wartezimmer. Auch sie war vor ihm an der Reihe – genau wie der Versuchsleiter zuvor berichtet hatte. Die Frau hatte den Auftrag, einfach eine gute Zeit mit dem Mann zu verbringen. So erlebten diese Männer mit sechs verschiedenen Frauen jeweils 12 Minuten lang eine phantastische Zeit, jeweils an zwei Tagen. Das Unterbewusstsein der Männer musste überrascht sein. In der Zeit zuvor hatte sich die Schüchternheit immer wieder bestätigt. Konnten 144 Minuten Schauspielerei das verändern? Haemmerlie folgte seinen Versuchsteilnehmern sechs Monate lang. Faszinierenderweise gingen ihre Ängste zurück, ihr Selbstvertrauen stieg und sie trafen sich mit weit mehr Frauen als vorher. Sie blühten richtig auf und genossen diese seltsame, aber wundervolle Änderung in ihrem Leben.

Wer verstanden hat und nicht handelt, hat nicht verstanden.

Wie bei jedem psychologischem Experiment wurden alle Versuchsteilnehmer nach sechs Monaten über den eigentlichen Ablauf des Experiments belehrt. Die Männer hatten in dieser Zeit verändert gelebt, Frauen getroffen, ihre Ängstlichkeit abgebaut und strahlten ein höheres Selbstbewusstsein aus. Das Ergebnis der Untersuchung verblüffte die Wissenschaftler erneut. Obwohl die Männer nun realisiert hatten, dass das Interesse der attraktiven Frauen im Experiment nur gespielt war, blieben die Veränderungen in ihrem Selbstwertgefühl unverändert. Die Macht des Tuns hatte ihr Unterbewusstsein bereits zu intensiv und lange geändert. Durch ihre neue Art, auf Frauen zu zugehen, hatten sie viel wirkliches Interesse erlebt. Sie hatten ihre Schüchternheit verlernt.

Fangen Sie an, Veränderungen an sich vorzunehmen, die Sie zu dem Menschen entwickeln, der Sie wirklich sein wollen. Definieren Sie Ihre Ziele, ändern Sie Ihre Einstellungen und Interpretationen, und TUN Sie das, was Sie tun wollen. Sie werden feststellen, dass die Macht des reinen Tuns sogar noch größer ist als die der veränderten Einstellungen. Verlernen Sie die Angst zu versagen und riskieren Sie etwas. Verlieren können Sie in Wahrheit nichts.

Die Macht der Gewohnheit ausnutzen

Einen Tipp hat die Wissenschaft noch für Sie, um Ihnen die Veränderungen leichter zu machen. Wir haben zu Beginn des Buches gesehen, wie sich die Verschaltungen in unserem Kopf bilden. Je öfter wir die Verbindungen zwischen den Nervenzellen durch Wiederholung stärken, desto mehr verselbständigen sich die Verhaltensweisen. Genau dieses Phänomen können wir bei Veränderungsprozessen nutzen. Sie werden feststellen, dass das Erlernen neuer Verhaltensweisen gerade zu Beginn nicht einfach ist. Gelingen neue Vorsätze die ersten Tage noch gut, ist unser Unterbewusstsein nach einigen Tagen noch zu wenig trainiert und wir fallen wieder in unsere alten Gewohnheiten zurück. Die Wissenschaft hat herausgefunden, so dass nach ca. 30 Tagen Wiederholung die Verbindungen in Ihrem Kopf stark genug sind, so dass es Ihnen immer leichter fällt, ihnen zu folgen. Fallen die ersten Tage des erstrebten täglichen Morgensports schwer, werden Sie nach 30 Tagen wie selbstverständlich die Laufschuhe in Ihren Reisekoffer packen.

Durch Rituale können Sie Ihre Gewohnheiten ändern, in ca. 30 Tagen!

Fangen Sie an, verschieben Sie nicht und geben sie jeden Tag ein wenig mehr Ihre Versagensängste auf. Sie werden sehen, wie Sie immer mehr zu einem Optimalisten werden, der seine Arbeit liebt und sich daran erfreut.

Dan Milman sagt, um den Kurs des Lebens zu ändern, gibt es folgende zwei Möglichkeiten:

1. Sie können Ihre Energien und Ihre Aufmerksamkeit darauf richten, Ihre Psyche in Ordnung zu bringen, Ihren Mittelpunkt zu finden, Ihre Leistungsfähigkeit zu bejahen, Ihre Gefühle zu befreien und positive Ergebnisse zu visualisieren, so dass Sie schließlich das Selbstvertrauen entwickeln, den Mut zu zeigen, die Entschlossenheit zu entdecken, das Bekenntnis zu machen, sich ausreichend motiviert zu fühlen, um das zu tun, was Sie tun müssen.
2. Oder Sie tun es einfach.

3.3.3
Happiness in Krisen

Was rät uns die Wissenschaft, wenn wir in unserem Leben wirklich einen Tiefschlag erleiden? Wie können wir am besten damit umgehen? Zuerst einmal ist es völlig normal, dass wir Höhen und Tiefen erleben. Dies zu verleugnen, würde unser Unglücksgefühl

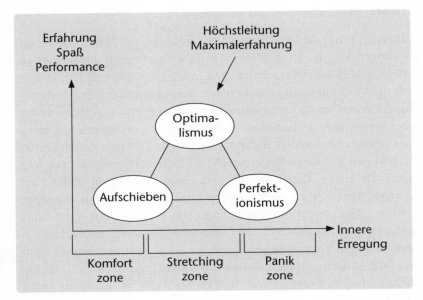

Abbildung 14:
Der Weg zum Optimalisten
(in Anlehnung an Tal Ben-Shahar [2009])

nur unnötig verstärken, denn es ist unvermeidbar. Geben Sie sich daher zu allererst die Erlaubnis, Mensch zu sein. Für uns alle sind Wut, Trauer und Schmerz ganz normale Gefühle, mit denen wir auf schlechte Erlebnisse reagieren. Einzig und alleine Dauer und Intensität machten den gefühlten Unterschied. Sowohl Wissenschaft als auch fernöstliche Meditation raten uns seit Jahrhunderten, das Gefühl einfach nur wahrzunehmen. Beobachten Sie es wie eine Wolke am Himmel, die über Ihnen vorbei zieht. Sie kommt, ist einen Moment da und zieht weiter. Soweit, so gut.

Dennoch gibt es natürlich einiges, was wir tun können. Seligman et al. haben die wichtigsten Einflussfaktoren untersucht, die uns das Leben unnötig schwer machen. Zu allererst neigen wir oft dazu, zu übertreiben. Gerne interpretieren wir ein Erlebnis fälschlicherweise als permanent oder nehmen es als übergreifend auf andere Bereiche unseres Lebens wahr. Wenn Sie nach einem Vorstellungsgespräch den ersehnten Job nicht bekommen haben, selbst nach mehrmaligen vergeblichen Versuchen, ist die Schlussfolgerung, dass dies nun mal so ist und immer so sein wird, schlichtweg erfunden. Sie können das Erlebnis natürlich auf die Zukunft ausdehnen, eine objektive Grundlage dafür besteht jedoch nicht.

Daraus zu folgern, dass Sie anscheinend generell schlecht mit Menschen kommunizieren können, ist auch alles andere als objektiv. Wenn Sie genau hinsehen, haben Sie lediglich den Job nicht bekommen, die Gründe können vielfältig sein und vielleicht gar nicht mit Ihnen zusammen hängen.

Zum Zweiten nehmen wir das Gute im schlechten Erlebnis meist nicht wahr oder spielen es künstlich herunter. Wenn Sie einen Vortrag vor Ihren Mitarbeitern halten und zwei von ihnen den Raum verlassen, können Sie gerne die anderen acht ausblenden, die Ihnen gespannt zuhören. Wenn Sie sich nur ausgiebig genug mit dieser These beschäftigen, wie langweilig oder ablehnend Ihre zwei Zuhörer den Raum verlassen haben, ignorieren Sie aber die acht anderen. Vielleicht nehmen Sie diese gar nicht wahr oder reden sich ein, dass Ihnen die acht anderen egal sind. Um es auf die Spitze zu treiben: Wenn Ihre zwei Mitarbeiter auf die Toilette gegangen sind oder ein dringendes Kundentelefonat führen mussten, sind Sie mit Ihren Fehlinterpretationen dem Unglück schon gut auf der Spur.

Eine dritte Möglichkeit ist, zu dem gerade Erlebten eine eigene Geschichte unbewusst hinzu zu erfinden. Nehmen wir an, die beiden Mitarbeiter hätten nun tatsächlich den Raum verlassen, weil sie Ihres vorgestellten Themas überdrüssig waren. Wenn Sie daraus eine Ablehnung Ihrer Person kreieren und sich – wieder einmal! – bestätigt fühlen, dass Sie ein schlechter Chef sind, dem der Rückhalt seiner Mitarbeiter fehlt, können Sie das natürlich denken und fühlen. Es ändert aber nichts daran, dass es nicht passiert ist. Zwei Ihrer Mitarbeiter haben den Raum verlassen, der Rest der Geschichte ist Ihrer phantasiereichen Interpretation zu verdanken. Wir alle müssen lernen, bei jedem unserer Gefühle die Erlebnisse von unseren Interpretationen zu unterscheiden. Nur deshalb, weil Sie sich beispielsweise vor dem Fliegen fürchten, wird Fliegen nicht zur Gefahr.

Wir können manchmal wahre Meister sein, Ursache und Wirkung zu verdrehen, unser Gehirn ist mächtig genug, uns das glauben zu lassen.

Einige Ratschläge zur Bewältigung einer Krise zeigen die wissenschaftlichen Ausführungen Ben-Shahars (2009):

- Lassen Sie die zuerst auftauchenden Gefühle einfach zu, ohne sie zu bekämpfen (permission to be human)
- Schauen Sie sich Ihre Gedanken genau an: was ist wirklich passiert (Erlebnis), und was ist Ihre Interpretation?

- Ist das, was passiert ist, für Sie in 5 Jahren auch noch relevant oder handelt es sich um eine Situation, die Ihr Leben nicht gravierend beeinflussen wird?
- Rekonstruieren Sie die Situation positiv, also ganz in Ihrem Sinne. Entdecken Sie das Positive, heben Sie es hervor. Was können Sie aus dieser Situation lernen, worin werden Sie gestärkt?
- Baden Sie nicht in Ihren schlechten Gefühlen.

Macht des Schreibens

Bei der Bewältigung von Krisen hat sich die „Macht des Schreibens" gezeigt. Pennebaker beschreibt in seinen Untersuchungen, dass die Beschreibung von Traumata und deren Emotionen zu einer deutlichen Entspannung und höherem Wohlbefinden führen kann. Während des Schreibens fühlten sich viele seiner Probanden zuerst noch deutlich schlechter, da die schlechten Erlebnisse nun im Vordergrund des Bewusstseins standen. Die Folgen des regelmäßigen Schreibens waren jedoch faszinierend. So sanken die Arztbesuche der Probanden um 50 %, ihre Blutwerte zeigten eine Stärkung ihres Immunsystems und die Versuchsteilnehmer waren in einer besseren seelischen Verfassung.

Wie sehr die Bewältigung von niederschlagenden Ereignissen mit aktivem Tun verbunden sein kann, zeigt ein Experiment, in dem 100 Ingenieure gebeten wurden, über ihre negativen Erfahrungen zu schreiben. Sie alle waren seit über vier Monaten vergeblich auf Jobsuche, nachdem sie jahrelang für eine große Computerfirma gearbeitet hatten und entlassen worden waren. Mit einem durchschnittlichen Alter von 52 Jahren waren die Chancen auf eine erneute Anstellung nicht gerade hoch. In 5 aufeinander folgenden Tagen schrieb die Hälfte von ihnen für jeweils 30 Minuten über die Gefühle der Entlassung und Arbeitslosigkeit. Die andere Hälfte ihrer Kollegen schrieb in der gleichen Zeit darüber, wie sie ihre Zeit verbrachten und stellten so die Kontrollgruppe. Nach drei Monaten fanden sich fast 30 % jener Probanden wieder in einem Anstellungsverhältnis, die über ihre schlechten Gefühle geschrieben hatten. Nur 3 % der Kontrollgruppe gelang das gleiche Kunststück.

Wie passen diese Erkenntnisse in den Kontext von My Happiness? Einerseits sollen wir uns mit den positiven Dingen des Lebens beschäftigen, damit sich diese tief in unserem Unterbewusstsein einprägen, andererseits sollen wir dasselbe mit den negativen

Erlebnissen tun? Stehen die Aussagen nicht im Widerspruch zueinander? Nein, der wesentliche Unterschied ist, dass Sie bei der Reflektion Ihrer guten Zeiten *nicht analysieren sollen, warum diese gut waren*. Sie sollen sich erneut hinein fühlen, diese genießen und so ihr Gehirn positiv verdrahten (Tal Ben-Shahar).

Bei der Niederschrift über schreckliche Erlebnisse hingegen steht die Analyse im Vordergrund, eine rein rationale Übung, bei der Sie keinesfalls in schlechten Gefühlen baden sollen. Vielmehr bekommen Sie eine neutralere Sicht zum Erlebten, können sich ein wenig den Druck von der Seele schreiben und gewinnen Ihrer Krise vielleicht sogar etwas Positives ab:

Vielleicht können Sie aus Fehlern lernen? Möglicherweise war die durchlebte Krise wichtig für Ihre weitere Entwicklung? Wenn der erste Schmerz vorbei ist, wird Ihnen bei genauerem Hinsehen einiges auffallen, wofür Sie sogar dankbar sein werden.

Happy family/Teil 6: Verrückt sein ist normal? `Fallstudie`

Voller Enthusiasmus lasen Lisa und Wilhelm die Ausführungen zum „Tun". Beide fanden sich gut im Bild der „Komfortzone" wieder. In ihrer gewohnten Umgebung fühlten sie sich sicher und kamen leicht ins Tun. Doch natürlich hatten beide verrückte und spannende Träume, die sie aber immer wieder aus verschiedensten Gründen verworfen hatten.

Wilhelm hatte seit seiner Kindheit davon geträumt, auf seiner E-Gitarre ein Konzert vor einer großen Menschenmenge zu geben! Dabei konnte er mehr schlecht als recht singen und zudem war er sich unsicher, ob sein ausgefallener Musikgeschmack den Leuten gefiel.

Lisa wollte gerne eine eigene Choreographie zu klassischer Musik tanzen. Obwohl es ihr sehr viel Spaß machte, traute sie sich das nur in Gedanken zu. Zu sehr könnte sie sich vor den anderen Kursteilnehmern blamieren, schließlich war sie kein Mädchen mehr und ihre Figur war auch nicht mehr so wie sie früher einmal war.

Doch zusammen hatten Lisa und Wilhelm mehr Mut. Gegenseitig stachelten sie sich an und immer mehr reizte es beide, an ihre Grenzen zu gehen. Völlig überfordern wollten sie sich aber nicht und so versuchten Sie, ein Maß für ihre Wünsche zu finden, das sie sich gerade nicht mehr zutrauten.

Wilhelm lud fünf seiner besten Freunde zusammen mit ihren Ehefrauen zu einem künstlerischen Abend bei sich zu Hause ein, bei dem jeder etwas beitragen konnte. Er selbst würde drei seiner Lieblingssongs spielen. Begeistert von der tollen Idee wollten einige seiner Freunde auch etwas vorbereiten.

Wilhelm übte jeden Tag für seinen Auftritt. Teilweise war er völlig enthusiastisch, teilweise voller Angst, sein musikalischer Beitrag könnte keinen Anklang finden.

Lisa meldete sich für eine Tanzstunde an und war sehr nervös, als sie ihre Sachen für die erste Stunde packte. Sie hatte sich im Internet in den letzten Tagen oft das hochmoderne Tanzstudio angesehen und ihr Gefühl wechselte zwischen freudigem Kribbeln und der Angst, sich völlig zu blamieren.

Dann kam für beide der große Tag. Wilhelm hatte die ganze Nacht nicht schlafen können, so aufgeregt war er vor seinem Auftritt. Er hatte sich extra ein paar Lieder herausgesucht, die bekannt waren und die ihn zugleich stimmlich nicht überforderten. Voller Begeisterung legte er los und auch wenn nicht alles so perfekt klang wie er sich es wünschte, war der Auftritt ein voller Erfolg. Viele seiner Zuhörer bewunderten seinen Mut, vor ihnen zu spielen und genossen auch die musikalische Darbietung. Es war Wilhelm anzusehen, wie viel es ihm bedeutete. Überglücklich ging er an diesem Abend ins Bett. Alles war weit besser gelaufen, als er zuvor befürchtet hatte.

Lisa erging es ähnlich. Als sie das Tanzstudio vor sich sah und ein paar junge drahtige Mädchen im Eingangsbereich warteten, wollte sie gleich umdrehen und wieder nach Hause gehen. Doch sie erinnerte sich an die Ausführungen zur eigenen Wahrnehmung und redete sich ein, dass dies ja gar nicht unbedingt ihre Kursteilnehmerinnen sein müssten. Vielleicht waren es Tanzlehrerinnen? Voller Herzklopfen stieg sie die Treppen hoch zum verspiegelten Tanzraum. Der Tanzlehrer kam freudig auf sie zu und begrüßte sie als neues Mitglied. Anfangs fiel es ihr schwer, mit dem Takt mit zu halten, doch langsam legte sie ihre Nervosität ab. Sie hatte im Grunde gar kein Problem damit, dass es neben ihr viel jüngere Mädchen gab, die einfach besser tanzten als sie. Lisa genoss es in vollen Zügen, sich zur Musik zu bewegen und war danach so voll mit guten Eindrücken, dass sie begeistert Wilhelm davon erzählte.

Angesteckt vom gegenseitigen Spaß dachten sie sich die nächsten verrückten Sachen aus, die sie ausprobieren wollten. Ihre Wahrnehmung hatte sich verändert. Unerreichbares schien nun doch machbar. Ihre Gehirne hatten gelernt, dass so manche Angst unbegründet ist und das Leben ihnen die Gelegenheit gibt, die Dinge zu tun, die ihnen unheimlichen Spaß machten. „Eigentlich liegt es nur in uns selbst", sagte Wilhelm nachdenklich und doch ein wenig vergnügt.

Mehr Ausführungen und Übungen zum „verrückten Ausprobieren" finden Sie bei Winterheller (2004).

1. In welchen Bereichen Ihres Lebens können Sie aktiv werden? Tun Sie einmal im Leben etwas Verrücktes, um Ihre eigenen Grenzen zu erweitern.
2. Machen Sie einmal im halben Jahr etwas, bei dem Sie sich mit absoluter Sicherheit blamieren werden. Setzen Sie einen ganz individuellen Herzenswunsch um!
3. Rufen Sie sich ein Erlebnis ins Gedächtnis, bei dem Sie versagt haben.
   - Versuchen Sie das gleiche Erlebnis einmal langandauernd und ausufernd auf andere Lebensbereiche zu interpretieren (pessimistische Sicht)
   - Versuchen Sie das gleiche Erlebnis nun als temporär und spezifisch zu interpretieren (optimistische Sicht).
   Was können Sie daraus lernen?
4. Denken Sie an eine Krise zurück: was konnten Sie daraus lernen?
5. Welche zwei Rituale wollen Sie in nächster Zeit angehen? Geben Sie sich 30 Tage für Wiederholungen. Erleben Sie, wie leicht Ihnen diese neue Gewohnheit fallen wird.

3.3.4
Die Energiereserven

Wir wollen uns durch unser Tun verändern! Wie schwierig dieser Prozess in der Umsetzung ist, ist uns allen bekannt. Wir spüren, dass uns eine Veränderung gut tun würde, sind aber gleichzeitig einer Angst vor der Veränderung ausgesetzt. Erst, wenn der Druck der Verhältnisse hoch genug ist – also der empfundene Schmerz kaum ertragbar ist – ändern wir uns.

Doch müssen wir so lange warten? Können wir uns denn nicht vorher ändern, dann müsste es gar nicht zu so viel Leiden kommen. Der weitaus einfachere Weg wäre, unser eigenes Energieniveau zu steigern. Wir alle kennen diesen vitalen Zustand voller Lebensfreude und Energie und haben bemerkt, dass uns die Dinge dann oftmals nur so zufliegen.

Wenn wir uns also verändern wollen, sollten wir inhaltliche Ansatzpunkte wie Ziele zu setzen, Dankbarkeit und Großzügigkeit zu üben etc. mit dem Aufbau unserer eigenen Energie verbinden.

Auch hier verrät die Wissenschaft spannende Ansätze.

Sport als Depressionskiller

„Sport ist Mord", so eine geflügelte These, die vor allem diejenigen propagieren, die ihr Leben auf dem Sofa frönen. Die Ergebnisse wissenschaftlicher Untersuchungen zeigen genau das Gegenteil, schon dreimal Sport in der Woche, jeweils für eine dreiviertel Stunde, kann das Lebensgefühl gravierend positiv beeinflussen.

Babyak (2000) teilte 156 depressive Personen in drei Gruppen ein. Die erste Gruppe (G1) trainierte dreimal die Woche bei moderatem Herzschlag, wohingegen die zweite Gruppe (G2) medizinische Anti-Depressiva zu sich nahm. Die Probanden der dritten Gruppe (G3) trieben Sport wie G1 und nahmen zusätzlich die Anti-Depressiva von G2 ein.

Konnten reine Sportübungen die Stimmung der Depressiven aufhellen? War die Chemie dem Sport überlegen?

Nach vier Monaten hatten sich die drei unterschiedlichen Gruppen gleich gut (!) entwickelt. Jeweils 60 % der jeweiligen Gruppenmitglieder ging es erheblich besser. Sport hatte den gleichen Effekt wie die medizinischen Tabletten gezeigt. Die Gruppen unterschieden sich aber in der Zeit, bis die guten Gefühle erstmalig auftraten. Während die reine Sportgruppe G1 ca. einen Monat benötigte, ehe sich die positiven Effekte zeigten, verzeichneten G2 und G3 schon nach 10–20 Tagen deutliche Fortschritte.

Doch die Wissenschaft verfolgte die Probanden weiter. 6 Monate nach Beendigung des Experiments wurden die ehemaligen Teilnehmer erneut untersucht. Sie waren nach Ablauf der Studie natürlich nicht gezwungen, weiter Sport zu treiben oder Medikamente einzunehmen, sondern lebten ihr Leben weiter. Nun interessierten sich die Wissenschaftler für die Rückfallrate, ob und wie viele der Teilnehmer also erneut depressiv geworden waren. Die Ergebnisse waren erstaunlich.

Durch Sport und Ruhepausen schaffen wir unsere Arbeit in weniger Zeit.

38 % der Teilnehmer, denen lediglich Anti-Depressiva verordnet worden waren, hatten mit erneuten Depressionen zu kämpfen. 31 % der Gruppe G3, die sowohl Sport als auch Medikamente verabreicht bekommen hatten, erlitten dasselbe Schicksal. Von denjenigen, die lediglich Sport betrieben hatten (G1), waren nur 8 % (!) erneut depressiv geworden. Wer Sport anstelle von Tabletten bekam, musste etwas länger auf die positiven Wirkungen warten, dafür war die Rückfallquote erheblich niedriger.

Es liegt in der Natur des Menschen, sich zu bewegen. Unser Körper benötigt körperliche Anstrengung und Ruhephasen, um sich optimal zu entwickeln. Waren wir vor wenigen Jahrhunderten noch täglich auf der Jagd, schalten wir heute die Geschirrspülmaschine ein, fahren mit dem Auto zur Arbeit oder sitzen vor Laptops oder dem Fernsehen. Wir haben einen großen Teil unseres Glückspotentials durch zu geringe Bewegung eingebüßt. Unsere Bequemlichkeit hat unser Glück getrübt.

Die Wissenschaft hat in zahlreichen Studien viele Auswirkungen der körperlichen Ertüchtigung untersucht. Neben dem beschriebenen Wohlfühl-Effekt lassen sich durch Sport Angst- und Stresslevel senken, wir können uns besser konzentrieren und unser Gedächtnis ist aufnahmefähiger. Wir sind kreativer und sogar unser Immunsystem wird gestärkt.

Wir sollten Sporttreiben als eine Investition ansehen, die uns Kraft kostet, aber weitaus mehr Kraftreserven schafft. Wenn wir wirklich im Stress sind, sollte Sport das Letzte sein, was wir von unserer To-Do-Liste streichen. Wenn wir uns körperlich verausgaben, werden wir eher mit unseren Aufgaben fertig als wenn wir den Sport zugunsten der Arbeit einsparen. Manchmal ist weniger eben mehr!

Die Macht von Auszeiten, Erholung und Schlaf

Neben körperlicher Anstrengung sind die Ruhephasen des Körpers der entscheidende Faktor für unsere Energiereserven. Wenn wir einen Muskel aufbauen möchten, lehrt uns die Sportwissenschaft, dass neben harter Belastung konsequente Zeiten der Ruhe benötigt werden. Wird der Muskel chronisch überfordert, kann er sich nicht aufbauen und verkümmert. Nur die optimale Balance zwischen Anstrengung und Relaxen führt zu echtem Wachstum.

Auch für unseren ganzen Körper gilt, dass er Ruhephasen dringend benötigt. Wie lange jeder von uns schlafen sollte, ist individuell unterschiedlich, bei den meisten Menschen beträgt die optimale Schlafdauer ca. 7–8 h. Dennoch gönnen wir unserem Körper selten ausreichend Schlaf. Seit der Erfindung des elektrischen Lichts ist die durchschnittliche Dauer des Schlafs gesunken. Wenn wir mit unserer Arbeit oder dem Lernen nicht fertig werden, gehen wir eben später ins Bett, der Wecker reißt uns dennoch zur gleichen Zeit aus unseren Träumen. Wer zu wenig schläft, riskiert einen Anstieg von

Angst- und Stresslevel, das Immunsystem funktioniert schlechter und unsere kognitiven Funktionen arbeiten gestört.

Genau wie die körperliche Betätigung ist Schlaf ein Investment in unsere Kraft. Wenn wir nicht darauf achten, genug zu schlafen, kann sich unser Körper nicht ausreichend regenerieren und wir verlieren dadurch Zeit und Leistung. Gerade während der Nacht sind viele Körperfunktionen auf ein Minimum heruntergefahren und wir verarbeiten die Geschehnisse und Probleme des vergangenen Tages. In der ersten Hälfte des Schlafes erleben wir tendenziell negative Träume, wohingegen in der zweiten Hälfte des Schlafes positive Träume dominieren. Leider bekommen wir von der angedachten zweiten Hälfte der schönen Träume meist weniger mit, weil uns der Wecker mit einem Mal unsanft aus dem Schlaf reißt.

Wie wachen wir eigentlich auf? Unser Körper nimmt die ersten Morgenstrahlen durch die geschlossenen Augen wahr und schüttet chemische Substanzen aus, die die Körperfunktionen langsam hochfahren. Der schrille Weckton in der völligen Dunkelheit unseres Zimmers wird diesem Prozess nicht gerecht. Wir überspringen die Phase des sanften Erwachens und werden aus unserem heilsamen Schlaf gerissen. Seit einiger Zeit werden aus diesem Grund industriell Lampen gefertigt, die zu einer bestimmten Uhrzeit den Sonnenaufgang täuschend echt in unserem Schlafzimmer imitieren. Versuchspersonen berichten von einem deutlich ausgeschlafenerem und wohligeren Gefühl des natürlichen Erwachens.

Wir beschränken uns heute oft selbst in unserem Potential und Glücksgefühl, wenn wir die Erholungsphasen unseres Körpers ignorieren.

Natürlich wird es immer auch Zeiten geben, in denen wir nicht ausreichend Schlaf bekommen. Z. B. wenn unsere kleinen Kinder schreien oder wir tatsächlich nicht aufschiebbare Arbeiten abgeben müssen. Hier empfiehlt sich ein kurzer Mittagsschlaf oder generelle Pausen von ca. 15 Minuten nach einer Arbeitszeit von ca. 2 Stunden.

Andrew Weil zeigt, dass schon drei lange, tiefe aufeinanderfolgende Atemzüge ausreichen, um den Körper zu entspannen und vom Stressmodus ins Relaxen zu wechseln.

Wer rastet, rostet also nicht unbedingt.

„Wirkungen des Schlafentzugs auf die Gesundheit und das Wohlbeha-
gen sind durch die Forschung dokumentiert worden. Kognitive Sachkennt-
nisse und physische Leistung werden durch Schlafentzug verschlechtert,
aber auch die Befindlichkeit eines Menschen ist dadurch betroffen. Men-
schen, die zu wenig Schlaf erhalten, fühlen sich infolgedessen weniger
glücklich, sind gestresster, anfälliger für geistige und physische Unzu-
länglichkeiten und fühlen sich ausgelaugt. Genügend Schlaf lässt uns
besser, glücklicher, kräftiger und lebendiger fühlen.“ **[William Dement]**

Neben der allgemeinen Erholung ist auch ein Abstand zu den Dingen, an denen wir arbeiten und zu den Situationen, denen wir ausgeliefert sind, enorm wichtig. Vielen Menschen ist es anzusehen,
dass sie sich in ihrem Leben in einem wahren Hamsterrad befinden. Sie arbeiten, strengen sich immer mehr an und sehen selbst
nicht mehr, dass sie in ihrer eigenen Wahrnehmung gefangen sind.
Würden sie sich eine entsprechend längere Auszeit nehmen, wären
sie in der Lage, ihr Leben aus der Vogelperspektive zu betrachten.
In Ruhe würden sie ihren weiteren Lebensweg nach Ihrem eigenen
Wohlbefinden und Glück wählen. Die Macht der Situation hält sie
indes oft gefangen und macht es sogar möglich, gegen die eigenen
Überzeugungen zu handeln.

Welche Macht unser Kopf über unser Handeln hat – vor allem
dann, wenn wir zeitlichem Druck ausgeliefert sind – zeigt sich in
den beiden nachfolgenden Experimenten.

Menschen im Ausnahmezustand

Der amerikanische Psychologe Stanley Milgrim hat die Bereitschaft
von Menschen untersucht, autoritären Anweisungen zu folgen, die
im krassen Gegensatz zu ihrem Gewissen stehen. Die Probanden
fanden sich im Experiment als Lehrer wieder, die einen Schüler be-
werten sollten. Bei falschen Antworten befahl ihnen der Versuchsleiter, den Schüler im Dienste der wissenschaftlichen Erkenntnisse
mit Stromschlägen zu bestrafen. Je öfter der Schüler versagte, umso
höher sollte die elektrische Spannung sein. Der Lehrer konnte die
Stromschläge durch Drücken von Knöpfen auslösen, von 75 Volt
bis hin zu 450 Volt (!).

Natürlich erlitt der Schüler, den der Proband nicht sah, sondern nur hörte, in Wirklichkeit keine elektrischen Schocks. Milgrim hatte hierzu vorher für jede Spannung zwischen 75 und 330

Spannung	Akustische Signale des Schülers
75 Volt	Grunzen
120 Volt	Schmerzensschreie
150 Volt	Schüler sagt, dass er an dem Experiment nicht mehr teilnehmen will.
200 Volt	Schreie, „die das Blut in den Adern gefrieren lassen".
300 Volt	Schüler lehnt es ab zu antworten.
über 330 Volt	Stille

Tabelle 6:
Tonband-
aufnahmen zu
der jeweiligen
Volt-Zahl

Volt Tonbandaufnahmen mit den entsprechenden Schmerzenslauten aufgezeichnet. Diese akustischen Aufzeichnungen gaben dem Lehrer jedes Mal die Rückmeldung auf die von ihm vermeintlich ausgelösten Stromschläge.

Wenn das schlechte Gewissen den Lehrer zu sehr plagte, drängte der Versuchsleiter darauf, die Bestrafung einzuhalten. Damit die Sätze des Versuchsleiters keinen drohenden Unterton hatten und vergleichbar waren, wurden sie extra von einem Schauspieler eingeübt.

- Satz 1: „Bitte, fahren Sie fort!" Oder: „Bitte machen Sie weiter!"
- Satz 2: „Das Experiment erfordert, dass Sie weitermachen!"
- Satz 3: „Sie müssen unbedingt weitermachen!"
- Satz 4: „Sie haben keine Wahl, Sie müssen weitermachen!"

Milgrim wollte herausfinden, wie weit die Lehrer unter dem Druck des Versuchsleiters gehen würden. Wann würden sie sich aus Gewissensgründen den Weisungen ihres Vorgesetzten widersetzen? Unter dem Druck der Situation und den Anweisungen des Vorgesetzten gingen fast alle Versuchsteilnehmer bis zum Ende der Stromstoßskala. Obwohl die Schmerzensschreie der Schüler schon ab 300 Volt verstummten, erhöhte die Mehrheit die Intensität der Schocks wieder und wieder.

Spannung (Volt)	bis 300 V	300 V	315 V	330 V	345 V	360 V	375 V	390 V bis 435 V	450 V
Anzahl d.Vpn, die abgebrochen haben	0	5	4	2	1	1	1	0	26

Tabelle 7:
Übersicht über das
Abbruchverhalten
der „Lehrer"

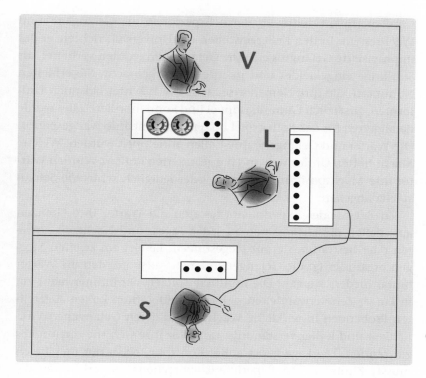

Abbildung 15:
Das Milgrim Experiment
(V = Versuchsleiter,
L = Lehrer,
S = Schüler)

Milgrim und andere wiederholten das Experiment mit immer gleichem Ergebnis. Lediglich eine gefühlte Nähe zum Schüler oder weitere sich widersetzende Lehrer im gleichen Experiment führten zu einem schnelleren Abbruch. Das Handeln der Menschen war außer Kontrolle geraten. Wäre der Druck der Versuchsanordnung auf den Lehrer geringer gewesen oder hätte der Lehrer auf einem längeren Spaziergang in Ruhe über den nächsten elektrischen Schock nachdenken können, der Proband hätte mit Sicherheit das Experiment nicht fortgeführt. Das eigene Gewissen hatte den Kampf gegen die Unmenschlichkeit nur unter dem Druck der gegenwärtigen Situation verloren. Phasen der Entspannung sind also nicht nur für unseren Körper wichtig. Gefangen im Hamsterrad der ständigen Arbeit bemerken Sie gar nicht, dass Sie von der Straße Ihrer Lebensziele möglicherweise längst abgekommen sind.

Menschen gefangen in ihren Rollen

Auch Phillip Zimbardo unterschätzte den Druck der Situation auf das Handeln von Menschen. In seinem berühmten Stanford-Prison-Experiment teilte er Versuchspersonen in Gefangene und Wächter ein. In den Kellergewölben der Universität richtete er das improvisierte Gefängnis ein. Die Gefangenen wurden verhaftet, als Sträflinge eingekleidet und in ihre Zellen gebracht. Sie erhielten Nummern, die ihre Namen ersetzten. Die Wächter bekamen Uniformen, zusätzlich Gummiknüppel und Sonnenbrillen. Alles wurde detailgetreu für das Rollenspiel inszeniert. Zimbardo war gespannt, wie Wärter und Gefangene ihre Rollen annehmen würden. Welche Macht hatten Uniformen und die geänderten Rollen? Würden Wärter ihre Machtposition ausnützen oder lediglich schlechte Schauspieler abgeben?

Zu Beginn des Experiments testeten die Wärter ihre Grenzen aus, ließen die Gefangenen zu jeder Tages- und Nachtzeit antreten oder bestraften sie mit Liegestützen. Bereits am zweiten Morgen organisierten die Gefangenen einen Aufstand, den die Wärter brutal niederschlugen. Die Konflikte spitzen sich immer mehr zu, in kurzer Zeit verwandelten sich die zufällig ihren Rollen zugeteilten Probanden in wirkliche Wächter und deren Gefangene. Wirklichkeit und Rollenverständnis waren für ihre Gehirne nicht mehr zu trennen. Die Lage geriet außer Kontrolle. Nach nur drei Tagen musste Zimbardo das Experiment abbrechen, zu stark waren die Versuchsteilnehmer in ihre Rollen geschlüpft. Einige Wärter entwickelten nachts sadistische Verhaltensweisen, wenn sie sich unbeobachtet wähnten. Vier Gefangene erlitten Nervenzusammenbrüche, ein weiterer reagierte mit psychosomatischem Hautausschlag, weil sein Bewährungsgesuch abgelehnt wurde.

Auch in diesem Experiment zeigt sich der Druck der gegenwärtigen Verhältnisse. Menschen verlieren den Blick auf ihre eigenen Werte und Einstellungen, wenn sie nicht zwischendurch die Gelegenheit erhalten, mit Abstand ihr Leben bzw. eine Situation zu betrachten.

So wie es sich in diesen Extrembeispielen gezeigt hat, verhält es sich auch bei alltäglichen Dingen. Druck von außen oder Übermüdung führen oft zu Entscheidungen, die man später bereut und über die man sich im Nachhinein ärgert. Nehmen Sie sich also Zeit für Pausen, Erholung und Schlaf und besinnen Sie sich in Ruhe ab und an auf Ihre wirklichen Zielsetzungen im Leben. Lassen sich nicht von der Macht der Situation zu einem fremdbestimmten Leben hinreißen.

Die richtige Ernährung

Auch unsere Ernährung spielt eine große Rolle in Bezug auf unsere Energiereserven. Fälschlicherweise wird die Thematik heute meist lediglich im Sinne der Optik diskutiert, also eines attraktiven Körpers. Wer zu dick ist, erfüllt eben nicht das Idealbild des begehrten Menschen. Wem dieser Schmerz zu groß ist, versucht, sich durch eine Diät die überschüssigen Kilos vom Leib zu hungern, was manchmal gelingt und manchmal nicht.

Viel weniger bekannt ist den meisten, dass eine ausgewogene und gute Ernährung auch die eigene Kreativität steigert und die Konzentrationsfähigkeit verbessert. Zudem sind Beharrlichkeit, Durchsetzungsvermögen sowie eine bessere Fähigkeit, seine Emotionen zu managen, weitere wissenschaftlich nachgewiesene Folgen einer gesünderen Ernährung.

Für Spitzensportler ist eine optimale Ernährung schon lange zur Selbstverständlichkeit geworden. Nur durch gezielte Ernährungspläne lassen sich psychische und physische Bestleistungen erbringen!

Bei genauerem Hinsehen ist die hohe Bedeutung unserer Ernährung offensichtlich. Unser Körper verbraucht Energie bei all unseren Bewegungen und geistigen Aktivitäten. Die Bau- und Brennstoffe, die er hierfür benötigt, stellen wir ihm durch unser Essen und Trinken immer wieder neu zur Verfügung. Je sorgsamer wir diese Stoffe auswählen, umso besser werden unsere Vorgänge im Körperinneren funktionieren. Einem Bauingenieur, der ein Haus baut, ist dies völlig klar, und so wird er sich sorgsam mit den Eigenschaften der Stoffe beschäftigen, die er in seinem Haus verbaut. Ebenso weiß ein Bauer um die Bedeutung von speziellen Düngern und der Beschaffenheit der Erde, die maßgeblich dafür sind, in welcher Menge und Qualität das Getreide aus dem Boden wächst.

So sieht es oftmals aus:

Sehen wir uns einen beispielhaften Essenstag an. Morgens in der Früh klingelt der Wecker und reißt uns aus dem Schlaf. Wir lassen das Frühstück ausfallen und hetzen zur Arbeit. Dort warten die ersten wichtigen Aufgaben auf uns und wir gönnen uns einen Kaffee und ein Croissant, das wir uns beim Bäcker auf dem Weg zur Arbeit mitgenommen haben. Mittags gehen wir mit Kollegen zur nahe

„Frühstücken wie ein Kaiser, Mittagessen wie ein König und Abendessen wie ein Bettler."
[Volksmund]

gelegenen Fastfood-Kette und vertilgen einen Burger. Nachmittags feiern wir den Geburtstag einer Arbeitskollegin, die einen selbstgebackenen Kuchen mitgebracht hat. Völlig erschöpft kommen wir spät abends nach Hause und stürzen uns mit Heißhunger auf eine große Wurstplatte. Gemütlich nach getaner Arbeit ist dieses gesellige Abendessen meist die größte unserer Mahlzeiten und wir gönnen uns noch eine schöne Flasche Rotwein dazu, ehe wir dann ins Bett gehen. Sodbrennen, Müdigkeit und eine schnelle Erschöpfung sind die Folgen einer unbedachten Ernährung.

Was, wie viel und wann sollten wir essen?

In unseren Breiten kennen wir kaum die Folgen von Unterernährung, wir haben eher mit den Konsequenzen von zu viel ungesundem Essen in Verbindung mit zu wenigem Trinken zu tun.

Perfekt wäre natürlich eine passende Versorgung unseres Körpers mit Energie, wann auch immer er diese benötigt.

Hierbei spielt der Blutzuckerspiegel eine entscheidende Rolle. Wenn wir etwas essen, steigt dieser in unseren Gefäßen, und der Zucker wird dorthin transportiert, wo unser Körper ihn braucht. Gleichzeitig reguliert die Bauchspeicheldrüse mit Hilfe des Insulins diesen Spiegel und baut ihn wieder ab. Denn ein dauerhaft zu hoher Blutzuckerspiegel führt dazu, dass der überschüssige Zucker sich in den Gefäßen ablagert und sie verstopft. Sinkt der Blutzuckerspiegel, verspüren wir wieder Hunger und die Sehnsucht nach einer ausreichenden Mahlzeit.

Einige Lebensmittel zeichnen sich dadurch aus, dass der Zucker sehr schnell in die Blutbahn abgegeben wird (z. B. Croissants). Dies führt dazu, dass der Blutzuckerspiegel hochschnellt. Es ist zu diesem Zeitpunkt oftmals sogar mehr Zucker im Blut, als unser Körper gerade benötigt. Gleichzeitig arbeitet die Bauchspeicheldrüse auf Hochtouren und produziert hohe Mengen an Insulin, das den hohen Blutzuckerspiegel rapide abbaut. Durch das schnelle Fallen des hohen Blutzuckerspiegels verspüren wir wieder Heißhunger.

Weitaus besser ist es für uns, wenn wir Lebensmittel zu uns nehmen, die langsam, dafür aber dauerhaft Glucose ins Blut abgeben (Ballaststoffe, Vollkorn). Die Energie aus der Mahlzeit steht dem Körper dann länger zur Verfügung. Gleichzeitig steigt der Blutzuckerspiegel weniger stark an, die Bauchspeicheldrüse muss weniger hart arbeiten und der Blutzuckerspiegel ist geringeren Schwankun-

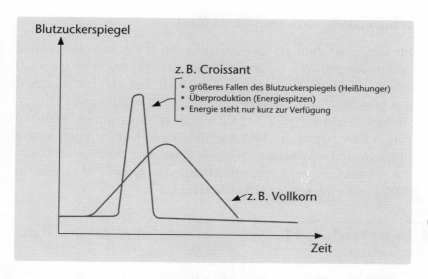

Blutzuckerspiegel

z. B. Croissant
- größeres Fallen des Blutzuckerspiegels (Heißhunger)
- Überproduktion (Energiespitzen)
- Energie steht nur kurz zur Verfügung

z. B. Vollkorn

Zeit

Abbildung 16:
Lebensmittel mit unterschiedlicher Auswirkung auf den Blutzuckerspiegel

gen unterworfen. Unser Hungergefühl setzt später und weniger intensiv ein.

Neben der inhaltlichen Zusammenstellung unserer Mahlzeiten ist auch die zeitliche Verteilung unserer Nahrungsaufnahme von entscheidender Bedeutung. Unser Körper arbeitet tagsüber auf Hochtouren und nachts ruht er sich aus. Daher sollte sich die Verteilung der Nahrungsaufnahme auch an der Intensität unseres Stoffwechsels orientieren.

Eine ausgewogene Ernährung beeinflusst maßgeblich unsere Leistungsbereitschaft.

Auch hier hat die Wissenschaft alte Weisheiten auf die Probe gestellt.

In einem Experiment fand sich bei Kindern im Alter von 7–12 Jahren die Ursache der Fettleibigkeit nicht in der Menge der aufgenommenen Nahrung. Die Kinder unterschieden sich vielmehr dadurch, dass die Übergewichtigen deutlich weniger frühstückten, dafür aber mehr zu Abend aßen.

Auch eine zweite Studie an der Universität von Minnesota kommt zu einer ähnlichen Erkenntnis. Bei einer Diät von festgelegten 2000 Kalorien pro Tag gab es deutliche Unterschiede im Erfolg.

Diejenigen, die morgens prozentual mehr aßen, dafür abends weniger, verloren 1,6 Kilogramm pro Woche mehr und waren zugleich weniger erschöpft als ihre Kollegen.

Wann und wie viel sollten wir trinken?

Im Gegensatz zum Hunger ist Durst ein schlechtes Alarmsignal unseres Körpers. Wir verspüren Durst erst dann, wenn es eigentlich schon zu spät ist und wir bereits dehydriert sind. Daher müssen wir uns gewohnheitsmäßig vornehmen, am Tag mindestens 3 Liter zu trinken. Wenn wir zu wenig Flüssigkeit zu uns nehmen, verlieren wir an Konzentrations- und Koordinationsfähigkeit. Auch unsere Muskeln sind sehr auf ausreichende Flüssigkeit angewiesen. Wussten Sie, dass ein um 3 Prozent dehydrierter Muskel, 10 Prozent an Stärke und 8 Prozent an Schnelligkeit verliert?

Fallstudie

Happy family/Teil 7: „Weniger ist mehr" oder „Qualität statt Quantität"

Wilhelm war geschockt, als er von den menschlichen Abgründen der Zimbardo- und Milgrim-Experimente gelesen hatte. Wie hatte es nur passieren können, dass „normale Menschen" ihr eigenes Handeln nicht mehr im Griff hatten und ihren Mitmenschen so übel mitspielten? Sicher waren sie überfordert gewesen vom Druck der gegenwärtigen Situation. Die Teilnehmer hatten keine Zeit gehabt, in Ruhe nachzudenken! „Der Mensch funktioniert optimal, wenn sich intensive Anstrengung und ausreichende Phasen der Entspannung abwechselten", dachte Wilhelm. Ihm gefiel der Vergleich mit einem Muskel, der sich nur dann optimal entwickelte, wenn Training und Ruhephasen sich abwechselten.

„Wie ist das in meinem Leben?", überlegte Wilhelm und ihm wurde sein Problem schlagartig bewusst. In seiner Arbeit kümmerte sich Wilhelm um alles. Jedes Projekt, fast jede Entscheidung musste mit ihm persönlich abgestimmt werden. Dabei hatte er eigentlich gute und fähige Mitarbeiter! Die wenige Zeit, die ihm verblieb, widmete er seinen Freundschaften und Hobbies und eigentlich hatte er hierfür schon kaum Zeit. Völlig entkräftet und gestresst erwarteten ihn zu Hause Lisa und Tunix und zugleich auch zahlreiche Tätigkeiten, die noch zu erledigen waren. Am Wochenende versuchte er, übrig gebliebene Arbeiten im Büro abzuarbeiten und sich gleichzeitig um seine Familie zu kümmern. Er schlief wenig und in den Urlaub waren sie schon lange nicht mehr gefahren. Wilhelm hatte Lisa immer wieder erklärt, dass dies einfach nicht zu ändern sei und ob sie es denn lieber hätte, er würde gar nicht mehr arbeiten? „Natürlich nicht", erwiderte Lisa dann oft resigniert, doch eine Lösung, um aus dem Dilemma zu entkommen, fiel ihnen nicht ein.

Es war aber nicht nur die wenige Zeit, die Wilhelm zu schaffen machte, seine Energie war auch schnell erschöpft. Manchmal wachte er morgens schon gerädert auf und gegen Abend freute er sich eigentlich nur noch auf sein Bett.

Bei all dem Trubel und seinen viele Aufgaben, wie sollte er hier noch Zeit für Sport und Ruhepausen haben? Er hatte ja auch so schon keine Zeit.

Lange beratschlagten Lisa und Wilhelm das Problem, doch sie hatten mittlerweile Gefallen daran gefunden, wissenschaftliche Ratschläge an sich selbst auszuprobieren.

So versuchte sich Wilhelm die nächsten 4 Wochen an folgendem Ritual.

Tageszeit	Sport und Ruhepausen einbauen	Aufgaben weglassen
Privat	Wochenenden arbeitsfrei. Größere Urlaube planen. 3 mal die Woche Ausdauer- und Cardio-Training (an kurzen Arbeitstagen). Gezielter Muskelaufbau.	Freundschaften fokussiert pflegen. Wenn, dann wirklich intensiv Zeit verbringen. Sich nicht überfordern mit Freizeitstress, lieber kürzen, dafür aber mehr genießen.
Beruflich	Nach 90 min Arbeit: 15 min Pause, Spazieren gehen. Abends um 18 h heimgehen. 2 mal die Woche „darf" bis 22 h gearbeitet werden.	Aufgaben delegieren. Überblicken, was wirklich dringlich und wichtig ist.

Tabelle 8:
Sport- und Ruhe-
plan von Wilhelm

Und wieder war Wilhelm zutiefst überrascht von den Ergebnissen seines Eigenversuchs. Es fiel ihm alles andere als leicht, einige seiner Aufgaben liegen zu lassen und sich nötige Ruhepausen zu gönnen. Anfangs hatte er oft ein schlechtes Gewissen, seinen Aufgaben nicht nachzukommen und stattdessen nur an sich selbst zu denken.

Seinen Sportplan hielt er minutiös ein, auch wenn es ihm schwerfiel, sich nach der Arbeit hierzu noch aufzuraffen. Wenn er aber erst einmal die kritischen ersten zehn Minuten auf dem Laufband hinter sich hatte, merkte er, dass ihm die restlichen Übungen richtig Spaß machten.

Zufrieden und ausgeglichen kam er nach Hause und auch seine Gedanken waren ruhiger. Er machte sich weniger Sorgen um anstehende Arbeiten und fühlte sich jeden Tag ausgeruhter und entspannter.

Den größten Unterschied beobachtete er aber hinsichtlich seiner Lebensenergie! Er strotzte bereits am Morgen voller Tatendrang und seine Probleme fühlten sich kleiner an. Er zauderte weniger, gab sich mit Fehlentwicklungen nicht zufrieden und ging Lösungen unverzüglich und di-

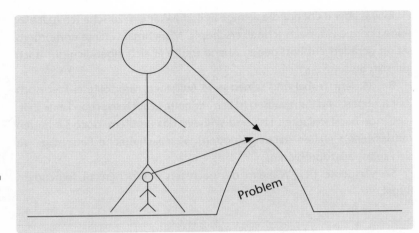

Abbildung 17:
Wilhelms
Probleme werden
scheinbar kleiner
(in Anlehnung
an Manfred
Winterheller)

rekt an. Er entwickelte geradezu eine gewisse Überzeugung, mit allem fertig zu werden.

Wilhelm fiel dabei auf, dass seine Probleme zwar weiterhin existierten, nur seine Einstellung hatte sich verändert. Durch seine höhere Energie schaute er förmlich auf die Probleme herunter, die ihn zuvor übermannt hatten. Sein Selbstbewusstsein und sein Selbstvertrauen waren gestiegen und er tat sich einfach leichter.

Er schaffte in kürzerer Zeit dramatisch mehr. Auch Lisa war Wilhelms Verwandlung aufgefallen. Es war wie bei einem Autorennen, bei dem die Strecke gleich blieb, das Auto aber plötzlich in der Lage war, doppelt so schnell zu fahren. Ruhe- und Wartungsarbeiten gehörten eben zum professionellen Rennsport ebenso dazu wie hartes Fahrtraining!

Lisa machte die gleiche wundersame Entdeckung. Neben ihrer beruflichen Tätigkeit hielten sie die Haushaltstätigkeiten enorm auf Trab. Anfangs wusste sie gar nicht, wann sie überhaupt die Zeit zur Erholung einplanen sollte – schließlich war sie von morgens bis abends damit beschäftigt, den Anforderungen von Beruf, Familie und Haushalt einigermaßen gerecht zu werden. Die Theorie war einleuchtend, aber wie sollte sie in die Umsetzung kommen, wenn doch keine Zeit dafür zur Verfügung stand?

Sie begann, zuerst nur die wirklich wichtigen und gleichzeitig dringenden Aufgaben zu erledigen, auch wenn ihr diese Art der Priorisierung manchmal schwer fiel. Anfangs waren es nur kleine Ruhepausen, die sie sich so gönnen konnte. Doch eines war erstaunlich. Nach den gefühlten „Zwangspausen" gingen ihr die Dinge viel schneller von der Hand. Lisa war auch in der Lage, sich besser konzentrieren zu können. So grotesk es auch in ihren Ohren klang, sie schaffte durch weniger mehr! Und weil dies so war, versuchte sie, auch ihre sportliche Betätigung langsam auszuweiten, um so noch mehr Energie aufzubauen. Ruhepausen und Sport kamen ihr wie eine gute Investition vor. Zuerst musste Lisa Zeit investieren, die (scheinbar) noch zusätzlich die zu Verfügung stehende Zeit schmälerte, am Ende hatte Sie aber mehr geschafft und fühlte sich gleichzeitig viel besser.

„Loslassen von gelernten Weisheiten ist die eigentliche Schwierigkeit im Leben, manchmal ist weniger eben mehr!" lachte Wilhelm, nahm Lisa in den Arm und beide überlegten, wo sie als nächstes ihren Sommerurlaub verbringen wollten.

Anregungen

1. Treiben Sie 3 x in der Woche für ca. 45 Min Sport bei moderater Anstrengung. Suchen Sie sich dabei selbst eine Sportart heraus, die Ihnen Spaß macht (Aerobic im Fitnessstudio, Jogging ...)
2. Versuchen Sie, Ihre optimale Schlafdauer herauszufinden. Beobachten Sie an den Tagen ohne Wecker, wann Sie aufwachen. Versuchen Sie, täglich diese Zeitlang zu schlafen. Wenn es manchmal nicht gelingt, versuchen Sie, die fehlende Zeit untertags zu ruhen (Mittagsschlaf, Power Nap etc.).
3. Versuchen Sie, in Ihren Arbeitstag regelmäßig Pausen zu integrieren. Auf 2 h Arbeit sollten min. 15 Minuten Pause folgen.
4. Machen Sie Urlaub und genießen Sie den Abstand zum Alltag. Die Zeit zur Reflektion zahlt sich immer aus – im Übrigen auch für die Arbeit!

Literatur Abschnitt 3.3.3:

Flow: Csikzentmihalyi (1992).

Perfektionismus und Optimalismus: Ben-Shahar (2009), Ben-Shahar (2010), S. 41 ff., 173 ff., Langer (1990), Basco (1999), Doskoch (2005).

Langers Experiment mit Studenten und den Leistungen der Wissenschaftler: Langer (1990).

Schüchterne Männer: Haemmerlie/Montgomery (1986).

Rituale: Loehr/Schwartz (1993).

Happiness in Krisen: Seligman (2002), S. 62 ff., Ben-Shahar (2009), S. 37 ff. und 173 ff.

Umdenken in ungünstigen Situationen – fremdgesteuert oder selbstgesteuert: Heigl (2004).

Macht des Schreibens: Pennebaker (1997), zudem auch: Experiment für das Finden eines neuen Jobs der Ingenieure vgl. Eden/ Aviram (1993).

Bei den Anregungen und Übungen im dargestellten Kapitel: Winterheller (2004).

Sport und Depression: Babyak et al. (2000).

Sport und Erholung, Auszeit und Schlaf: Loehr/Schwartz (2001) und Loehr/Schwartz (2003), Callaghan (2004), Shaw (2004), Ben-Shahar (2007), S. 151 ff.

Sport als Placebo?: Crum/Langer (2007).

Atmung: Weil (1997).

Ernährung: Loehr/Schwartz (2001), S. 48 ff. und die darin dargestellten Experimente.

Milgrim und Zimbardo: Milgrim (1963), Milgrim (1997), Zimbardo (2008).

3.4
Freundschaft und Liebe

3.4.1
Das Glück umarmen

Intensive und erfüllende Beziehungen zu anderen Mitmenschen gehören zu den größten Verursachern unserer Glücksgefühle. Der Mensch ist kein Einzelgänger und braucht den Kontakt zu seinesgleichen. Wieviel Zeit wir idealerweise mit geliebten Menschen verbringen sollten, ist individuell unterschiedlich und zudem genetisch fixiert. Während extrovertierte Menschen diese Nähe sehr häufig suchen, brauchen Introvertierte dies seltener. Begründet ist dies in den unterschiedlichen Erregungslevels beider Gruppen. Extrovertierte Menschen sind innerlich weniger erregt und auf zusätzliche äußere Stimulantien angewiesen, wohingegen introvertierte Zeitgenossen mehr Gedanken und Emotionen in ihrem Inneren spüren und daher weniger externe Reize suchen.

Es gibt nur wenige stärkere Einflüsse auf das Glück als eine intensive, gleichberechtigte, vertraute und lebenslange Kameradschaft mit einem sehr guten Freund.   *[David Myers]*

Auch wenn der optimale Grad an Beziehungen zu Mitmenschen verschieden ist, sind wir doch alle darauf angewiesen. Neben den bekannten klassischen Kasper-Hauser-Experimenten zeigen auch die Praktiken des rumänischen Ceaucescu-Regimes das existentielle Bedürfnis der Menschen nach Nähe. Über 150.000 Feinde des Regimes wurden getötet und deren Kinder durch Krankenschwestern großgezogen. Die Heranwachsenden bekamen ausreichend zu essen und waren in einer guten physischen Verfassung, allerdings waren die Krankenschwestern zeitlich völlig überfordert, sich mit den Kindern zu beschäftigen. „Sie waren einfach nicht in der Lage, ihnen körperlich nahe zu sein, sie zu berühren oder zu streicheln" (Ben-Shahar).

Als diese Kinder nach dem Zusammenbruch des Regimes von Ärzten untersucht wurden, zeigten sie autistische Züge und kauerten verhaltensgestört in der Ecke mit zusammengezogenen Knien. Zu lange waren sie nicht berührt worden. Die Abwesenheit dieser Nähe zeigte sich in dramatischem Ausmaß.

Berührungen setzen in uns chemische Substanzen frei, die ähnlich dem körpereigenem Opium Gefühle von Geborgenheit und Harmonie erzeugen. Tiffany Field zeigt in ihrem Buch „Touch Therapy", dass Berührungen und Umarmungen Krankheiten, Schmerzen und Ängste lindern und sogar für körperliches und geistiges Wachstum verantwortlich sind. Field zeigte in einem Experiment, dass bereits eine 45 minütige tägliche Massage in einem Zeitraum von wenigen Wochen dazu führte, dass sich die betrachteten Kinder mehr als 50 % schneller körperlich und geistig entwickelten als die Heranwachsenden der Kontrollgruppe. Clipman (1999) fand in einer Studie heraus, dass sich Versuchsgruppen signifikant glücklicher fühlten, wenn sie täglich mindestens 5 Menschen umarmten. In einer immer mehr materialistisch ausgerichteten Welt sind leider Berührungen und Nähe zu Mitmenschen selten geworden. Doch die Potentiale sind groß. Wie die meisten Bestandteile von Happiness sind auch Berührungen ein Win-Win: Wer berührt, wird gleichzeitig berührt.

3.4.2
Was moderne Partnerschaften schwierig macht

Wenn persönliche Beziehungen ein solch wichtiger Baustein unseres inneren Glücks sind, wie passt dies mit den heutigen Scheidungsraten zusammen? Über die Hälfte der ehelichen Verbindungen werden wieder geschieden, 60 Prozent der Zweitehen erleiden dasselbe Schicksal. Bei weitem nicht alle verheirateten Paare der verbleibenden Gruppe sind mit ihrer Beziehung glücklich, so dass eine wirklich glückliche Ehe immer seltener wird.

Warum Beziehungen scheitern und die rosa-roten Brillen heute schneller verloren gehen

Warum scheitern die gut gemeinten Beziehungen, die hoch verliebt beginnen und oft dramatisch enden? Die Wissenschaft tappte hier lange Zeit im Dunkeln. Die Grunderkenntnis ist nicht weiter erstaunlich. Neues produziert in uns grundsätzlich ein höheres Erregungslevel als Gewohntes. Wenn wir mit einem geliebten Menschen über Jahre zusammen leben, mit dem wir prinzipiell sehr glücklich sein könnten, wird uns eine neue Person dennoch mehr anziehen. Der Grund liegt nicht darin, dass wir nun jemanden kennen gelernt haben, der *besser* zu uns passt, sondern darin, dass derjenige *neu* in unserem Leben erschienen ist. Wir haben bereits mehrfach über Relikte der Evolutionsgeschichte gesprochen, die in früheren Zeiten sinnvoll waren und heute Schwierigkeiten machen. Wir sind in unserem Leben auf Veränderungen getrimmt und gewöhnen uns (zu) schnell an das Gute. Wir werden uns immer weniger bewusst, was wir an unserem Partner haben, bis uns ein neuer Mensch fasziniert. Wenn unsere Urahnen ungewohnten Menschen oder Tieren begegneten, half ihnen dieses höhere Erregungslevel entscheidend im Überlebenskampf. Die größere Aufmerksamkeit schützte sie, wohingegen ihre Paarungssuche indes kaum gestört war, denn die Höhlenmenschen lernten in ihrem Leben nur wenige Menschen wirklich neu kennen. Auch unsere Großeltern waren lange nicht so mobil und konnten in kurzer Zeit mit so vielen Personen Bekanntschaft machen wie wir heute. Der Reiz des Neuen und unsere schnelle Gewöhnung an unsere guten Beziehungen machen wirklich glückliche Partnerschaften heute schwieriger.

Diese entwicklungsbedingten Veränderungen mögen zwar ein Erklärungsansatz für die hohe Verbreitung geschiedener Lebensgemeinschaften sein, jedoch liefern sie noch keine Möglichkeiten zur Prävention.

Was machen die „besten" Paare anders?

Wieder einmal war es eine positive Fragestellung, die mehr Licht ins Dunkel moderner Beziehungen bringen konnte. Anstatt lediglich zu fragen, was die Gründe für das Scheitern vieler Ehen sind, ergänzt die positive Psychologie diese Fragestellung um eine neue Betrachtungsweise: Was machen die Paare anders, die glückliche Beziehungen führen, obwohl auch sie den gleichen Versuchungen neuer Reize ausgesetzt sind und sich schnell an ihre gute Partnerschaft gewöhnen? Können wir von diesen Paaren lernen und selber glücklichere Beziehungen führen?

> *„Als ich herausfand, wie man eine Scheidung prognostizieren kann, dachte ich zuerst, dass ich den Schlüssel gefunden hätte, um Ehen zu retten … Aber wie so viele Experten vor mir hatte ich mich geirrt. Ich kam nicht eher hinter das Geheimnis, Ehen zu retten, bis ich anfing zu analysieren, was glückliche Ehen ausmachte."*
>
> [John Gottman]

Den richtigen Traumpartner finden – oder wie die Medien unser Bewusstsein manipulieren

Egal welchen Liebesfilm wir uns anschauen oder welches Magazin wir durchblättern: Tolle Bilder zeigen uns die Suche nach DEM oder DER Richtigen auf. Die Helden müssen in den Filmen einiges auf sich nehmen, um gegen Ende ihre Traumfrau zu finden. So sind wir unbewusst beeinflusst davon, den richtigen Partner zu suchen und zu finden. Jemanden, der perfekt zu uns passt, mit dem wir ohne Streitereien Spaß haben, der uns versteht, uns bedingungslos liebt und dem wir auch ohne Mühen jeden Wunsch von den Augen ablesen. Der Such- und Findungsprozess steht im Vordergrund. Stoßen wir dann in unserer Partnerschaft auf Probleme, ist unsere Entscheidung unterbewusst längst gefallen: Wir gehen erneut auf die Suche! Der derzeitige Partner hat sich gerade verlässlich als Trugschluss offenbart, er ist nicht der Richtige. Etwas kleben wir noch an der Macht der Gewohnheit, bis wir den Reizen von neuen potentiellen Partnern erliegen. Wir haben schon mehrfach die selbst erfüllende Kraft innerer Weltbilder kennengelernt. Wer die Bedeutung der Suche nach dem perfekten Partner in den Vordergrund stellt, wird tendenziell viele Partnerschaften eingehen und doch immer wieder erneut zu neuen Ufern aufbrechen, in Sehnsucht und dem ewigen Wunsch und der Suche nach dem Traumpartner. Wer den Mut zur Trennung jedoch nicht aufbringt, lebt unglücklich mit seinem Partner zusammen und ist sich sicher, dass er das wahre Liebesglück verpasst hat. Dass der Stolperstein meist in unserem Kopf ist und nicht in der Unzulänglichkeit des Partners begründet liegt, wird uns erst bewusst, wenn wir verstehen, wie unser Gehirn funktioniert.

Tal Ben-Shahar hat dieses Verhaltensmuster in einem anderen Themengebiet verdeutlicht. Bei der Jobsuche sind wir interessanterweise durch unsere Erziehung und die Darstellung in den Medien anders gepolt. Einen Job finden mag zwar auch nicht einfach sein, die richtige Arbeit fängt aber erst nach dem erfolgreichen Vorstellungsgespräch an. Ohne Fleiß kein Preis! Bei beruflichen Problemen arbeiten die fleißigen Bienen eines Unternehmens so lange, bis endlich eine Lösung gefunden ist. Wenn die Neukunden im letzten Quartal weniger geworden sind, verlassen interessanterweise nicht alle Vertriebsmitarbeiter fluchtartig die Firma in der romantischen Sehnsucht nach dem perfekten Unternehmen. Wie selbstverständlich investieren Mitarbeiter und Arbeitsgruppen viel Zeit und Mühen, um ihre Arbeit zu verbessern. Dieses Handeln wird dann auch meistens durch Erfolg belohnt.

Nicht die Frage, ob Ihr Partner der Richtige für Sie ist, sondern ob Sie ihn zum Richtigen für sich wählen und entsprechend behandeln, steht im Vordergrund.

Glückliche Paare nehmen genau diese Arbeit mit Freude in ihre Beziehung auf. Sie bemühen sich täglich, noch glücklicher mit ihrem Partner zu werden. Sie sehen eine Beziehung als Aufgabe, die ihnen bedeutsam ist, in der sie ihre Stärken einbringen und Spaß haben (vgl. Kapitel 3.1). Die Wissenschaft ist sich einig, dass es eine Vielzahl von Partnern gibt, mit denen jeder einzelne von uns glücklich werden kann. Es liegt alleine an uns, dieses Feuer zu entfachen, indem wir Energie in die Partnerschaft tragen. Nur wir selbst sind in der Lage, das Energielevel der Beziehung zu heben. Wir werden lange darauf warten, dass sich unser Partner ändert. Viele Menschen sind aber nicht bereit zu dieser Anfangsinvestition, in der Überzeugung, dass diese beim perfekten Partner ja nicht nötig sei. Leider – oder glücklicherweise – gibt es keine perfekten Partner.

Wenn Sie aktuell mit Ihrer Partnerschaft unzufrieden sind, geben Sie sich 6 Monate Zeit und tun Sie in dieser Zeit alles, um Ihren Partner zu lieben und ihn glücklich zu machen. Sie werden feststellen, welche ungeheuren Konsequenzen diese Energie entfacht. Wenn Sie danach immer noch unzufrieden sind, ist es vielleicht tatsächlich sinnvoll, sich neu zu orientieren. Bevor Sie das Potential Ihrer Beziehung allerdings nicht ausreichend ausgelotet haben, ist eine Trennung fahrlässig.

Sind Konflikte wichtig für eine Partnerschaft?

John Gottman und Nan Silver fanden in ihren Studien heraus, dass sich bei glücklichen Paaren positiver und negativer Austausch im Verhältnis von ca. 5:1 zeigt. Auf einen Konflikt gab es also auch 5-mal ein positives Feedback. Interessant an dieser Entdeckung ist nicht das genaue Verhältnis von 5:1, sondern

- … dass glückliche Paare sehr wohl einen nennenswerte Anzahl von Konflikten austragen
- … dass aber auf eine Auseinandersetzung ein Vielfaches an Positivität in der Beziehung folgt.

Es gilt also, die positiven Dinge in der Beziehung zu vermehren und nicht das Entstehen von Konflikten zu bekämpfen. Diese gehören zur Partnerschaft ebenso dazu wie Erkältungskrankheiten im Frühling und Herbst zu unserem Leben – im Gegenteil, das emotionale Immunsystem einer Partnerschaft geht gestärkt aus diesen Konflikten hervor. Dieser positive Effekt zeigt sich aber nur dann, wenn wir die Meinungsverschiedenheiten nicht emotional verletzend austragen.

Vom Teufelskreislauf der Kommunikation

John Gottman und Nan Silver beobachteten viele Paare in deren abwärts gerichteter Spirale ihrer Kommunikation, aus der sie kaum mehr entfliehen konnten. Den Liebenden waren die Mechanismen und Zusammenhänge der einzelnen Phasen nicht bewusst.

Wenn ein glückliches Paar einen Konflikt austrägt, dann lediglich auf der Informationsebene. Der Partner an sich und seine Charakterzüge werden hingegen nicht in Frage gestellt.

„Wir gehen nicht so oft aus, wie ich gerne würde" → Informationsebene

„Du nimmst mich nirgendwo hin mit" → persönliche, charakterliche Ebene

Fühlt sich der betroffene Partner durch einen Konflikt in seiner Persönlichkeit verletzt, gerät der Grund für die Auseinandersetzung in

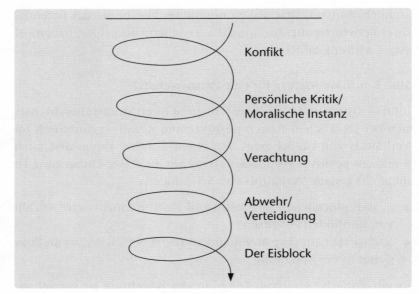

Abbildung 18:
Negative
Kommunikations-
spirale
(in Anlehnung an
Gottmann/Silver
[1994])

den Hintergrund. Er fühlt sich als Mensch nicht angenommen und kann so schwerer die inhaltliche Botschaft annehmen. Geschieht dies öfter, rutscht das Paar in die nächste Stufe der Kommunikation, die Phase der Verachtung oder moralischen Instanz. Körperliche Gesten wie Augenrollen, Beschimpfungen oder Zynismus begleiten das Gespräch, in dem lediglich das Negative in den Vordergrund gestellt wird. Der Teufelskreislauf kommt in Gang und ein Wort ergibt das andere.

Ist auch diese Phase für das Paar zur Gewohnheit geworden, schleicht sich zunehmend eine Abwehr- und Verteidigungshaltung ein. Der Partner empfindet sich als Opfer der Konflikte, sucht Ausflüchte, antwortet mit einer Gegenbeschwerde oder wiederholt sich selbst.

In der letzten Stufe kommt es zum „stone walling", ein Partner verwandelt sich zum Eisblock, der einfach nicht mehr reagiert. „Du sagst gar nichts, ich rede wie gegen eine Wand".

Gestalten Sie eine
positive Kommuni-
kationsspirale.

Gottman und Silver berichten über mögliche Auswege aus dem Dilemma:

● Kommentieren Sie mit Ihrem Partner den Kommunikationsprozess an sich („lass uns das positiv sehen" oder „ich wollte Dich nicht persönlich angreifen, Du bist mir sehr wichtig").

- Kommentieren Sie das, was gerade passiert, jetzt, und nicht erst später!
- Erinnern Sie den Partner daran, dass Sie ihn lieben (auch im Konflikt!) und dass Sie ihn verstehen.
- Benutzen Sie Formulierungen, die ausdrücken, dass Sie Ihren Partner verstehen („Ja, ich verstehe" oder „Das kann ich gut verstehen").
- Halten Sie Konflikte privat und tragen Sie diese nicht vor Freunden oder anderen Menschen aus.

Das neue Weltbild

Es wurde dargestellt, dass wir uns meist schnell an wahre Liebe gewöhnen und unwissend der „perfekten" Liebe hinterher laufen. Konflikte sind nötig und wichtig, wenn sie die eigentliche Verbindung des Liebespaares nicht in Frage stellen. Jeden Tag können wir unsere Partnerschaft noch glücklicher leben, wenn wir uns der Gnade unserer Beziehung bewusst werden und diese verehren. Ständig werden wir neue schöne Seiten an unserem Partner entdecken, wenn wir unseren Blick dafür trainieren. Nicht im Sinne des Placebos „Man muss zufrieden sein mit dem, was man hat", sondern genau umgekehrt. Wir sehen das Positive oft nicht, das aber trotzdem da ist – erinnern Sie sich an die hilflosen Hunde aus Seligmans Experiment, die den einfachen Ausweg nicht mehr sahen! Je mehr Sie und Ihr Partner sich darauf trainieren, die Augen auf das Positive zu richten, desto besser entwickelt sich die gefühlte Liebe. Die Wissenschaft bestätigt das. Gottmann konnte Paaren mit einer 95%igen Wahrscheinlichkeit vorhersagen, ob das Glück der beiden langfristig halten würde oder nicht. Ihm gelang dieses Kunststück aber nicht, in dem er das Konfliktverhalten der Paare studierte. Er analysierte, wie die Paare mit positiven Erlebnissen des jeweils anderen umgingen.

Von einem guten Kompliment zehre ich 2 Monate lang. [Mark Twain]

Wir stellen uns vor, dass eine Frau freudestrahlend zu ihrem Mann nach Hause kommt und davon erzählt, dass sie den ersehnten Job heute bekommen hat. Gable (2006) unterscheidet die Reaktion des Partners nach zwei Dimensionen, einmal nach der Intensität (aktiv/passiv) und zudem der Positivität (konstruktiv/destruktiv). Langanhaltende, glückliche Beziehungen zeigten sich in der aktiv-konstruktiven Reaktion des Partners, seinem großem Interesse, aktivem Zuhören und ehrlich gemeinter Bestätigung der lie-

Aktive konstruktive Reaktion		
Verschiedene Arten auf die Unterhaltung über gute Ereignisse zu reagieren		
	konstruktiv	destruktiv
aktiv	Begeisterung zeigen, Spannung; Interessiert Fragen stellen, positives verstärken, das Gespräch am laufen halten. Augenkontakt, Lächeln.	Über Negatives sprechen, des Teufels Fürsprecher sein, ein Problem finden, Stirnrunzeln, beunruhigt aussehen.
	„Das muss sich toll anfühlen!" „Was geschah als nächstes?" „Was hast Du jetzt vor?" „Wie wollen wir feiern?" „Melde Dich wenn Du etwas neues weißt!"	„Ich habe keine Idee, wo wir die Ressourcen dafür finden werden." Hast Du das denn alles schon abgeklärt?" „Ich weiß nicht ob Du das schaffst?"
passiv	Lächeln, anerkennen, bestätigen, schweigen. Kein Ausdruck. „Das ist toll."	Desinteresse, Ablenkungsmanöver, Abwendung, kein Ausdruck, wenig Augenkontakt, Ablehnung. „Bist Du fertig?" „Ich hatte einen Anruf von … (schnell das Thema wechseln) …"

Abbildung 19:
Positive Kommunikation
(in Anlehnung an Gable [2004])

benden Person. Alle anderen Quadranten gefährdeten auf Dauer das innere Glück der Beziehung.

Wir können die aktive konstruktive Reaktion auf die Ereignisse unseres Partners jeden Tag wie einen Muskel trainieren. Dabei müssen es nicht die großen Geschehnisse wie die dargestellte Jobzusage sein. Jeden Tag wimmelt es von positiven Dingen, die uns allen geschehen. Aktiv-konstruktive Partnerschaften können immer glücklicher werden, das zeigen die wissenschaftlichen Untersuchungen.

Fallstudie

Happy family/Teil 8: Bin ich mit meinem Traumpartner zusammen oder nicht?

Wilhelm und Lisa hatten sich bereits in ihrer Studienzeit kennen- und lieben gelernt. Nach den vielen Jahren des Zusammenlebens kannten sie den jeweils anderen in- und auswendig. Das hatte sicher seine guten Seiten, denn beide wussten, wie sie sich gegenseitig eine Freude machen konnten. Doch es war auch nicht immer einfach, denn sie waren manchmal im Strudel von Streitereien gefangen, in denen es eigentlich um nichts „Wichtiges" ging. Rechthabereien um Kleinigkeiten und das Gefühl, vom anderen ungerecht behandelt worden zu sein, schaukelten sich oftmals zu emotionalen Zwistigkeiten hoch. Waren sie beide einige Minuten in einer derartigen Streitspirale gefangen, gab es kaum ein Entrinnen. Zu sehr hatten sich die Eskalationsstufen während eines Konfliktes bei ihnen beiden manifestiert.

„Wieder hat unser Gehirn aus vergangenen Erlebnissen gelernt, in diesem Fall eine individuelle Streitkultur" dachte Wilhelm und überzeugte Lisa, auch hier neue Wege zu gehen. Beide nahmen sich vor, beim nächsten Streit kurz zu überlegen, ob es wirklich wichtig war. Vielleicht konnte man eine Provokation des anderen, der einen schlechten Tag gehabt hatte, einfach überhören? Vielleicht konnte der Provokateur sein Verhalten dann auch selbst leichter als solches einsehen und sich bei einer Extrastunde Sport abreagieren und entspannt wieder nach Hause zurück kehren?

Lisa und Wilhelm nahmen sich zudem vor, wenn sie sich stritten, den Anderen nicht als Person anzugehen. Wie es Gottmann/Silver vorgeschlagen hatten, wollten Sie lieber auf einer Sachebene diskutieren und das aussprechen, was sie wirklich wollten.

Aber es gab noch ein weiteres Problem. Wilhelm hatte in den letzten Jahren immer wieder bemerkt, dass er sich von anderen Frauen vermehrt angezogen fühlte. Er war darüber alles andere als glücklich, spürte aber „Liebgewonnenes" weniger anziehend als die Reize einer attraktiven unbekannten Frau.

Die Studie von Bem „The exotic becomes erotic" hatte es Wilhelm angetan, in den Ergebnissen sah er sich völlig bestätigt. Aber was sollte er dagegen tun? Rein beruflich kam er mit jeder Menge Frauen in Kontakt und die Lage spitzte sich zu, denn immer mehr war die Anziehungskraft Lisas geschmolzen.

War Lisa wirklich die Frau seines Lebens oder hatte er sie einfach nur zu früh kennen gelernt? Hatte er nicht lange und intensiv genug nach einer Partnerin gesucht? Hatte er es sich zu bequem gemacht? Vielleicht gab es eine Menge Frauen, mit denen er glücklicher sein konnte als er es derzeit mit Lisa war?

Wilhelm war geradezu fasziniert von der Auflösung dieser Fragestellung durch die positive Psychologie, die ihm nahelegte, das Weltbild des „Finden der perfekten Traumfrau" auf die Seite zu schieben und stattdessen „wahre Liebe" zu üben.

Der Vergleich mit dem „Finden des eigenen Arbeitsplatzes" machte ihm das Verständnis leichter. So war es ihm als Unternehmenschef völlig klar, dass die eigentliche Arbeit für einen neuen Mitarbeiter nicht damit getan war, dass er einen unterschriebenen Arbeitsvertrag in den Händen hielt. Die eigentliche Bewährungsprobe ging dann erst los. Der Jungspund musste sich richtig anstrengen, jeden Tag, um sich und die Firma weiter zu bringen.

Es wurde Wilhelm klar, dass er sich selbst in der Beziehung anstrengen musste, dass er alles geben musste, um die Beziehung zu Lisa zu pflegen. Er selbst würde dann seine neue Liebe zu Lisa entdecken und jeden Tag dafür dankbar sein, dass er sie hatte. Nicht Lisa war die Ursache für die abhanden gekommene Liebe, sondern seine eigene Einstellung.

Natürlich sollte Lisa auch an sich arbeiten und im Idealfall das Gleiche tun. Dann würde aus der verblassten Liebe eine positive Liebesspirale werden! Besonders die Untersuchungen zum aktiven konstruktiven Feedback hatten Wilhelm tief berührt. Er bemerkte, dass Lisa ihm diese Art von Unterstützung und Aufmunterung bereits jeden Tag zukommen ließ.

Wenn er Erfolge in der Firma hatte, war sie ganz gespannt und freudig aufgeregt, wollte immer mehr wissen und jubelte ihm zu. Er spürte die Kraft ihrer Worte, fühlte sich gestärkt und geliebt. Er selbst musste sich hingegen eingestehen, dass er eher vom Typ „passiv konstruktiv" war. Wilhelm bestärkte Lisa in ihrem Tun und freute sich, wenn sie ihre – in seinen Augen kleinen – Erfolge hatte, aber seine Euphorie hielt sich in Grenzen, zu sehr war er mit seinen eigenen Problemen und Kämpfen beschäftigt.

Wilhelm nahm sich vor, das zu ändern. So belanglos die Tage auch manchmal waren, bei genauerem Hinsehen hatte er jeden Tag genug Anlass, um Lisa ehrlich zu loben, aber eben mit mehr Energie als er das jemals getan hatte. Er konnte die Energie richtig beobachten, die Lisa durch sein Zuhören und seinen Zuspruch in sich aufsog, um sich selbst weiter zu entwickeln. Wie eine Blume, die richtig gepflegt und gegossen wird, blühte Lisa auf und strahlte förmlich.

Im Grunde genommen begannen Lisa und Wilhelm, die positiven Aspekte ihres Zusammenlebens zu fokussieren. Überall wo sie hinsahen, gab es schwarz und weiß, gut und schlecht. Waren sie früher darin gefangen, lediglich an den Schwächen des anderen herumzumäkeln, freuten sie sich nun über das, was sie aneinander hatten. Die Kraft, die dadurch entstand, investierten beide wiederum voll und ganz in ihre Beziehung, so dass sich die Positivität in ihrer Beziehung ausdehnte.

Sie hatten ihre Liebe erneut entfacht und waren sich darin einig, an ihrer Beziehung weiter zu arbeiten. Beide waren die gleichen und doch wundersam verändert.

1. Wenn Ihre Partnerschaft Sie aus Ihrer Sicht nicht zufrieden stellt, nehmen Sie sich einen Zeitraum vor, z. B. 6 Monate, und investieren Sie so viel in Ihre Partnerschaft, wie Sie noch nie investiert haben. Kaufen Sie Blumen, machen Sie Ihrem Partner täglich eine Freude, kümmern Sie sich um ihn und fangen Sie an, ihn neu zu lieben. Sie werden erstaunt sein, über das, was dann mit Ihnen beiden passiert.

2. Versuchen Sie gemeinsam mit Ihrem Partner/in, die Tücken der Kommunikation zu erkennen und finden Sie zu einem aktiv-konstruktiven Feed-Back zurück.

3. Fokussieren Sie gemeinsam, was in ihrer Partnerschaft hervorragend funktioniert, auf was Sie stolz sind, was außergewöhnlich ist. Schreiben Sie diese Erkenntnisse auf.

Literatur Abschnitt 3.4:

Umarmungen: Field (2005), Klein (2008), 267 ff.

Schwierigkeiten moderner Partnerschaften: Ben-Shahar (2009), S. 151 ff., Bem (1996), Gottman/Silver (1994), Klein (2008), S. 199 ff.

Negative Kommunikationsspirale: Gottman/Silver (1994).

Glückliche Partnerschaften: Ben-Shahar (2007), S. 111 ff., Ben-Shahar (2010), S. 37 ff., 69 ff., 89 ff., Schnarch (2009).

Aktive konstruktive Kommunikation: Gable et al. (2004), Jimènez (2010), S. 158 ff., Gottman/Silver (1994), Gottman/Gottman/De Claire (2006), Schnarch (2009).

Anregungen zur Investition in die Beziehung: Winterheller (2004), S. 112 ff.

Zur gewaltfreien Kommunikation: Rosenberg (2002).

Medien und Beziehungen: Ben-Shahar (2009), S. 156 ff.

3.5
My Happiness Management – wie werden wir glücklicher und wie nicht – Grenzen der positiven Psychologie

3.5.1
Vom falschen Selbstbewusstsein

Zu Beginn des Buches haben uns die Experimente der amerikanischen Wissenschaftler verwundert, die zeigten, wie kurz die Auswirkungen von glücklichen und unglücklichen Lebenssituationen auf unser Glücksgefühl sind. Egal, was uns im Leben auch passiert, fast immer finden wir uns kurze Zeit danach wieder auf unserem ursprünglichen Glücksniveau wieder. Durch vermehrte Anstrengung und einen immer höheren Energieeinsatz versuchen wir, unser Selbstbewusstsein zu stärken. Applaus, Lob und Anerkennung Dritter winken uns tatsächlich nach erreichten Zielen, doch nur kurz spüren wir die angenehmen Auswirkungen. Wir werden süchtig nach Status und sehnen uns nach einem längeren Auskosten der geernteten Früchte. Diese Art des vermeintlichen *Selbstbewusstseins* ist *abhängig* von äußeren Umständen, unsere Glückskurve bleibt auf konstantem Niveau, unterbrochen von kurzzeitigen positiven und negativen Ausschlägen. Wir haben das Gefühl, von anderen Menschen bewertet zu werden und setzen alles daran, diesen Anforderungen gerecht zu werden. Diese Art zu leben ist ohne Aussicht auf lang anhaltende Erfolgsgefühle, weil wir nicht für unser eigenes Glück leben, sondern uns für die Meinungen anderer anstrengen. Dieses unerfüllte Bemühen kostet sehr viel Kraft, umso mehr als wir nur zufällig unsere Stärken mit einbringen dürfen und sich die Meinungen unserer Mitmenschen zudem ändern können. Werden wir nun z. B. kritisiert, werden wir sogar aggressiv oder defensiv. Wir dienen schon einem fremden Herrn, mühen uns redlich ab und machen es dann doch nicht richtig. Ein frustriertes Leben, an dem die anderen Menschen schuld sind, ist die logische Schlussfolgerung.

In den vergangenen Kapiteln haben wir einen anderen Weg aufgezeigt. Mit Hilfe der positiven Psychologie haben wir die Erkenntnisse der Wissenschaft dahingehend untersucht, wie wir unser generelles Glücksniveau anheben können. Die Reise hat uns weg von äußeren Lebenssituationen tief in unser Inneres geführt, zum Erleben bzw. der inneren Wahrnehmung. Wie raffiniert uns unser Gehirn seine eigene geschaffene Realität als Wirklichkeit vorgaukelt, ist anfangs schwer zu durchschauen. Haben wir sie aber einmal entdeckt, können wir diese Kraft für unser eigenes Lebensgefühl ausnutzen. Wir erkennen, wie sehr uns unser evolutionsbedingter Fokus auf das Negative und die Medien in einen Teufelskreislauf stürzen. Erst die tägliche Konzentration auf das vorhandene Positive in unserem Leben, der geschärfte realistische Blick für das „Hier und Jetzt" lässt uns dankbar und großzügig werden. Wir erkennen, dass uns das Leben liebt und dass wir glücklich sein dürfen. Die Verän-

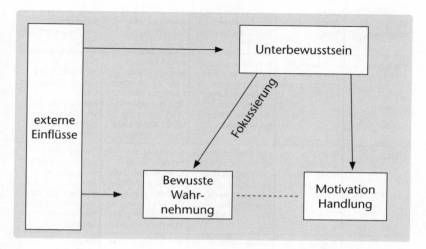

Abbildung 20:
Externe Einflüsse auf unser Glücksempfinden

derbarkeit der Hirnstrukturen ist die Basis für unser Lebensglück. Erst seit kurzem verstehen wir auf einer wissenschaftlich fundierten Basis, warum fernöstliche Meditationstechniken und Lebensweisen in der Lage sind, gute Gefühle zu produzieren.

Wir dürfen unser Leben auf unsere eigenen Ziele ausrichten, die uns selbst bedeutsam sind und in die wir unsere Stärken einbringen können. Unser Leben muss uns Spaß machen, so einfach ist der Auftrag an jeden einzelnen von uns. Dann erreichen wir ein *unabhängiges* Selbstbewusstsein, in dem wir uns nicht mit anderen vergleichen. Einzig und allein, unsere eigenen Potentiale auszuschöpfen, ist unser Ziel, und es uns selbst zu beweisen. Diese Art des unabhängigen Selbstbewusstseins hat sich in wissenschaftlichen Untersuchungen als sehr stabil erwiesen. Dies verwundert kaum, da es eben nicht den täglichen äußeren Geschehnissen unterworfen ist.

In der höchsten Stufe des *bedingungslosen* Selbstbewusstseins gibt es übrigens gar keine Abhängigkeit mehr, auch der Kampf gegen sich selbst steht nicht im Vordergrund. Vielmehr werden wir eins mit den anderen und das eigene Ego löst sich auf. So wie uns ein Lachen eines Mitmenschen zum Lachen bringt, fühlen wir uns Teil des Ganzen und müssen uns nicht ständig beweisen.

„Sobald Du Dir vertraust, sobald weißt Du zu leben."
[Goethe]

Auch durch unser Tun können wir uns positiv verändern, jedoch haben viele Menschen im Laufe ihres Lebens eine Angst vor dem Versagen entwickelt, die uns beim Tun hemmt. Diese Angst entspringt dem *abhängigen* Selbstvertrauen, ist doch unser Handeln auf die Anerkennung Dritter ausgerichtet. So wie die Medien unsere

My Happiness	Problem heute	Das Problem wird durch die Medien verstärkt	Resultiert aus Evolution	Kann gelöst werden durch
Wahrneh-mung	Wir verwech-seln Wahr-nehmung und Wirklichkeit.	Medien werden ein immer größe-rer Teil unserer Wahrnehmung und produzieren meist ein schlech-tes Weltbild.	Unser Gehirn braucht die Si-cherheit zwischen eigenem Weltbild und der eigenen Wahrnehmung. Es stützt daher unser inneres Weltbild.	Fokussierung auf Dankbarkeit, Großzügigkeit und Liebe. Meditation fokus-siert das (unver-zerrte) Hier und Jetzt.
Ziele	Fremdbe-stimmtheit durch Dritte (z. B. Eltern).	Die Medien glorifi-zieren die Ziele der Gesellschaft und verstärken unter-bewusst unsere Fremdbestimmt-heit.	Unser Gehirn braucht die Si-cherheit zwischen eigenem Weltbild und der eigenen Wahrnehmung. Es stützt daher unser inneres Weltbild.	Unsere Ziele/ Lebensziele müs-sen bedeutsam sein und uns Spaß machen. Wir müs-sen unsere eigenen Stärken einbringen können.
Tun	Angst vor dem Versagen. Aufschieben.	Medien zeigen nur das Ergebnis ein-zelner, nicht den Prozess, der hinter der Leistung steht.	Wir sind gewohnt, uns nach äußer-lichem Erfolg zu vergleichen (wer hat das größte Haus, das teuerste Auto …). Selten vergleichen wir unser wirkliches Glücksniveau.	Rituale, ins Tun kommen. Etwas tun, was die Grenzen unserer Vorstellung sprengt (Verrück-tes oder Peinliches tun). Keine Ver-gleiche mit Drit-ten.
Partner-schaften	Gewöhnung an das Gute und Reiz des Neuen.	Medien unter-streichen die Suche und das Finden der Bezie-hung, die „Bezie-hungsarbeit" wird in den meisten Filmen ausgeblen-det.	Wir sind auf Veränderungen eingestellt, „The exotic is erotic".	Pflege der Partner-schaft, aktives, positives Feedback, positive Kommunikation, Dankbarkeit für die Partnerschaft (selbst im Konflikt) sich selbst hinter-fragen.
Energie-reserven	Zu wenig Bewegung, zu kurze Erho-lungsphasen, zu viel Stress.	Medien und moderne Tech-nik lassen uns zu-nehmend passiver werden (wir müs-sen uns nicht be-wegen). Zudem wird das Bild des erfolgrei-chen Menschen mit seiner ständi-gen Erreichbarkeit verherrlicht.	Bild des Menschen in früheren Zeiten. Tagsüber hat er sich als Jäger erschöpft, nach getaner Arbeit hat er geschlafen.	Ausreichend Schlaf, ausrei-chend Bewegung, Meditation.

Tabelle 9:
Instrumente von My Happiness

Wahrnehmung ständig verzerren und uns förmlich den Untergang der Welt prophezeien, so fatal ist die ständige Reizüberflutung mit übermenschlichen Leistungen. Der oft jahrelange Prozess mit sei-nen Irrungen und Wirrungen wird ausgelassen und erzeugt ein schwaches Selbstwertgefühl in uns. Wenn wir nicht jeden Tag das versuchen und ausprobieren, was uns in unseren Zielen bestimmt ist, leidet unser *unabhängiges* Selbstvertrauen. Mut bedeutet nicht, keine Angst zu haben. Mut bedeutet, sich von der eigenen Angst nicht vom Ziel und Tun abbringen zu lassen.

Die Beziehungen zu unseren Mitmenschen bilden eine der größten Säulen für unser Glücksgefühl. Auch hier verzerrt die mediale Welt unsere Wahrnehmung. Nicht ein ständiges Suchen und Finden des perfekten Partners ist die Lösung, sondern die Pflege der wahren Liebe und die eigenen Investitionen in die Partnerschaft. Auch was unsere Beziehung angeht, haben wir das Staunen und die Dankbarkeit verlernt, die wir dringend wieder üben müssen.

Dies gilt nicht nur für romantische Liebesbeziehungen, sondern auch für unser Familienleben, unser Verhältnis zu Freunden, Arbeitskollegen, prinzipiell zu allen Menschen, mit denen wir im Kontakt stehen.

Jegliche Veränderung fällt uns aber ungleich schwerer, wenn unsere Energietanks nicht gefüllt sind. Körperliche Ertüchtigung und ausreichend Erholung und Schlaf sind wichtige Eckpfeiler. Betreiben wir Raubbau an unserem Körper, büßen wir das mit einem geringeren Glücksniveau.

3.5.2
Grenzen der positiven Psychologie

Die Botschaften der positiven Psychologie, gepaart mit den neuen Erkenntnissen der Hirnforschung, stimmen uns enthusiastisch und wir haben auch allen Grund dazu. Wissenschaftliche Erkenntnisse zeigen jedoch auch die Grenzen der positiven Psychologie auf. Nicht alles ist veränderbar, so sehr die Selbsthilfebücher das auch herausposaunen mögen. Nach dem derzeitigen Stand der Forschung sind ca. 50% unseres Glücksgefühls in unseren Genen determiniert, weitere 10% sind von Umwelteinflüssen bestimmt und nur die verbleibenden 40% sind durch die oben beschriebenen Techniken veränderbar.

Auch wenn unsere Potentiale nicht unbeschränkt sind, liegt knapp die Hälfte unseres empfundenen Glücks in unserer Hand.

Unrealistische Bemühungen ziehen Frustration nach sich, weil sie trotz hoher Anstrengungen nicht erreicht werden. Dies ist nur hinderlich für den eigenen Veränderungsprozess.

Wir müssen den Gesetzen der Natur gehorchen, ob wir wollen oder nicht. Wir können unser Schicksal jedoch aktiv akzeptieren, anstatt uns als Opfer unserer Gene zu fühlen. Dabei sollten wir uns die Erlaubnis geben, Mensch zu sein mit all unseren Fehlern und Schwächen. Egal, was wir versuchen und wie groß die Potentiale auch sein mögen.

Am leichtesten fallen uns Veränderungen, wenn wir über unser menschliches Scheitern schmunzeln können und es dennoch erneut versuchen. Die guten und die schlechten Dinge werden in unserem Leben passieren, egal ob wir es wollen oder nicht. Wie wir als Mensch mit all unseren phantastischen Fähigkeiten mit diesen Situationen umgehen, bleibt die große Kunst des Lebens. Wir werden uns von Schicksalsschlägen erholen, und je eher wir diese für temporär und spezifisch erklären, umso leichter wird uns das fallen.

„Gott gebe mir die Gelassenheit, Dinge hinzunehmen, die ich nicht ändern kann, den Mut, Dinge zu ändern, die ich ändern kann, und die Weisheit, das eine vom anderen zu unterscheiden."

[Friedrich Christoph Oetinger]

Fallstudie   **Happy family/Teil 9: Wünsche des Lebens**

Wilhelm und Lisa hatten die letzten Seiten von My Happiness gemeinsam gelesen. „40% unseres Glücksgefühls liegt in uns selbst verborgen" resümierte Wilhelm, „das ist viel". Ihm gefiel es gut, dass die Wissenschaftler auch die Grenzen der eigenen Veränderung aufzeigten. Das gab ihm Sicherheit. Wilhelm hielt viel von wissenschaftlichen Arbeiten, schließlich vermutete er hinter jeder Information auch immer eine Absicht, die eine andere Person damit verband. Weil er auch wenig von reiner Mystik hielt, hatte er mit Interesse die wissenschaftlichen Experimente gelesen. Doch Wilhelm war Pragmatiker. So wollte er bereits Überprüftes an sich selbst ausprobieren. Schließlich nützte es weder ihm noch der Wissenschaft, wenn eine Versuchsgruppe in Amerika glücklicher würde, er aber nicht.

So war vielleicht für ihn der einzig relevante Punkt der wissenschaftlichen Arbeiten gewesen, dass sie ihn neugierig genug machten, es selbst auszuprobieren. Natürlich hatte es ihm auch viel geholfen, dass Lisa so experimentierfreudig gewesen war und sie die gemeinsamen Erfahrungen ausgetauscht hatten.

Lisa und Wilhelm blickten auf die letzten Wochen zurück. Es hatte sich nichts Dramatisches in ihrem Leben geändert. Es waren eher Kleinigkeiten, die sich aber von Tag zu Tag besser anfühlten und in Wirklichkeit das Lebensgefühl ausmachten. Durch ihre Dankbarkeitsübungen empfanden sie ihren Alltag und ihre Beziehung deutlich angenehmer und freuten sich jeden Tag ein wenig mehr, dass sie vom Schicksal gesegnet waren. Sicherlich hatte der bewusste Einsatz der Medien diesen Effekt noch verstärkt und sie sensibel für den Grad medialer Beeinflussung gemacht.

Wilhelm hatte durch den Einsatz von Sport und Ruhepausen in seinem Leben richtig Energie getankt. Er sprühte geradezu vor Lebensfreude und Tatendrang und anstehende Probleme jagten ihm weniger Angst ein.

Lisa und Wilhelm wussten, dass ihnen beiden in ihrem Leben viele Wege offen standen, glücklich zu werden, und dass der Wunsch nach Glück und Zufriedenheit tief in ihnen verborgen lag. Sie waren bislang zu brav und zu scheu gewesen, diesen Wusch auszuleben und hatten eine große Angst entwickelt, WIRKLICH das zu tun, was ihnen viel Spaß machte. Beiden hatte deshalb die Übung, ihre persönlichen Ziele zu entdecken, sehr viel geholfen. Lisa und auch Wilhelm sahen jetzt klarer vor sich, was ihnen das Leben bot. In der Übung, Verrücktes einfach zu tun, hatten sie gelernt, ihre eigenen Grenzen zu überwinden. Mit diesem Gefühl, die hausgemachten Ängste zu überwinden, hatten sie ihre gelernten Limitationen gesprengt.

Sie hatten am eigenen Leib gespürt, wie gut es ihnen tat, wenn sie ihren eigenen Wünschen einfach nachgaben. Erst jetzt hatten sie die Worte Goethes richtig verstanden.

„Unsere Wünsche sind Vorgefühle der Fähigkeiten, die in uns liegen, Vorboten desjenigen, was wir zu leisten imstande sein werden."   [Goethe]

Vor allem hatte aber ihre eigene Beziehung von ihrer Entwicklung profitiert. Lisa und Wilhelm hatten verstanden, dass sie selbst ihres Glückes Schmied waren. Jeder von ihnen hatte es in der Hand, mit dem anderen glücklicher zu werden. Beide begannen, sich gegenseitig selbst aktiv und konstruktiv zu bestärken und bei aufkommender Unzufriedenheit erst in sich selbst hinein zu hören.

Wilhelm war verwundert, wie stark er selbst sein Glück beeinflussen konnte und dass er viel weniger von externen Einflüssen abhängig war. Nicht seine Umwelt musste sich verändern, sondern er selbst.

„Ebbe und Flut wird es in meinem Leben immer geben, so ist die Natur des Menschen. Auf jede Welle folgt ein Wellental, es geht ab- und aufwärts. Wer dies verändern will, wird wohl scheitern. Die Kunst des Lebens ist es, die hohen Gipfel genießen zu können und auch aus Rückschlägen etwas Positives ziehen zu können. Letzen Endes ist das Leben eben Ansichtssache. Das macht mich in Wirklichkeit viel unabhängiger von dem, was mir im Leben zustößt und eigentlich müsste ich mich viel weniger fürchten. Lass uns das „unabhängige Selbstbewusstsein" anstreben, von dem im letzten Kapitel die Rede war! Eigentlich ist es einfach, glücklich zu sein, aber verdammt schwer, einfach zu sein".

Lisa lächelte und stimmte Wilhelm zu. Auch sie war froh, wie sich ihr gemeinsames Leben jetzt anfühlte und sie war stolz darauf, dass sie Wilhelm an ihrer Seite hatte.

Übungen

1. Wo in Ihrem Leben können Sie sich die „permission to be human" geben? In welchen Situationen können Sie sich akzeptieren, so wie Sie sind und dennoch Veränderungen in Ihrem Leben voranzutreiben? (Veränderung soll nicht heißen, die Vergangenheit zu bedauern sondern vielmehr, sich auf eine noch bessere Zukunft zu freuen.)
2. Wo in Ihrem Leben bauen Sie Ihr Selbstbewusstsein auf der Anerkennung anderer auf? In welchen Bereichen definieren Sie sich bereits darüber, es nicht anderen, sondern sich selbst zu beweisen?

Literatur Abschnitt 3.5

Selbstbewusstsein: Baumeister/Campbell/Krueger/Vohs (2003), S. 1–44, Branden (1995), Branden (1997), Crocker/Park (2004).

Zur Bestimmung des Happiness Niveaus durch Gene, äußere Einflüsse und innere Einstellung: Lyubomirsky (2005), Klein (2008), S. 108 ff.

Zwillingsforschung: Lykken (1999).

4.
Corporate Happiness als Führungssystem:
Auf dem Weg zu einer neuen
Unternehmenskultur

◆

Um etwas leisten zu können, muss jeder seine
Tätigkeit für wichtig und gut halten.

[Leo N. Tolstoi]

Wir haben uns die Grundlagen für Corporate Happiness bereits geschaffen!

Sie haben in den vergangenen Kapiteln dieses Buches erfahren, wie Sie Ihr eigenes Glück beeinflussen können. Dieses Wissen können Sie bereits jetzt in Ihrem Leben anwenden, denn es spielt nicht nur im beruflichen Alltag, sondern auch in Ihrer Partnerschaft, in Ihrem Freundschaftskreis, in Ihrem gesamten Wohlbefinden eine große Rolle.

Doch wir wollen es nicht beim rein „privaten Gebrauch" belassen, sondern den Mitarbeitern im Unternehmen, die jeden Tag Entscheidungen fällen müssen, eine echte Anleitung bieten, wie sie ihr Unternehmen oder ihre Abteilung gestalten.

Dafür werden wir das Konzept von My Happiness mit all seinen wissenschaftlichen Erkenntnissen und Ausführungen sozusagen als Basis und Regelwerk für Corporate Happiness gebrauchen.

Kann eine auf Happiness ausgerichtete Unternehmenskultur mehr Wohlstand schaffen als traditionelle Ansätze, den Wohlstand zu optimieren?

Alle folgenden Ausführungen betreffen eben nicht nur das Glück des Unternehmens im abstrakten Sinn, sondern in erster Linie das Glück aller beteiligten Menschen im Geschäftsleben. Welche Auswirkungen, Möglichkeiten und Gefahren sich dahinter verbergen können, damit beschäftigt sich das nun folgende Kapitel.

Corporate Happiness – eine Umorientierung

Wenn wir betriebswirtschaftlich über den Erfolg eines Unternehmens reden, sind wir gewohnt, über Renditen, Cash flows und den Aufbau von Vermögensgegenständen wie etwa eines wertvollen Kundenstamms bzw. einer Marke mit hohem Bekanntheitsgrad zu sprechen. Wir haben bereits ein Weltbild kaufmännischer Abläufe verinnerlicht, das uns nach gewissen Mustern handeln lässt. Der Grundstein für diese Wahrnehmung wurde schon maßgeblich in

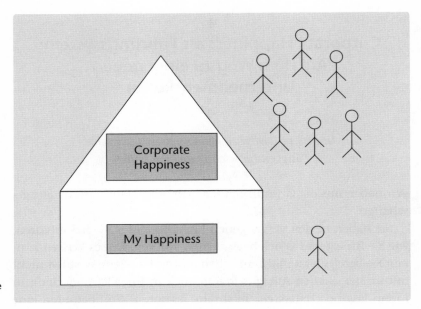

Abbildung 21:
**My Happiness als
Basis für Corporate
Happiness**

unserer Ausbildung gelegt. Ob Lehrer oder Professoren, alle vermittelten uns über die eigentliche Betriebswirtschaftslehre hinaus auch ein Gefühl für das Wertesystem der Geschäftswelt.

So bekommen Studierende nebenbei vermittelt, welche Unternehmen besonders interessant für sie sind und mit welcher Ausbildung und Anstrengung sie einen der ersehnten Jobs ergattern können. Sie handeln (verstärkt) gemäß der ihnen beigebrachten geltenden wirtschaftswissenschaftlichen Theorien und Ansichten, ohne sich dessen jedes Mal wirklich bewusst zu sein.

Wie Sie im ersten Teil des Buches erfahren konnten, haben unsere inneren Weltbilder einen Hang dazu, sich selbst zu bestätigen. Einmal gelernt und genügend wiederholt eicht sich unser Gehirn, und die tief verinnerlichte Welt wird sich dann im Geschäftsleben auch tatsächlich wiederfinden. Nicht zwingend, weil sie richtig ist, sondern weil wir sie alle erwarten, wahrnehmen und entsprechend handeln. Zudem sind viele unserer Arbeitskollegen durch die gleiche „Schule" gegangen wie wir und bestätigen uns ständig in unseren Ansichten. Gleich und gleich gesellt sich eben auch im Arbeitsleben gern, und so scheinen sich gedanklich vorweggenommene Realitäten auch zu bestätigen.

Für anspruchsvolle Jobs suchen wir hochqualifizierte Mitarbeiter, die wir vorwiegend monetär entlohnen und durch variable Vergütungssysteme zusätzlich zum Arbeiten animieren – als Ausgleich für ihre entgangene Freizeit. Wir versuchen, bei unseren Arbeitsabläufen Zeit zu sparen, wo immer wir können, um die Prozessketten noch effizienter zu gestalten. Wir automatisieren, standardisieren und programmieren. Immer mehr sind jedoch viele Mitarbeiter vom hohen Tempo des beruflichen Alltags gestresst. Obwohl wir rationalisieren wie die Weltmeister scheint uns die eigene Zeit davon zu laufen. Wo bleibt der zusätzliche (zeitliche) Genuss bei all der harten Arbeit, die Zeit einzusparen? Rennen wir mit aller Kraft einem vermeintlichen Wohlstand entgegen und laufen gleichzeitig vor unserem eigenen gefühlten Glück davon?

Lassen Sie uns die Welt der Unternehmen einmal anders betrachten – weniger als Organisation, sondern vielmehr bestehend aus Beziehungen zwischen Menschen, die nach ihrem eigenen individuellen Glück streben. Wie wir im ersten Teil des Buches gesehen haben, erscheint dieses Ziel sehr offensichtlich, wohnt doch in unserem Innersten der geheime Wunsch, zufrieden und erfüllt durchs Arbeitsleben zu gehen. Lassen Sie uns Happiness anstatt Geld zum Ziel von Mitarbeitern, Kunden, Lieferanten und Investoren machen. Stellen wir uns Vorgesetzte vor, die selbst geeignete Maßnahmen für ihr eigenes Glück ergreifen, die aber auch ihre Mitarbeiter für die erbrachte Arbeitsleistung in der eigentlichen Währung entlohnen, nämlich deren eigenem Glücksgefühl.

Die Forschungen von Czikcentmihaliy haben uns im Kapitel 3.3 gezeigt, dass höchste Arbeitsleistung und Glücksgefühl kein Widerspruch sein muss. Dies wiederum würde bedeuten, dass ein auf Happiness ausgerichtetes Unternehmen als Konsequenz einer Umorientierung auch tatsächlich betriebswirtschaftlich besser wirtschaften kann!

Kreieren wir uns in unserer Geschichte um Wilhelm ein Beispielunternehmen, die *Happiness AG*, deren Geschäftsführung sich aktiv um das Glücksgefühl ihrer Mitarbeiter kümmert. Doch nicht nur das Wohlergehen der eigenen Angestellten steht im Fokus der Geschäftsleitung, sondern auch das aller anderen Bezugsgruppen. So sieht die Happiness AG auch ihre Kunden primär als Menschen mit ihren individuell empfundenen Glücksgefühlen. Aber auch gegenüber Lieferanten, Investoren und anderen Stakeholdern wird sich das Unternehmen eher an deren Emotionen orientieren als an den üblichen betriebswirtschaftlichen Messgrößen (vgl. Abbildung 1, S. 19).

Natürlich soll die Happiness AG als wirtschaftlich gesundes Unternehmen Gewinne erwirtschaften und ihre Mitarbeiter entsprechend entlohnen. Die interessante Fragestellung ist aber, ob eine grundsätzliche und ganzheitliche Orientierung an Happiness nicht nur alle Stakeholder des Unternehmens glücklicher macht, sondern zudem auch zu höheren Renditen führen kann.

Wenn dies, wie im Folgenden gezeigt wird, wirklich so ist, dann ist es Aufgabe der Unternehmensführung, mit allen Mitteln eine solche Unternehmenskultur zu schaffen. Denn wie der Einfluss der Medien auf das Individuum, so prägen uns auch die im Unternehmen übermittelten Werte ungemein und beeinflussen unser tägliches Handeln. Eine Studie von Ross und Samuels belegt dies eindrucksvoll. Studenten wurden an der Stanford Universität gebeten, ihre Mitstudenten in zwei Gruppen einzuteilen. Sie mussten diejenigen, die im Team Probleme lösen (Kooperation), von denjenigen trennen, die durch Siegen und Besiegt werden zu Lösungen kamen (Kompetition). Man teilte nun die Gesamtheit aller Studierenden willkürlich in zwei Gruppen auf und spielte zwei Spiele mit ihnen – in Wirklichkeit gab es keinen Unterschied zwischen den Spielen, nur die *Benennung* des Spiels war unterschiedlich. Während das eine Spiel „community game" genannt wurde und Teamfähigkeit implizierte, trug das vermeintlich andere Spiel den Namen „Wall street game", was die Studierenden eher ein skrupelloses Spiel erwarten ließ. Das Ergebnis war verblüffend. Egal, ob die Spieler zuvor als kooperativ oder kompetitiv von ihren Freunden eingeschätzt worden waren, sie verhielten sich in ihren Strategien und Handlungen dem Namen des Spiels entsprechend. Wer am „community game" teilnahm, versuchte gemeinschaftlich zum Ziel zu kommen, wohingegen die Teilnehmer des „Wall street games" sich signifikant egozentrischer benahmen. Gerade aufgrund der in diesem Buch schon oft beschriebenen Kraft der Weltbilder und der Strahlkraft der eigenen Unternehmenskultur ist es wichtig, möglichst umfassend eine Happiness Kultur im Unternehmen zu etablieren. Vorgesetzte, Mitarbeiter, Kunden und Lieferanten, im Prinzip alle Beziehungen zwischen den einzelnen Personen müssen berücksichtigt werden, um die Wahrnehmung aller auf das „Happiness Game" auszurichten.

Aufgrund der vielfältigen und unterschiedlichen Arten von Beziehungen zwischen den einzelnen Stakeholdern der Happiness AG werden wir uns schrittweise um deren Optimierung kümmern. Zu-

„Das eigentliche Versäumnis des Managements ist es, nicht die richtigen Fragen zu stellen."
[Peter Drucker]

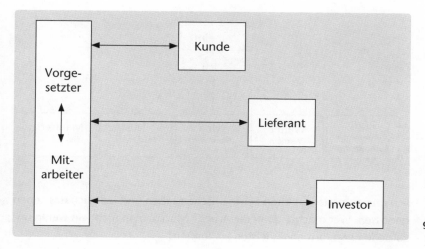

erst betrachten wir das Verhältnis zwischen Vorgesetzten und ihren Mitarbeitern, danach widmen wir uns den Beziehungen zwischen den Mitarbeitern untereinander. Wenn wir auf diese Weise eine auf Happiness ausgerichtete interne Unternehmenskultur geschaffen haben, werden wir die anderen (externen) Stakeholder mit einbeziehen (vgl. Abbildung 22).

Zum Abschluss werden wir – streng betriebswirtschaftlich – Bilanz ziehen und Chancen und Risiken der Happiness AG untersuchen.

Happy company/Teil 1: Die Happiness AG!   `Fallstudie`

Wilhelm war euphorisiert von seinen eigenen Erfahrungen und seiner persönlichen Entwicklung der letzten Wochen! Er fühlte sich richtig wohl in seiner Haut, dabei hatte sich sein Leben eigentlich nicht groß geändert. Zusätzlich freute sich Wilhelm auch über Lisas Veränderungen. Einerseits wirkte sie jeden Tag ein wenig glücklicher, ja ihre Augen glänzten voller Lebensfreude, andererseits genoss er selbst natürlich auch, dass Lisa zufriedener und ausgeglichener war. Beide hatten weniger Streit und erlebten ihre gemeinsame Zeit viel intensiver.

Doch Wilhelm war auch Geschäftsmann – ließen sich die gleichen Ergebnisse auch im Zusammenleben von Mitarbeitern und Chefs erzielen? Er dachte nach:

Natürlich wäre die Vorstellung wunderbar, aber bedeutete Arbeit nicht auch, sich anstrengen zu müssen? Sicher würde ein auf Happiness ausgerichtetes Unternehmen nicht funktionieren, wenn alle Mitarbeiter glück-

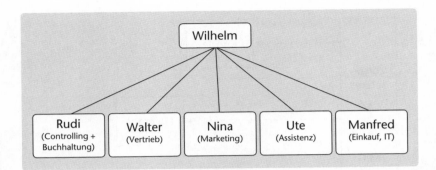

lich und zufrieden an ihren Schreibtischen saßen und lediglich das Leben genossen. Wer machte dann die Arbeit? Musste man nicht ein wenig unzufrieden sein, um etwas leisten zu können?

Wilhelm war sich unsicher und blickte auf seine eigenen Erfahrungen von My Happiness zurück. Eigentlich hatte er sich im Verlauf der letzten Wochen sogar mehr angestrengt, schließlich war er neuen Zielen nachgegangen wie seinem geliebten Gitarre spielen. Zudem hatte er Sport gemacht, was er früher kaum getan hatte. Doch letztendlich war er erfüllter und schien über viel mehr Energie zu verfügen und er hatte den Eindruck, dass er seine Probleme endlich im Griff hätte. Zusammen mit Lisa bastelte und experimentierte er täglich und war sehr zufrieden in der positiven Glücksspirale.

Mehr Leistung bei mehr Zufriedenheit und Ausgeglichenheit

Doch nun winkte ein Win-Win für das gesamte Unternehmen! Es war kaum zu glauben, ein Geschenk für Unternehmer, Chefs, Mitarbeiter und Kunden schien Wilhelm in greifbarer Nähe.

Wilhelm nahm sich ein Herz und benannte innerlich seine „DOLLAR AG" in „HAPPINESS AG" um. Er war gespannt, wie er und seine Mitarbeiter von den neuen Erkenntnissen profitieren konnten. Gleich am nächsten Arbeitstag versammelte er seine Mitarbeiter und erklärte Ihnen ausführlich das bevorstehende Experiment. Jeder seiner Mitarbeiter sollte bis zum nächsten Treffen „My Happiness" durcharbeiten, ehe sie in einer Woche gemeinsam versuchen würden, mit Corporate Happiness durch glückliche Beziehungen untereinander jedem zu nutzen, den Angestellten der HAPPINESS AG sowie den Eigentümern des Unternehmens!

Übungen

1. Wie hoch schätzen Sie das Glück der einzelnen Stakeholder Ihres Unternehmens ein? Beschäftigen Sie sich ausgiebig damit, was

Sie und Ihr Unternehmen für das Glück von Vorgesetzten, Mitarbeitern, Kunden und Lieferanten tun.

2. Welche langfristigen Potentiale könnten sich Ihrer Ansicht nach durch glückliche Mitarbeiter und Kunden in Ihrem Unternehmen bieten?

Literatur Abschnitt 4 :

Arbeit und Glück: Frey (2010 f), S. 149–151.
Cooperation or competition: Samuels/Ross (2004).

4.1
Das Spannungsverhältnis zwischen Mitarbeitern und Vorgesetzten im Blickwinkel der positiven Psychologie

Ehe wir uns konkreten Maßnahmen nähern, sollten wir uns mit zwei wesentlichen Einflussfaktoren auf das Glücksgefühl der Mitarbeiter beschäftigen: dem scheinbar zunehmendem Stress und der gefühlt immer knapper werdenden Zeit. Doch woher rühren der immer stärker wahrgenommene Druck der Arbeit und das hohe Tempo in den Büros, mit dem die Mitarbeiter immer schlechter zurechtkommen, und noch wichtiger: Was können wir dagegen tun?

4.1.1
Die Stressfalle für Chef und Mitarbeiter

Betrachten wir Stress aus gesundheitswissenschaftlicher Sicht. Die Krankheitsbilder der Menschheit haben sich in den vergangenen hundert Jahren extrem verändert. Waren unsere Vorfahren vor allem akuten Gefährdungen ausgesetzt (Infektionskrankheiten, Sterblichkeit der Mütter bei der Geburt etc.), haben wir es heute mit komplett anderen Bedrohungen unserer Gesundheit zu tun. Bluthochdruck, Diabetes, Alzheimer, Krebs, Osteoporose, Magengeschwüre und vieles mehr sind die Folge der schleichenden (Fehl)Entwicklungen in unserem Körper. Andauernder ungesunder Lebenswandel begünstigt die Entstehung oder die Verschlimmerung vieler der aufgezählten Krankheiten. Fast immer ist eines der Grundübel ein fortdauernder Stresszustand. Doch was ist Stress genau und warum gibt es aktive 90-jährige, die in ihrem Leben dem gleichen Stress

Stress ist die Ursache für viele Krankheiten, die uns heute plagen.

Körpersystem	Für Stressreaktion wichtig, also hilfreich zum Kampf oder zur Flucht?	Aktiv/nicht aktiv
Energiezufuhr (Luft/Blutzucker)	Ja, Energie z. B. für Muskulatur	Aktivierung
Blutdruck	Hoher Druck wichtig, damit Energie schnellstens zu den Muskeln gelangt	Aktivierung
Konzentration	Alle Reize werden in diesem Alarmzustand als gleich wichtig erkannt, Konzentration erschwert, lenkt nur von Flucht/Kampf ab	Deaktivierung
Immunsystem	Nein, wird erst nach dem „Überleben" wieder wichtig	Deaktivierung
Wachstum	Nein, wird erst nach dem „Überleben" wieder wichtig	Deaktivierung
Wundheilung	Nein, wird erst nach dem „Überleben" wieder wichtig	Deaktivierung
Verdauung	Nein, wird erst nach dem „Überleben" wieder wichtig	Deaktivierung
Fortpflanzung	Nein, wird erst nach dem „Überleben" wieder wichtig	Deaktivierung

Tabelle 10:
Stressreaktion
des Körpers zur
Vermeidung einer
kurzfristigen
Gefahr

ausgeliefert waren und andere, die an den Folgen des gleichen Stresses früh gestorben sind?

Warum die Reaktion des Körpers auf Stress unseren Vorfahren das Leben gerettet hat

Hierfür müssen wir zuerst verstehen, welche Reaktion des Menschen auf Stress sich in der Evolution durchgesetzt hat. Stellen wir uns vor, ein Löwe spürt uns in der Savanne auf und droht, uns zu fressen. Uns verbleiben Sekunden, die über unser weiteres Leben entscheiden. Je schneller wir reagieren und weglaufen, desto höher ist unsere Überlebenswahrscheinlichkeit. Hierfür hat unser Körper eine unglaubliche Fertigkeit entwickelt. Er mobilisiert in kürzester Zeit alles nur Erdenkliche, was uns zur Flucht oder im Kampf helfen kann (vgl. Tabelle 10). Um jede Energiereserve zielgerichtet gegen den lebensbedrohlichen Angriff einsetzen zu können, reduziert unser Körper alle Aktivitäten, die im Überlebenskampf nicht zwingend jetzt benötigt werden.

Diejenigen unserer Vorfahren, deren Körper schneller und effektiver auf Stressfaktoren reagiert hat, haben sich mit einer höheren Wahrscheinlichkeit fortgepflanzt. So hat sich im Laufe der Evolutionsgeschichte eine hoch entwickelte, automatische Antwort unseres Körpers auf Stress entwickelt.

Wenn wir uns jedoch vor dem Löwen in Sicherheit gebracht haben, stellt unser Körper nahezu automatisch unser anfängliches Gleichgewicht her. Die zugeführte Energie ist durch Laufen und Kampf aufgebraucht, der Blutdruck normalisiert sich und alle „abgeschalteten" Körpersysteme werden jetzt wieder aktiviert. Sind wir dem Löwen noch einmal entkommen, ist es wieder an der Zeit, längerfristige Ziele wie Wachstum, Wundheilung und Fortpflanzung anzugehen. In einer Situation, in der wenige Augenblicke über Leben und Tod entscheiden, wäre es fahrlässig gewesen, den Körper mit Langzeitprojekten zu beschäftigen.

Und noch etwas hat sich im Kampf des Menschen um sein Überleben als extrem wirkungsvoll herausgestellt: Wir können Gefahren im Vorhinein durch unseren Verstand erahnen.

So haben unsere Vorfahren aus ihren zahlreichen Erfahrungen gelernt und Strategien entwickelt, die sie erst gar nicht in die gefährliche Nähe des Löwen kommen ließen. Mit anderen Worten: Wir sind in der Lage, unsere Stressreaktion bereits auf der Basis von Gedanken auszulösen. Ein ganz entscheidender Evolutionsvorteil! Unser Körper hat dadurch eine gewisse Achtsamkeit entwickelt, die uns vor den lauernden Gefahren in der Savanne gut beschützen konnte.

Was uns früher das Leben gerettet hat, gefährdet heute unsere Gesundheit

In der heutigen Zeit sind wir allerdings kaum noch echten lebensbedrohlichen Angriffen von wilden Tieren ausgesetzt. Doch unsere hochentwickelte Welt gibt viele Anlässe, die uns stressen können. Ob wir zu wenig Geld haben, uns vor der Finanzkrise oder zu hohen Steuern fürchten, ob wir verzweifelt versuchen, unseren Terminplan einzuhalten, zu wenig Zeit mit unseren Kindern verbringen, all das beschäftigt uns! Womöglich liegt es an dem Luxus des modernen Menschen, dass er aufgrund von fehlenden wirklichen Bedrohungen um sein Leben zu viel Zeit zum Nachdenken hat und die Lücke mit seinen eigenen Alltagssorgen füllt. Eines ist aber sicher: Bei all unseren Ängsten und Befürchtungen schaltet unser Körper die Stressreaktion ein. Exakt so wie bei der Flucht vor dem

Körpersystem	Aktiv/nicht aktiv	Folge bei zu lange andauerndem Stress (also keiner Rückkehr zum Normalzustand)
Energiezufuhr (Luft/Blutzucker)	Aktivierung	Erhöhter Cholesterinspiegel, Erwachsenen-Diabetes
Blutdruck	Aktivierung	Erhöhter Bluthochdruck beschädigt Gefäße, Cholesterin kann sich besser anlagern
Konzentration	Deaktivierung	Geringere Konzentrationsfähigkeit (vgl. ausführlich Kapitel 4.1.2)
Immunsystem	Deaktivierung	Wir werden anfälliger, Krankheiten zu bekommen sowie schlechtere Heilung (z. B. bakteriell bedingtes Magengeschwür)
Wachstum	Deaktivierung	Geringere Reparatur von Körperzellen, z. B. Osteoporose
Wundheilung	Deaktivierung	Schlechtere Wundheilung
Verdauung	Deaktivierung	Verstopfungen, Blähungen, Durchfall, Darmentzündungen
Fortpflanzung	Deaktivierung	Sexuelle Antriebslosigkeit, unregelmäßiger Zyklus

Tabelle 11:
Folgen von länger andauerndem Stress
(in Anlehnung an Sapolsky [2004])

Löwen in der Savanne reagiert unser Körper, ob wir das wollen oder nicht. Mit einem entscheidenden Unterschied, der uns zum Verhängnis wird: Die Stresssituationen unserer Vorfahren waren real und dauerten ein paar Minuten oder Stunden. Danach war klar, ob wir den Angriff des Löwen überlebt hatten. Zudem gab es nicht wirklich viele solcher Überlebenskämpfe pro Tag. Stressbekämpfung war kurz, selten, aber lebensnotwendig! In unserer modernen Gesellschaft ist das anders. Eine Vielzahl von Sorgen quält uns langandauernd und meistens geht es dabei nicht ums Überleben. Dies führt fatalerweise zu einem Zustand, in dem die Stressreaktion des Körpers viel zu lange angeschaltet bleibt. Der Nährboden für moderne Krankheiten ist bereitet (vgl. Tabelle 11).

Warum werden aber einige von uns im Angesicht von Stress krank, andere nicht? Es ist geradezu erstaunlich, dass es einige Manager mit großer Verantwortung und übervollen Terminkalendern gibt, die dennoch sehr ausgeglichen und stressfrei scheinen. Was machen sie anders?

Versuche mit Ratten, die Stromstößen ausgesetzt worden waren, haben der Wissenschaft hierzu wichtige Hinweise gegeben. So

Rattenexperiment	Reaktion der Ratte	Was hatte den Stress verhindert?
Die Ratte konnte nach einem Stromschlag ihre Zähne in ein Stück Holz beißen oder sich an einer anderen Ratte abreagieren.	Kein Magengeschwür	Abreagieren
Vor jedem Stromschlag leuchtete 10 Sekunden vorher eine rote Lampe.	Kein Magengeschwür	Vorhersageinformation
Die Ratte konnte einen Schalter drücken, um den Stromschlag zu vermeiden. Dies funktionierte sogar dann, wenn sie nur das Gefühl hatte, die Stromschläge kontrollieren zu können, der Schalter also objektiv bedeutungslos war.	Kein Magengeschwür	Subjektive Kontrolle
Wenn das zeitliche Intervall zwischen den Stromschlägen zunehmend größer wurde (also die Situation besser wurde).	Kein Magengeschwür	Anzeichen der Besserung
Wenn das Tier Kontakt zu befreundeten Lebewesen hatte (dieses Experiment wurde mit Affen gemacht).	Kein Magengeschwür	Soziale Unterstützung

Tabelle 12:
Ratten zeigen unter gewissen Umständen keine Stressreaktion (in Anlehnung an Sapolsky [2004])

reagierten Ratten, die willkürlich elektrischen Schocks ausgesetzt wurden (Stress!), prinzipiell mit einem Magengeschwür. Wer ständig in Angst und Schrecken um seine Gesundheit lebt, zahlt einen hohen Preis dafür! Doch den Wissenschaftlern gelang es, Wege aufzuzeigen, durch die die Ratten den Folgen des Stresses entkommen konnten. Tabelle 12 können Sie entnehmen, in welchen Abänderungen des Ursprungsexperiments die Ratten kein Magengeschwür bekamen, obwohl sie den gleichen Stromschlägen ausgeliefert waren.

Doch der amerikanische Wissenschaftler Robert Sapolsky wollte es noch genauer wissen. Waren die Ergebnisse von Tabelle 12 tatsächlich auf den Menschen übertragbar? Ratten waren schließlich keineswegs so komplexe Lebewesen wie der Mensch. Er unterzog Paviane den gleichen Tests. Um eine möglichst gute Übertragbarkeit zu gewährleisten, entschied er sich, seine Tests mit frei lebenden Affen in der Serengeti durchzuführen. An einem Ort, an dem die Affen alles hatten, was sie zum Leben benötigten, konnte er die Ergebnisse bestätigen.

Wer hat mehr Stress – Koch oder Kellner?

Doch Robert Sapolsky trieb noch eine andere Idee: Gab es einen Zusammenhang zwischen sozialem Rang und gefühltem Stress? Menschenaffen haben eine klare Hierarchie untereinander, die durch Kämpfe bzw. deren Androhung klar geregelt wird. Ein ranghöherer Affe kann also jederzeit bestimmen, was sein rangniedrigerer Kollege darf und was nicht (Fortpflanzung, Arbeiten, Essensverteilung etc.). Sapolsky zeigte in seinen Studien, dass ranghöhere Affen tendenziell weniger Stresshormone im Blut aufwiesen als diejenigen, die in der Hierarchie weiter unten standen. Die fehlende Kontrolle der rangniederen Affen äußerte sich also in Stresszuständen. Besonders interessant war allerdings, dass dieser Zusammenhang nur dann galt, wenn die Hierarchie der Affen stabil war. Sobald diese sich erst neu bilden musste – z. B. durch den Tod von ranghohen Mitgliedern – oder generell instabil war, da die Kraftunterschiede zwischen den Affen minimal waren, verhielt es sich genau umgekehrt: Jetzt zeigten die Ranghöchsten die größten Stressanzeichen, da um ihre Plätze am meisten gekämpft wurde.

Gefühlte fehlende Kontrolle ist eine der wichtigsten Erklärungen für Stress.

Sapolsky isolierte noch einen weiteren wichtigen Faktor. So war vor allem die *individuelle Erfahrung* mit Hierarchien und der deren Stabilität von entscheidender Bedeutung. Weniger der tatsächliche Rang und die derzeitige Stabilität der Hierarchie, sondern vielmehr der *rein wahrgenommene* Faktor – z. B. aus früheren Erfahrungen – verstärkte oder verringerte die Konzentration der Stresshormone und die daraus abgeleiteten körperlichen Folgen.

Und noch etwas zeigten die untersuchten Blutwerte der Paviane. Die Persönlichkeit der Affen beim Umgang mit Stress entschied darüber, wie stark die Stressreaktion ihres Körpers war. Diejenigen Affen, die zwischen unbedeutenden und bedeutenden Kämpfen unterscheiden konnten, waren nur halb so viel Stress ausgesetzt. Schließlich machte es einen Unterschied aus, ob ein Affe einer wirklichen Todesgefahr ausgesetzt war oder ein ranghöheres Tier lediglich in die Nähe des Affen kam und ihn irritierte.

Der gleiche Unterschied im Stressverhalten zeigte sich übrigens auch, wenn ein Affe (scheinbare) Kontrolle über die Situation hatte. Kontrollierte man alle beschriebenen Variablen, zeigte sich die größte Stressreaktion aber immer dann, wenn ein Tier sozial isoliert war. Ein Affe, der in einen neuen und ungewohnten Käfig gesetzt wurde, zeigte z. B. nur dann keine Stressreaktion, wenn seine

Freunde mit ihm in diesem Käfig saßen. Die Abhängigkeit von Stress und der Güte des sozialen Netzwerkes steigt übrigens mit steigendem Lebensalter – auch beim Menschen.

Der faszinierende Zusammenhang zwischen Stress und Hierarchie wurde in aufwendigen Studien auch schon beim Menschen untersucht. In der sogenannten „White Hall Study" wurden tausende von Mitarbeitern in englischen Behörden auf „Stress in der Arbeit" untersucht. Welche Hierarchiestufe musste den größten Stress ertragen und mit den negativen gesundheitlichen Folgen zurecht kommen? Die meisten von uns würden den Unternehmensbossen die „Managerkrankheiten" zusprechen, schließlich ist dort die Verantwortung am größten. Waren es also wirklich die Top Manager mit ihren großen Verantwortungsbereichen und den prall gefüllten Terminkalendern? Die Ergebnisse stimmten mit denen der Pavianstudien überein. Den weitaus größten Stress empfanden die Mitarbeiter auf der untersten Hierarchieebene, mehr noch: Mit jeder höheren Position in der Hierarchie ließ der Stress nach, sogar die Lebenserwartung stieg, wenn man die anderen Einflussfaktoren kontrollierte. Nicht die Aufgabenfülle und der Verantwortungsbereich lösten den Stress aus, sondern ob jemand die Kontrolle über seine Aufgabengebiete inne hatte oder lediglich den Anweisungen des Chefs zu folgen hatte. Je weniger die Mitarbeiter „Herren ihrer Zeit und Aufgaben waren", umso eher zeigten sie Stresssymptome und litten unter den gesundheitlichen Konsequenzen.

Was lässt sich hieraus für die Unternehmenskultur ableiten? Zunächst einmal ist von entscheidender Bedeutung, dass auch hier nicht die wirklichen Stressfaktoren das Problem sind, sondern der individuelle Umgang damit.

Wenn Sie als Chef Ihren Mitarbeitern eine weitgehende Eigenverantwortung geben, schützen Sie diese vor den negativen Auswirkungen von Stress, der sich nicht nur in gesundheitlichen Spätfolgen zeigt, sondern vor allem auch in einer verminderten Leistungsfähigkeit. Nur wenn Sie konsequent Ihre Mitarbeiter verantwortlich arbeiten lassen, profitieren Sie vom Glücksgefühl Ihres Teams. Dieser Win-Win unterstützt auch die Selbstregulationsfähigkeit Ihrer Unternehmung. Kleine Störungen durch unzufriedene Kunden oder fordernde Lieferanten können ohne Ihr Zutun als Chef gelöst werden – ähnlich dem Prinzip des menschlichen Körpers, das sich hervorragend selbst regelt. Unser Bewusstsein schaltet sich beispielsweise nur dann ein, wenn unser Körper sich nicht mehr selbst

Was hatte den Stress verhindert?	Corporate Happiness	Ausführliche Behandlung im Kapitel
Abreagieren	Gemeinsame sportliche Aktivität mit Mitarbeitern, um das Stresslevel abzubauen	Sport und Relaxen
Vorhersage-Information	Ankündigung von unangenehmen Situationen in Verbindung mit nachvollziehbaren Erklärungen (z. B. Entlassungen, stressige Reporterstellung für Aufsichtsratssitzung)	Tun und Tun lassen
Subjektive Kontrolle	Letzte Entscheidung, möglichst zusammen mit den Mitarbeitern, möglichst viel wirkliche Delegation	Tun und Tun lassen
Anzeichen der Besserung	Wahrnehmung auf positive Unternehmensentwicklung und persönliche Entwicklung legen, gerade in schwierigen Zeiten	Tun und Tun lassen
Soziale Unterstützung	Team bilden	Das Team beschützen und Spaß verbreiten
Wahrgenommener sozialer Rang	In Mitarbeitergesprächen verzerrte Wahrnehmung aufheben	Tun und Tun lassen
Wahrgenommene Stabilität der Hierarchie	Klare Hierarchien und klare Aufgabenverteilung und konsequente Ausrichtung danach	Tun und Tun lassen
Fähigkeit, wichtige von unwichtigen Kämpfen zu unterscheiden	Vorleben durch Chefs, nur dann zu kämpfen, wenn es wirklich wichtig ist, und unnötige Kämpfe zu vermeiden	Tun und Tun lassen

Tabelle 13: Verhinderung von Stress durch Corporate Happiness

regeln kann (bei Schmerz, Hunger, Durst). Das heißt, Sie als Chef wären nur bei der Vermittlung von Werten und Visionen gefordert oder bei außergewöhnlichen Krisensituationen.

Um dem persönlichen Stresszustand zu entkommen, können Sie natürlich auch zusätzlich ein anderes Heilmittel einsetzen: ganz einfach Sport treiben und sich körperlich verausgaben. So wie bei unseren Vorfahren sich das körperliche Gleichgewicht durch Kampf und Flucht wieder hergestellt hat, so können wir uns auch wieder so oft und so viel bewegen, wie wir das sollten (Genaueres im Kapitel 3.3.4 „Sport als Depressionskiller").

1. Versuchen Sie aufmerksam für Ihren eigenen Stresslevel und den Ihrer Mitarbeiter zu werden. Machen Sie selbst Sport und spornen Sie Ihre Mitarbeiter an, am besten in der Gruppe Sport zu machen. Es gibt unzählige Möglichkeiten, dies auch mit einem netten Abend zu kombinieren.
2. Versuchen Sie, Ihren Mitarbeitern gefühlt eine hohe Kontrolle über ihr Tun in der Arbeit zu ermöglichen. Trainieren Sie sich und andere Vorgesetzte, nachvollziehbare, noch besser vorhersehbare Entscheidungen zu treffen. Stellen Sie hierbei immer das *„besser werden"* in den Vordergrund.
3. Sorgen Sie für klare Entscheidungs- und Weisungsbefugnisse und leben Sie diese konsequent.
4. Trainieren Sie im Team Kommunikation und beachten Sie den Unterschied im Kampf um wichtige oder unwichtige Belange.

4.1.2
Die Zeitfalle für Chef und Mitarbeiter

Neben unserem generellen Stressgefühl scheint uns besonders unsere freie Zeit immer mehr abhanden zu kommen. Am Arbeitsplatz schaffen wir aus Zeitnot kaum noch unser eigentliches Pensum und nehmen uns gelegentlich nicht Geschafftes sogar nach Hause mit. Wir verschicken geschäftliche SMS oder E-Mails oftmals nach Feierabend oder am Wochenende und können dies dank moderner Technologien wie Handy, iPhone und Blackberry auch nahezu orts- und zeitunabhängig tun. In diesem Zusammenhang sei darauf verwiesen, dass es in China bereits die ersten Entzugsstationen für internetabhängige Arbeitstiere gibt (!). Gestresst vom beruflichen Zeitmangel türmen sich aber auch die privaten Verpflichtungen wie Einkaufen gehen, Aufräumen und Kleider waschen, die uns einen gehörigen Teil Freizeit zu stehlen scheinen. Für unsere Partnerschaften, Freunde, Familie und Hobbies verwenden wir dann unsere (wenn überhaupt noch) verbleibende Zeit und oft überkommt uns das Gefühl, unseren sozialen Verpflichtungen dennoch nicht ausreichend nachgekommen zu sein.

Woran liegt es, dass wir im Angesicht zu knapper Zeit die Geisel unserer Aufgaben geworden sind? Ist die Vielzahl unserer Verpflichtungen einfach nicht in 24 Stunden zu schaffen? Bezahlen wir so den technologischen Fortschritt mit geringerer Lebensfreude?

Bizarrerweise hätten wir eigentlich Grund genug, uns heute über richtig viel Zeit zu freuen. Wir können für unsere Besorgungen auf ein ausreichendes öffentliches Nahverkehrsnetz oder ein eigenes Auto zurückgreifen. Niemand muss seine schmutzige Kleidung im Waschzuber säubern und moderne Küchengeräte helfen uns, beim Zubereiten unserer Mahlzeiten Zeit zu sparen. Um die schmutzigen Teller kümmert sich dann die Geschirrspülmaschine.

Der technische Fortschritt hilft uns, viel Zeit zu sparen, aber auch unsere gesamte zur Verfügung stehende Lebenszeit wächst seit Jahren. Keine Generation vor uns hatte einen derartigen Luxus, über so viel Zeit verfügen zu können. Betrachtet man zudem, wie wir die Zeit verwenden, so stellen wir fest, dass wir so viel Freizeit haben wie nie zuvor.

Woher kommt dann unsere gefühlte Zeitnot und welche Möglichkeiten gibt es, die Aufgabenfülle entspannter in den Griff zu bekommen? Schließlich kennt jeder von uns Manager, die trotz vollem Terminkalender immer Zeit für ihre Mitarbeiter haben und andere, die bei weit weniger Aufgaben immer gestresst jeder Erledigung hinterher hecheln.

Der deutsche Wissenschaftsautor Stefan Klein hat in seinem Buch „Zeit – der Stoff aus dem das Leben ist" auf der Basis von vielen Forschungen die wissenschaftlichen Grundlagen zusammen getragen. Diese lassen sich auch auf die Chef-Mitarbeiterbeziehung übertragen, wie wir im Folgenden zeigen werden.

Stellen wir uns also zuerst der Frage, warum wir so viel zu tun haben. Zeit- und Termindruck sind ein gesellschaftliches Problem, dem sich ein Individuum nur schwer entziehen kann. Dass ein höheres Tempo ansteckend ist, haben Wissenschaftler bewiesen. Sie haben einer Gruppe von Versuchspersonen ein Buchstabenrätsel gegeben und die Zeit gestoppt, die sie zur Lösung benötigt haben. Daraufhin mussten die Probanden Buchstabenrätsel in immer kürzerer Zeit lösen. Sie empfanden Stress, unter so hohem Zeitdruck zu arbeiten, schafften ihre Arbeit aber dennoch. Gab man der Gruppe jetzt wieder das anfängliche Buchstabenrätsel und ließ ihnen genauso lange Zeit wie sie beim ersten Mal tatsächlich gebraucht hatten, machte sich eine fast unerträgliche Ungeduld unter den Teilnehmern breit. Mit anderen Worten: Wir gleichen uns unserer hektischen Welt an, ob wir wollen oder nicht. Vergleicht man die durchschnittliche Schrittgeschwindigkeit von Bewohnern einer verlassenen griechischen Insel, fernab des Tourismus, mit denen einer hektischen städtischen Metropole, sind die Ergebnisse erstaunlich. Deutlich schneller bewegen sich die Bewohner der Metropole im Vergleich zu den Inselbewohnern.

Warum unterstützt uns unser Körper bei der Gewöhnung an die Hektik? Die Antwort auf diese Frage liegt in einem Botenstoff in unserem Gehirn, dem Dopamin. Bei jeder Art von neuen Eindrücken schüttet unser Körper Dopamin aus, das uns aktiviert. Wir werden in Kampfbereitschaft versetzt, Sie erinnern sich an die Ausführungen des vorherigen Kapitels. Ähnlich einem Schluck Kaffee genießen wir das Gefühl, aktiv zu sein, das durch die Stressreaktion in unserem Körper ausgelöst wird. Aber wir bezahlen dafür einen Preis: Weil auch die Ausschüttung des Dopamin in unserem Gehirn Gewohnheitserscheinungen unterliegt, sind die Folgen langzeitiger Stress. Wir gewöhnen uns (scheinbar) an immer mehr Eindrücke und sind gestresst. So hält das abendliche Zappen vor dem Fernseher unser Gehirn auf Trab und macht uns süchtig. Durch die schnellen Programmänderungen und Bildwechsel passiert viel und wir werden durch das vermehrte Dopamin erfrischend aktiviert. Erst nach dem Ausschalten des Gerätes fühlen wir oft eine gewisse Leere und spüren aufkommende Unzufriedenheit. Aus demselben Grund kommt uns auch manch Sonntag so unerträglich langsam vor.

Durch den Reiz der Aktivierung, also die kurzfristige Belohnung und durch die Gewöhnung an den schnelleren Takt der Gesellschaft haben wir also immer mehr zu tun, was sich unter anderem in den immer imposanteren Lebensläufen der Absolventen wirtschaftswissenschaftlicher Fakultäten zeigt. Waren früher gute Noten schon eine gute Eintrittskarte für den Job, genügt dies alleine den meisten Personalabteilungen nicht mehr. Eine kurze Studiendauer, viele Praktika, Fremdsprachenkenntnisse mit Auslandsaufenthalten und sogar doppelte akademische Abschlüsse wie Promotion oder Master zählen heute zu den Auswahlkriterien. Haben die Auserwählten dann den heißersehnten Job gefunden und sind längere Zeit im Amt, werden sie dasselbe (und mehr) von ihren späteren Nachfolgern verlangen. Von der „Macht der erlernten Weltbilder" haben wir ja bereits im ersten Teil des Buches gehört!

„In einer vor kurzen durchgeführten nationalen Studie, in der 13.500 College Studenten befragt wurden, berichteten fast 45 Prozent davon, so deprimiert zu sein, dass sie Schwierigkeiten hätten, ihre Aufgaben zu erfüllen und 94 Prozent sagten, dass sie sich durch die Anforderungen im Studium überfordert fühlten."   [Richard Kadison]

Nehmen wir die vielen Dinge, die von uns verlangt werden, kurzfristig als gegeben hin. Was können wir bei gegebenem Arbeitspensum dennoch wirkungsvoll dagegen tun? Die Antwort gibt uns der bereits bekannte Stressregelkreislauf.

Wieder beginnen wir mit einem kurzen Exkurs über das Leben unserer Vorfahren. Wir hören ein Rascheln im Gebüsch und fokussieren uns darauf. Wenn wir unsere Wahrnehmung jetzt auf diesen Reiz lenken wollen, müssen wir alle anderen Reize, die unsere Sinnesorgane aufnehmen, möglichst gut ausblenden können. Unser Gehirn kann das ausgezeichnet, die Wissenschaft nennt diese Fähigkeit zur Konzentration die „Exekutivfunktion". Beim Rascheln im Gebüsch nehmen wir unsere Umwelt in diesem Augenblick also kaum wahr, dafür filtern und verstärken wir in unserer Wahrnehmung alles, was mit diesem eigenartigen Geräusch zu tun hat. Wir bemerken einige Blätter im Gebüsch, die sich bewegen und hören jetzt sogar den Atem eines Tieres, welches sich darunter versteckt. Unser Erregungslevel steigt, wir könnten jetzt einer lebensbedrohlichen Gefahr ausgesetzt sein. Neben der Aktivierung unseres Körpers auf Flucht oder Kampf passiert aber noch etwas anderes. Konnten wir uns zu Beginn der Stressreaktion konzentrieren (wir mussten erst herausfinden, was es ist), empfindet unser Gehirn auf der Flucht oder im Kampf *alle Reize* als *gleichbedeutend, was die Ausrichtung auf neue (wohlmöglich lebensrettende) Reize ermöglicht.* Nichts kann jetzt durch unsere Aufmerksamkeit gefiltert werden, wir befinden uns im Ausnahmezustand! Dies mag unseren Vorfahren zum Vorteil gewesen sein. Bei einer Flucht auf Leben und Tod hat sich unser Körper so entwickelt, dass er sich – nach dem Erkennen der Gefahr – rein um Kampf oder Flucht kümmert. Sich jetzt auf nur einen (möglicherweise falschen) Reiz aus der Umgebung zu fokussieren, könnte die Überlebenswahrscheinlichkeit verringern. In dieser Gefahrensituation dürfen keine neuen Eindrücke ausgeblendet werden. Ohnehin geht es bei der Flucht vor dem Löwen weniger darum, in Ruhe eine ausgeklügelte Strategie zu ersinnen. Rette sich, wer kann!

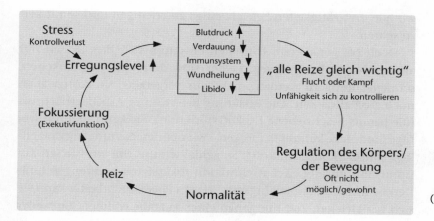

Abbildung 24:
Stress und Gesundheit
(in Anlehnung an Stefan Klein)

Wenn wir diesen Zusammenhang verstehen, erkennen wir, dass wir uns unter Stress kaum konzentrieren können und dass sich unsere Fehler häufen. Dadurch kommen nun wirklich in Zeitnot!

Heute laufen wir vor keinem Löwen davon. Meist wird die Stressreaktion unseres Körpers aus psychologischen Gründen aktiviert. Über die langfristigen gesundheitlichen Konsequenzen haben wir bereits gesprochen. Doch einmal im Stress, entgleiten uns die Dinge mehr und mehr und wir geraten unter Druck.

Mit anderen Worten: Nicht die fehlende Zeit ist das Problem, sondern dass wir das Gefühl haben, wir hätten sie nicht unter Kontrolle. Durch diesen Kontrollverlust steigt unser Erregungslevel und die Reize werden gleichbedeutend! Weil wir jetzt nicht mehr konzentriert arbeiten können, benötigen wir länger für unsere Aufgaben und machen mehr Fehler.

> *„Wir sind nicht gestresst, weil wir keine Zeit haben. Sondern wir haben keine Zeit, weil wir gestresst sind."* **[Stefan Klein (2008b, S. 212)]**

Die Lösung unseres heutigen Problems der Zeitknappheit liegt also vor allem darin, dass wir wieder Herr über unsere Zeit werden müssen. Wenn wir die Zeit kontrollieren können, sind wir keinem Stress ausgesetzt – vergleichen Sie dies mit den bereits in Kapitel 4.1.1 vorgestellten Ergebnissen der White Hall Study.

Die (scheinbare) Wunderlösung aus dieser misslichen zeitlichen Schieflage heißt Multitasking. Haben wir zu wenig Zeit, müssen wir eben mehrere Aufgaben gleichzeitig anpacken. Während wir Essen, lesen wir unsere E-Mails und telefonieren nebenbei. So scheinen wir alle drei Tätigkeiten „gleichzeitig" zu erledigen und somit Zeit zu sparen.

Doch bei genauerem Hinsehen entpuppt sich dies jedoch nur als vermeintlicher Ausweg. Leider sind derartige Möglichkeiten, schneller fertig zu werden, nicht nur vergebens, sie kosten auch noch zusätzlich Zeit. Die Erklärung liefert unser Arbeitsgedächtnis (die bereits beschriebene Exekutivfunktion). Sie kann sich nur wenige Eindrücke kurzzeitig merken – wir nennen das umgangssprachlich „unsere Konzentration". So genial wir uns (im stressfreien Zustand) mit unserer Exekutivfunktion fokussieren können, so limitiert ist ihre Aufnahmefähigkeit. Wie ein Fließbandarbeiter kann sie sich zur gleichen Zeit nur genau einer Aufgabe widmen. Entweder Essen, E-Mail schreiben oder Telefonieren. Wir sind also nur *scheinbar* Multitasking-fähig – im Übrigen genauso wenig wie unser Computer. Wir haben einen falschen Eindruck, wenn wir meinen, dass Word, Excel und der Internet Explorer gleichzeitig geladen würden. In Wirklichkeit wird jedes Aufgabenpaket in viele Unteraufgaben unterteilt, die alle nacheinander abgearbeitet werden (Batchbetrieb). Zuerst widmet sich der Prozessor einem Teil von Word, dann einem Teil von Excel, dann einem Teil des Internet Explorers, dann wieder einem Teil Word usw.

Im Gegensatz zum Computer ist unser Gehirn aber Rüstzeiten unterworfen, wenn es von einer zu anderen Aufgabe wechselt. Einmal aus seiner Aufgabe herausgerissen, muss sich unser Arbeitsgedächtnis die alte Situation wieder erneut zusammen setzen, ehe die Aufgabe fortgeführt werden kann. Störungen in der Verarbeitung einer Aufgabe halten also den gesamten Betrieb auf!

Sie kennen die Situation sicher: Nach einem Telefonat sitzen wir an unserem Schreibtisch und wissen nicht mehr, was wir gerade beim Stöbern in unseren E-Mails gesucht haben – sollte Ihnen das passieren, hat die Exekutivfunktion die Wiederherstellung der alten Arbeitssituation nicht mehr geschafft. Meistens fällt es uns nach einer Zeit dann wieder ein, doch unser Gehirn benötigt Zeit, um sich wieder in die Aufgabe „hinein zu denken". Es stellt sich die Ausgangssituation zeitraubend aus Teilen des Langzeitgedächtnisses und den Eindrücken der vorliegenden Situation, die mühsam erneut ins Arbeitsgedächtnis „geladen" werden müssen, wieder her.

Wissenschaftler haben herausgefunden, dass bereits nach einer Störung von 15 Sekunden (z. B. Telefonat) unser komplettes Arbeitsgedächtnis geleert ist bzw. mit den neuen Eindrücken des Telefonats überschrieben wurde.

Auch Jiang (2004) hat das Phänomen des Multitasking untersucht. Sie bat Studierende der Harvard Universität, farbige Formen, die hintereinander auf einer Leinwand gezeigt wurden, zu unterscheiden. Zuerst mussten die Probanden Formen und Farben gleichzeitig unterscheiden (z. B. grüner Kreis und blaues Viereck). Danach folgte ein weiterer Versuch. Dieses Mal liefen die farbigen Formen zweimal über die Leinwand. Allerdings wurden dieses Mal die Versuchsteilnehmer gebeten, beim ersten Durchlauf ausschließlich auf die Farben zu achten und beim zweiten Durchlauf nur auf die unterschiedlichen Formen. Das Ergebnis war verblüffend. Obwohl die Studierenden die farbigen Formen beim zweiten Durchlauf zweimal durchgesehen hatten, waren sie beim zweiten Versuch schneller und machten weniger Fehler. Multitasking kostet eben Zeit und verführt zu Fehlern.

Auch ein anderes Experiment bestätigt den negativen Effekt von Multitasking. Dr. Glenn Wilson gab Versuchsteilnehmern eine Aufgabe am Computer, zu deren Lösung sich die Probanden konzentrieren mussten. In der Versuchsgruppe ließ Wilson das Vorschaufenster des E-Mail-Programms Outlook offen. Beim Eingang einer neuen E-Mail wurde eine Vorschau des Betreffs und die ersten Zeilen der E-Mail in einem kleinen Fenster angezeigt. Bereits die störende Information über den Erhalt der neuen E-Mail (diese hatten nichts mit der Aufgabe zu tun) ließ den IQ der Versuchsteilnehmer um ca. 10 Punkte sinken. Die Teilnehmer machten mehr Fehler und brauchten länger. Besser einschätzen kann man das Resultat, wenn man weiß, dass uns eine durchgemachte Nacht ca. 10 IQ-Punkte kostet und der Konsum von Marihuana 4 IQ-Punkte.

Multitasking kostet Zeit.

Wie verschwenderisch gehen wir mit unserer Zeit um, bei unseren hoffnungslosen Versuch, sie einzusparen!

Neben dem zeiträuberischen Effekt beeinflusst Multitasking auch unser Wohlbefinden bei den Dingen, die wir tun. Das Ergebnis einer Studie in Amerika zeigte, dass Frauen am wenigsten die Zeit genossen, die sie mit ihren eigenen Kindern verbrachten. Das Ergebnis verwunderte die Wissenschaftler, stand es doch konträr zu der weit verbreiteten Meinung, dass Frauen die Zeit mit ihrem Nachwuchs extrem gerne verbringen. Doch weitere Analysen klärten den Widerspruch auf. Der Grund lag etwas tiefer verborgen. Nachdem die jungen Mütter von der Arbeit heimgekommen waren, kümmerten sie sich um ihre Kinder. Gleichzeitig versuchten sie aber, viele andere Dinge zu erledigen. Sie telefonierten mit Freunden, kochten Essen, hörten Nachrichten oder sahen fern. Multitasking und der daraus resultierender Stress hatten dazu geführt, die Zeit mit ihren Kindern nicht genießen zu können, obwohl sie ihre Kinder so liebten.

Wir müssen auch in Unternehmen wieder zu „Batch-Verarbeitern" werden, also voll konzentriert einen Vorgang nach dem anderen erledigen. Wie schwierig das scheint, zeigt eine andere Studie, nach der die Tätigkeiten der Mitarbeiter in einem Softwareunternehmen durchschnittlich alle 3 (!) Minuten wechseln. Als Vorgesetzter haben Sie es in der Hand, wie Sie das Multitasking von Mitarbeitern verhindern. Natürlich haben Großraumbüros den Charme, dass alle alles mitbekommen und Fragen per Zuruf beantwortet werden können. Aber denken Sie daran, welchen Preis Sie und Ihre Mitarbeiter zahlen. Versuchen Sie bei Ihren eigenen Tätigkeiten, die Ihre ganze Aufmerksamkeit erfordern, sich von allen anderen Einflüssen fernzuhalten. Schalten Sie Ihr Handy und Ihren E-Mail-Account aus. Arbeiten Sie von zu Hause aus, wenn Ihnen das für eine komplexe Projektskizze leichter fällt, weil Sie dadurch ständigen Telefonaten und Fragen Ihrer Mitarbeiter für einen Moment entkommen. Organisieren Sie die aufeinander folgenden Abläufe, und seien Sie jeweils mit 100 Prozent bei der Sache: für die Belange von Kunden, Ihren Mitarbeitern oder Ihrem Vorgesetztem. Gewinnen Sie die Kontrolle über Ihre Zeit wieder zurück.

Die Kontrolle und Eigenbestimmtheit über Zeit und Arbeitsaufgaben zurück zu erobern, ist die eigentliche Herausforderung.

Ein Vorgehensmodell der Harvard University verbindet diese neuen Erkenntnisse mit einem Training, immer mehr Konzentration zu üben (vgl. Klein [2004], S. 204 ff.):

1. Gliedern Sie Ihre Aufgaben in kleinere Teilaufgaben, so dass Sie eine Teilaufgabe in einem Zug ohne Ablenkung abarbeiten können.

2. Belohnen Sie sich, wenn Sie eine Teilaufgabe ohne Abschweifen erledigt haben.

3. Immer, wenn Ihnen andere Gedanken in den Sinn kommen, die nichts mit der Aufgabe zu tun haben, schreiben Sie diese auf einen Zettel und legen diesen weg. So können Sie sicher sein, nichts zu vergessen, und (möglichst) unverzüglich mit der eigentlichen Aufgabe fortfahren.

Zusätzlich können wir den Stresszustand auch durch sportliche Aktivitäten aufheben und Zeit gewinnen. Wir tun es meist nicht, da wir bei unserem vollen Terminkalender keinen Platz hierfür finden. Doch leider kostet diese Strategie mehr Zeit als sie einbringt. Wenn wir von rein geistigen Arbeitern auch wieder zu Sportlern werden, werden wir mehr Zeit gewinnen, als wir investieren. Auf Sport zu verzichten sollte das Letzte sein, was wir tun, wenn wir (scheinbar) keine Zeit haben (genaueres dazu im Kapitel 3.3.4).

Den eigenen Biorhythmus achten

Ohne auf eine ausführliche Herleitung näher einzugehen: Wir alle sind zu unterschiedlichen Zeitpunkten des Tages unterschiedlich leistungsfähig. Diese individuelle Veranlagung findet sich in unseren Genen.

Als Regel kann man sich vornehmen, in einer leistungsschwachen Zeit eher einfachere Aufgaben zu erledigen und den wirklich fordernden Aufgaben dann nachzukommen, wenn wir wirklich fit sind. Wann Sie Ihr persönliches Hoch und Tief haben, können Sie selbst heraus finden, indem Sie z. B. im Urlaub aufmerksam Ihre leistungsstarken und -schwachen Phasen beobachten.

Happy Company/Teil 2: Stress- und Zeitnot überwinden! `Fallstudie`

Wilhelm hatte die Kapitel zu Stress und Zeitnot zusammen mit seiner Assistentin Ute aufmerksam gelesen. Ihnen beiden lief die Zeit im beruflichen Alltag buchstäblich weg. Der Terminkalender von Wilhelm quoll oft über. Allein die Termine, die an ihn herangetragen wurden, schaffte Ute oft gar nicht, in seinem Kalender unterzubringen. Kundentermine, Akquisegespräche, Mitarbeitertermine, Treffen mit Aufsichtsräten etc., alles überforderte ihn. Zudem gab es wichtige Projekte für das Unternehmen, die Wilhelm gerne umgesetzt hätte. Und so endete manch Arbeitstag erst um 23 h. Die lange Arbeitszeit und die vielen Termine brachten Wilhelm auch in seinem Privatleben immer wieder in Verlegenheit. Er hatte einfach NIE Zeit! Manches Mal gab Ute Wilhelm sogar noch ein paar Akten übers Wochenende mit nach Hause, weil die Zeit einfach nicht mehr reichte.

In seiner Not hatte Wilhelm Ute schon einige Male zu einem Zeitmanagementkurs geschickt, jedoch ohne andauernden Erfolg. Nach einigen Tagen, an denen sich beide voller Hoffnung „To-do-Listen" mit Prioritäten geschrieben hatten, schlich sich nach und nach das alte Hamsterrad wieder ein.

Wilhelm fühlte sich dauerndem Stress ausgeliefert, der sich mittlerweile auch in körperlichen Symptomen zeigte. Er hatte Magendrücken, ständige pochende Kopfschmerzen und eine zunehmend schlechtere Verdauung. Zudem wachte er in letzter Zeit öfter nachts mit Herzrasen auf und die quälenden Gedanken an Firmenprobleme hinderten ihn daran, wieder einzuschlafen. Wilhelm hatte mit seinen Leiden bereits bei vielen Ärzten vorgesprochen: „Sie haben keine organischen Schäden", antworteten die meisten. „Versuchen Sie, Ihren Stress abzubauen", war ihre einhellige Empfehlung. Nur wie?

Wilhelm wusste dank der Ärzte, woran er war, nur war ihm das keine wirkliche Hilfe, denn was sollte er konkret tun? Er blätterte die letzten Seiten des Buches durch und fasste die Kernaussagen verwundert für sich zusammen.

Im Wesentlichen lag es also daran, dass Wilhelm keine Kontrolle über sich und seine Zeit hatte und sehr fremdbestimmt war. Immer dann, wenn er einmal die Kontrolle verloren hatte, geriet er in den Stresszustand, der seine natürlichen, körperlichen Folgen nach sich zog. Wilhelm hatte verstanden, warum die Evolution dies vorsah, doch er erkannte, wie anders sein Leben heute war als jenes seiner Vorfahren. *Er musste die Kontrolle zurückerlangen!* Zusammen mit Ute fielen ihm folgende Änderungen für sein Zeitmanagement dafür ein:

Wilhelm musste zudem Zeit für Sport schaffen, einem der natürlichsten Wege, Stress abzubauen. Er ging seinen Kalender nochmals durch – kompromisslos und entschieden dazu, auf seinen Sport nicht zu verzichten.

Denn eines war ihm klar. Wenn er erst einmal gestresst war, unterliefen ihm viel mehr Fehler als im ausgeglichenen Zustand. Genau wie im Buch beschrieben beobachtete er, dass seine Aufmerksamkeit nachließ. Das musste er um jeden Preis verhindern, denn gerade hier *verlor* er Zeit! Sport war das Letzte, auf das er verzichten wollte, denn hierdurch gewann er Zeit! Mit anderen Worten, er holte nicht nur die „verloren geglaubte Zeit des Sports" zurück, sondern er verschaffte sich zusätzlich Zeit. Er war nicht nur kreativer, energiegeladener und ruhiger, wenn er sich verausgabt hatte, ihm gingen seine Tätigkeiten auch leichter von der Hand.

Noch gravierender war sein Lernprozess im Bereich „Multitasking". Um Zeit zu sparen, hatte Wilhelm versucht, Tätigkeiten gleichzeitig zu erledigen, wo er nur konnte. Während er telefonierte, schrieb er E-Mails

Heutige Fremd-bestimmung von Wilhelm und die damit verbundene Problematik	Zukünftig: Hin zu mehr Eigen-bestimmung von Wilhelm	Zukünftig: Gleich-zeitige Förderung der Eigenbestim-mung von Ute
Termine werden in seinen Kalender gesetzt	Ute setzt ihm Termine in den Kalender optional ein, die Wilhelm im 2. Schritt bestätigt oder ändert. Dieses Vorgehen ist auch dem anfragenden Besprechungs-partner klar kommuniziert.	Ute entscheidet nach dem neuen Wissen um die Wichtigkeit selbst und hält ihrem Chef den Rücken frei.
Es sind viel zu viele Termine	Wilhelm priorisiert und macht manche Termine gar nicht, andere delegiert er an seine Mitarbeiter.	
Er kommt nicht zu den wirklich wich-tigen Sachen	Wilhelm priorisiert und macht manche Termine gar nicht, andere delegiert er an seine Mitarbeiter.	

Tabelle 14:
Änderungen im Zeitmanagement von Wilhelm

oder unterzeichnete Dokumente in seiner Unterschriftenmappe. Eigentlich war er nie richtig voll bei der Sache. Schlagartig wurde ihm bewusst, dass er, obwohl er Zeit einzusparen versuchte, hierdurch seine Zeitnot vergrößerte.

Gemeinsam mit seiner Assistentin Ute entwickelte er einige Maßnahmen zur Vermeidung von Multitasking.

Die Ergebnisse mit einigen Erfahrungswerten würden Ute und Wilhelm beim Treffen allen Mitarbeitern berichten. So sollte jeder von den neuen Erfahrungen profitieren und diese nicht nur an sich selbst ausprobieren, sondern auch die Rolle des anderen (Kollegen, Chef, Kunden etc.)

Vermeidung Multitasking bei sich selbst (Wilhelm)
Home Office oder Besprechungsraum nutzen für intensive Tätigkeiten (keine Störung)
Eigene, innere Ablenkung vermeiden (er folgte den Schritten der Harvardmethode für Zeitmanagement)
Handy und Email bewusst ausschalten
Telefontermine sammeln und dann am Stück abarbeiten

Tabelle 15:
Vermeidung von Multitasking bei Wilhelm

Vermeidung Multitasking bei Ute durch eine andere Herangehensweise von Wilhelm
Offene Fragen an jemanden gesammelt und ohne Störung durchgehen
Bei Mitarbeitergesprächen anwesend sein (ohne Handy, sich Zeit am Stück nehmen)
Mitarbeitern Freiraum gewähren (diese müssen nicht ständig erreichbar sein, nicht immer im Großraumbüro arbeiten etc.)
Eigenständige Kontrolle der Zeit der anderen respektieren

Tabelle 16:
Vermeidung von
Multitasking in der
Zusammenarbeit
mit anderen

berücksichtigen. Wilhelm erhoffte sich von diesem Vorgehen ähnlich intensive Effekte, wie er sie in seinen Lernprozessen nicht nur bei sich, sondern auch bei Lisa beobachtet hatte.

Übungen

1. Werden Sie wieder Herr über Ihre Zeit und gestehen Sie das auch Ihren Mitarbeitern zu.
2. Vermeiden Sie Multitasking für sich und Ihre Mitarbeiter.
3. Wenn Sie gestresst sind, simplify your life! – machen Sie Arbeitsprozesse einfacher.
4. Treiben Sie regelmäßig Sport, um wieder leistungsfähig und glücklich zu sein.
5. Beachten Sie den eigenen Biorhythmus und erledigen Sie einfache Aufgaben wie Ablagearbeiten in der Zeit, in der Sie nicht wirklich fit sind.

Literatur Abschnitte 4.1.1 und 4.1.2

Community and wall street game: Samuels/Liberman/Ross (1994).

Stress und Krankheiten, grundlegend: Sapolsky (2010), S. 252 ff., Sapolsky (2010), S. 312–316.

Stress, Leistungsfähigkeit und Kontrolle, grundlegend: Sapolsky (2010), S. 252 ff., 312–316, Klein (2008b), S. 206–226, Sapolsky (2009), Spitzer (2009a), S. 167 ff.

Speziell in der Arbeit: Chandola (2004), Chandola/Kuper (2004), Marmot (1997), Marmot (1991).

Zur Rolle der Informationstechnologie: Rennecker/Godwin (2005).

Wir passen uns an eine schnellere Zeit an: Kelly (1998).

Multitasking – Experimente:

Klein (2008b), S. 190 ff., Gibbs (2005), Jiang (2004), Gonzales/Constant (2004), Wilson (2010).

Zusammenhang zwischen Selbstständigkeit (also Eigenbestimmt-
heit) und Glück: Frey (2010), S. 95 ff.
Eine neue Kultur der Zeit: Klein(2008p), S. 269 ff.
Biorhythmus: Pepper (2003), Klein (2008b), S. 30 ff.

4.1.3
Tun und tun lassen

Die Art, wie wir ein Unternehmen organisieren, ist untrennbar mit
der Vergabe von Entscheidungs- und Weisungsrechten verbunden oder, anders ausgedrückt, mit der Vorgabe „wer tut was". In
der Unternehmenskultur scheinen sich hierarchische Strukturen
durchgesetzt zu haben. Chefs ordnen ihren Mitarbeitern Aufgaben
an und entlohnen sie dafür. In der Natur gibt es aber durchaus auch
Arbeitsgemeinschaften, die ganz anders organisiert sind. Ameisen
verrichten ihre Aufgaben sehr basisdemokratisch, ganz ohne Vorgesetzte. Jeder ist gleich! Die Steuerung des Stammes geschieht durch
eine ausgezeichnete Kommunikation. Wenn eine Ameise merkt,
dass ein Eindringling das Nest gefährdet, gibt sie die Information
im Schneeballsystem an alle ihre Kollegen weiter. Rasch entwickelt
der ganze Stamm Gegenmaßnahmen, die sofort – wieder durch die
schnelle Kommunikation – eingeleitet werden. Getreu nach dem
Motto: Wer helfen kann, der hilft.

Im Folgenden werden wir uns aus einer Vielzahl von Gründen
dennoch weitgehend mit hierarchischen Strukturen im Unternehmen beschäftigen. Zum einen zeigen die bereits dargestellten
Untersuchungen der Paviane, dass sich auch unsere eng verwandten Kollegen gut hierarchisch organisieren können, mehr noch, die
Stabilität dieser Hierarchie sogar schätzen. Zum anderen scheint es
in einer Welt voller spezialisierter Arbeit schwer, wirkliche Basisde-
mokratie walten zu lassen. Hätte ein Segelboot mehrere Steuermän-
ner, wäre der Kurs mitunter nicht klar, doch gerade das zeichnet
erfolgreiche Unternehmen aus: Ein klares Bild vermittelter Werte,
eine glaubhafte Positionierung einer Marke und eine Beständigkeit
in der Führung lassen ein Unternehmen zielgerichtet wachsen.

Die hierarchische Struktur eines Unternehmens lässt sich aber
weiter entwickeln. Ein Ansatzpunkt wäre, sich an zeitlich weitaus
erprobteren Führungsstrukturen zu orientieren wie beispielsweise
den Beziehungen innerhalb einer Familie. In der gesamten Evolutionsgeschichte hat sich der Umgang von Eltern mit ihren Kindern

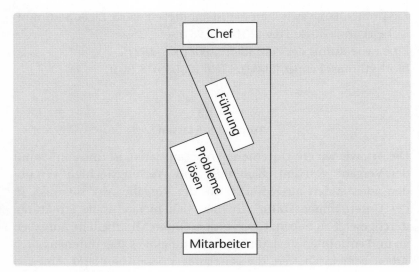

Abbildung 25:
Anteil der Führungsaufgaben und operativen Problemlösungen bei Chefs und ihren Mitarbeitern
(in Anlehnung an Manfred Winterheller)

entwickelt, wohingegen betriebswirtschaftliche Führungsstrukturen erst in den letzten 100 Jahren wirklich wissenschaftlich entwickelt und beobachtet wurden.

Aber nicht nur von den Eltern, auch vom menschlichen Körper kann ein Unternehmen lernen. Wären nicht Chefs enorm entlastet, wenn sich ein Unternehmen ähnlich unserem Körper in hohem Maße selbst regulieren könnte? Warum schauen wir uns nicht nach viel natürlicheren Vorbildern um, statt an den von uns erdachten Systemen herum zu optimieren? Ausgerichtet auf das eigene Wohlbefinden laufen viele Prozesse in unserem Körper völlig unbewusst ab. So müssen wir nicht künstlich in unsere Verdauungsprozesse eingreifen, auf unsere Atmung achten oder unseren Herzschlag kontrollieren. Vieles in unserem Körper regelt sich ganz ohne unser Zutun. Wir müssen bei einer veränderten Umwelt nicht alle Parameter neu durchdenken – in Wirklichkeit wären wir hierbei auch völlig überfordert! Nur wenn unser Körper wirklich aus dem Gleichgewicht kommt, meldet er sich durch Anzeichen von Hunger, Durst oder zwingt uns durch ein ausgeklügeltes System von Schmerz zum Handeln. Ist nicht unser eigener Körper ein Beispiel perfekten Managements?

Lassen Sie uns die Orientierung der Happiness AG am persönlichen Glück der Mitarbeiter und an den Selbstregulierungskräften aller daran beteiligten Menschen nehmen – zur Optimierung des individuellen und des gemeinsamen Wohlstandes.

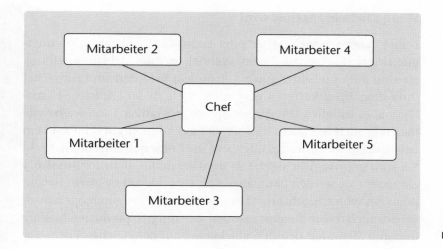

Abbildung 26:
**Multiplikative
Kraft von Chefs**

Der Vorgesetzte als Multiplikator und nicht als Arbeitstier

Sehen wir uns die Beziehung zwischen Chef und Mitarbeiter einmal genauer an. Vorgesetzte und Mitarbeiter haben durchaus unterschiedliche Rollen in der Hierarchie.

Der Anteil an Führungsaufgaben sollte beim Vorgesetzten erheblich höher sein als bei seinen Mitarbeitern. Natürlich arbeitet auch ein Vorgesetzter Aufgaben ab, aber in der Hierarchie ist es entscheidend, dass die Potentiale aller freigesetzt werden. Aufgrund der hierarchischen Struktur hat eine höhere Ebene die Möglichkeit, das gesamte ihr zugeordnete Team zu fordern und zu fördern. Nur durch intelligente Führung seiner Mitarbeiter ist das gesamte Team stark, ein Chef, der isoliert seine Aufgaben abarbeitet, wird nie diese Potentiale heben!

Ein Chef, der zu viel operative Probleme löst, kann seine Arbeitskraft nicht multiplizieren.

Im Optimalfall schafft ein Vorgesetzter mit herausragender Führung, dass *jeder* seiner fünf Mitarbeiter mehr Spaß an der Arbeit hat, diese als bedeutsam empfindet und noch besser seine eigenen Stärken einbringen kann. Ein guter Vorgesetzter beschützt seine Schäfchen und spornt sie gleichzeitig zu Höchstleistungen an!

Wenn Chefsein zur Qual wird

Leider vergessen viele Mitarbeiter beim Aufstieg in der Unternehmenshierarchie genau diesen Wandel in ihrer Arbeitseinteilung. Sie sind aufgrund ihrer guten Leistungen befördert und zum Chef ihrer damaligen Kollegen geworden. Viele dieser „Aufsteiger" machen aber lediglich ihren gewohnten „operativen" Job weiter (sie haben ja auch bewiesen, dass sie dies gut können!) und haben kein Bewusstsein für Führungsaufgaben. Die Konsequenz ist dramatisch: Sie können ihre Arbeitskraft in der Hierarchie nicht multiplikativ einsetzen. Sie werden dann auch keine Freude am Chefsein haben, denn ein schlecht geführtes Team wird trotz Ihrer guten operativen Arbeit auch keine herausragenden Leistungen produzieren. Kurz und gut: Sie wären deutlich glücklicher auf der gleichen Ebene zusammen mit ihren damaligen Kollegen.

Chefs, die von ihren Mitarbeitern geliebt werden wollen, kosten das Unternehmen Geld.

Andere Chefs verwechseln ihre Rolle, ein Team zu führen damit, vom Team geliebt werden zu wollen. Auch diese Spezies ist besser als Mitarbeiter aufgehoben. So wie es in einer guten Partnerschaft, als Eltern oder in einer Liebesbeziehung befriedigender ist, den anderen zu lieben, als von ihm geliebt zu werden, so verhält es sich auch in der Führung von Mitarbeitern. Kündigungen oder ungeliebte Anordnungen sind – wenn sie richtig eingesetzt werden – durchaus Mittel, ein Team zu beschützen, kurzfristige Liebe erntet der Chef dadurch nicht.

Kurzum: Ein Chef sollte sich gut überlegen, ob die Position in einer höheren Hierarchiestufe für ihn ein wirkliches Ziel ist. Falsche Vorgesetzte, die nur wegen eines Titels eine Position anstreben, der sie eigentlich nicht gewachsen sind, sind nicht nur für ihre Umwelt ein Graus, sie selbst werden hier keine Basis für ihr eigenes Glück finden (in Anlehnung an Dr. Manfred Winterheller und Kapitel 3.1 Ziele setzen – aber richtig!).

Die Kunst der Delegation

Eine der wichtigsten Aufgaben der Führung ist die Delegation von Aufgaben. Manchen Vorgesetzten fällt dies unheimlich schwer. Meist sind sie bereits lange im Unternehmen tätig und kennen die Abläufe genau. Sie verfügen über einen ungeheuren Erfahrungsschatz. Um sich selbst unersetzbar zu machen und weil es vermeintlich schneller geht, erledigen sie viele Aufgaben selbst bzw. sind froh, wenn sie ab und an von ihren Mitarbeitern gefragt werden, wie etwas geht. Sie sonnen sich im eigenen Selbstvertrauen und bemerken nicht, wie sie sich und ihren Mitarbeitern damit den Ast absägen, auf dem sie sitzen. Dass sie durch „Probleme lösen" in Zeitnot geraten und kaum zu ihren eigentlichen Führungsaufgaben kommen, bezahlen sie mit langen Arbeitszeiten und arbeitsreichen Wochenenden (vgl. hierzu und im Folgenden die Seminare von Dr. Manfred Winterheller). Doch sie bremsen damit auch enorm die Entwicklungsmöglichkeiten ihrer Mitarbeiter. Denn wenn die eigentliche Arbeit in letzter Konsequenz vom Chef selbst gemacht wird, klingt das nur auf den ersten Blick gut für den betroffenen Mitarbeiter. Vielleicht steht er kurzfristig nicht im Druck, ein Ergebnis fristgerecht zu bringen, wahrscheinlich kann er früher und unbeschwerter nach Hause gehen. Doch eines ist sicher: Sein Selbstvertrauen wird nicht steigen, sondern sinken. Wer seine Stärken nicht ins Handeln mit konkreter Erfolgsmessung einbringen kann, wird sich auch kaum entwickeln können. Die Bewunderung für die Fertigkeiten und Fähigkeiten des Vorgesetzten steigen im gleichen Ausmaß wie die gefühlte eigene Unzulänglichkeit. Als Folge dieser Entwicklung steigt der Respekt vor den täglichen Herausforderungen verbunden mit der Angst, diese nicht selbst lösen zu können. Gefangen in einem Teufelskreislauf werden sie jeden Tag ihres Selbstvertrauens beraubt.

Wie sieht nun eine konstruktive Delegation konkret aus? Wir spannen den Bogen zur Beantwortung dieser Frage etwas weiter. Zuerst befassen wir uns mit der Auswahl geeigneter Mitarbeiter, danach mit den Methoden einer wirklichen Delegation von Arbeit, und anschließend beschäftigen wir uns mit dem Ansatz, wie wir durch eine veränderte Wahrnehmung aus so mancher Arbeitssituation ungeahnte Freuden ziehen können.

Schritt 1: Die richtigen Mitarbeiter finden

Die meisten Unternehmen entwickeln für die Personalsuche eines neuen Mitarbeiters ein Kompetenzprofil für die zu besetzende Stelle und schreiben diese öffentlich aus oder beauftragen einen Headhunter. In Vorstellungsgesprächen oder ganzen Assessment-Centern versuchen dann Fach- und Personalabteilungen, die Qualität des Bewerbers zu überprüfen. Der Arbeitssuchende, der sich dort am besten schlägt, erhält den Zuschlag. Sein Vorgesetzter macht sich nun ab diesem Tag Gedanken, wie er seinen neuen Schützling zur

Arbeit motivieren kann. Traditionell scheinen zwei Ansatzpunkte die Arbeitsleistung sicherzustellen:

(1) Die zukünftige Belohnung des Mitarbeiters für gute Leistungen

Das Unternehmen setzt durch erfolgsabhängige Vergütungssysteme Anreize, die im Wesentlichen zur Aussage haben: Ein besseres Ergebnis der eigenen Arbeitsleistung bedeutet zusätzliches Geld für den Mitarbeiter. So werden die Ziele des Unternehmens (vermeintlich) mit den Bedürfnissen des Mitarbeiters in Einklang gebracht. Natürlich ist Geld nicht alles, und so runden nicht-monetäre Anreize wie Stellenbezeichnung, Dienstwagen, Entscheidungskompetenzen und ein aufrichtiges Lob von Chef und Mitarbeitern das Anreizsystem ab.

(2) Die Kontrolle seiner Arbeitsleistung durch hierarchisch höhergestellte Mitarbeiter führt zur Anstrengung des Mitarbeiters, der drohende negative Konsequenzen vermeiden möchte

Hochausgeklügelte Controlling-Systeme versuchen in letzter Konsequenz vor allem eines: Sie brechen die Wirtschaftlichkeit eines Unternehmens auf seine Verursacher herunter. Mit anderen Worten, wer oder was war in letzter Konsequenz für ein gutes oder schlechtes Unternehmensergebnis verantwortlich und wie kann es verbessert werden? Welcher Mix an Produkten, Prozessen und Mitarbeitern wird künftig erfolgsversprechend sein? Ganze Abteilungen erstellen hierzu Prognosen, validieren Zahlen, überprüfen und kontrollieren. Im Wesentlichen nennen wir diesen Prozess Planung und Reporting.

Soweit, so gut! Unser Chef versucht also, seine guten Mitarbeiter zu belohnen und über sein Berichtswesen bekommt er auch die nötigen Anhaltspunkte, wer gut und wer nicht gut gearbeitet hat.

Wer sich die Vertragsanbahnung und das Arbeitsverhältnis zwischen Mitarbeiter und Vorgesetztem aus wirtschaftswissenschaftlicher Theorie ansieht, ist über dieses beschriebene Verhalten keineswegs überrascht. Fündig wird man bei der weit verbreiteten *Principal-Agent-Theorie*, welche im Kern folgendes besagt:

Ein Principal (in unserem Fall der Vorgesetzte) hat eine Aufgabe, die er erledigt haben will. Er findet nach einigem Suchen einen Agenten (Mitarbeiter), der diese Aufgabe erledigen könnte. Doch ihn plagen arge Zweifel. Sein Weltbild sagt ihm, dass der Agent sich opportunistisch verhalten und versuchen wird, seinen eige-

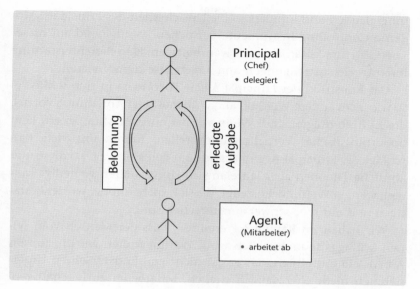

nen Nutzen zu maximieren. „Rational" wird er davon ausgehen, dass der Agent Arbeitsleid bei der Durchführung der Tätigkeit empfindet und eigentlich viel lieber seiner Freizeit nachgehen würde. Aber er hat eben wenig Geld und so „muss" er arbeiten. Eines ist aber sicher: Er möchte seine Entlohnung maximieren und sein Arbeitsleid minimieren. Diese Angst belastet den Principal erheblich. Zum einen kann sich der Agent mit falschen (und nicht überprüfbaren) Angaben zu seiner Qualifikation das Anstellungsverhältnis „ergaunern", zum andern kann er den Agenten bei seiner Erledigung der Aufgabe nicht beobachten. Hätte er die Zeit, sich während des kompletten Arbeitstages neben den Agenten zu setzen und diesen zu überwachen, wäre ihm wohler, dann könnte er die Arbeitsweise kontrollieren und den wirklichen Arbeitsaufwand entlohnen. Doch dann könnte er die Aufgabe gleich selbst erledigen, schließlich sucht er jemanden, der ihm die Aufgabe abnimmt!

Gefangen in diesem Dilemma hat sich ein eigener Forschungszweig etabliert, der versucht, dem Principal Ratschläge zu geben, mit denen er dem opportunistischem Verhalten des Agenten möglichst wenig ausgeliefert ist.

So kann der Principal vor Vertragsabschluss versuchen, die Signale des Agenten zu interpretieren. Ein Agent, der einen Anstellungsvertrag mit variablem Gehaltsbestandteil einem reinen Fixgehalt wahlweise vorzieht, scheint wohl an seine eigene Arbeitsleistung glauben und mindert so die Unsicherheit des Principals. Moderne Controlling-Instrumente versuchen – aufbauend auf dieser Theorie – ihre Mitarbeiter zur wahrheitsgemäßen Berichterstattung ihrer Arbeitsanstrengungen und -ergebnisse zu motivieren.

Das Konstrukt der Principal-Agent-Theorie ist in sich schlüssig, so wie jedes andere Weltbild auch. Aber es setzt Annahmen voraus, die zu hinterfragen sind! Wenn wir bei unseren Mitarbeitern kein opportunistisches Verhalten unterstellen, führen uns viele Ratschläge der Principal-Agent-Theorie auf den Holzweg. Da diese und ähnliche Theorien aber jahrelang an Universitäten gepredigt werden, werden Weltbilder erzeugt, die sich später immer wieder bestätigen und nur sehr schwer aufzubrechen sind.

Wir haben im Kapitel 3.1 erfahren, dass der Mensch vom reinen Müßiggang unglücklich wird. Warum wollen wir ihn für ein Arbeitsleid entlohnen, das er gar nicht empfindet? Sollten Unternehmen nicht eher danach streben, Mitarbeiter zu beschäftigen, deren wirklich eigene, innere Bedürfnisse von *vornherein* mit den Zielen und Werten des Unternehmens im Einklang stehen? Müssten wir nicht vielmehr unsere Suche darauf ausrichten, die zu uns passenden Mitarbeiter zu finden?

Nehmen wir folgende Situation an:

Die Happiness AG sucht einen Finanzchef, der über die Zahlungsfähigkeit des Unternehmens wacht. Auf die ausgeschrieben Stelle bewirbt sich Clemens Müller (23 Jahre) mit folgendem Profil:

- Abgeschlossenes BWL-Studium mit Schwerpunkt Finanzmanagement (beste Noten und schneller als die Regelstudienzeit an einer Eliteuniversität)
- Mehrere Praktika im In- und Ausland während seines Studiums mit entsprechenden Sprachkenntnissen
- seine Teamfähigkeit hat er bereits mehrfach unter Beweis gestellt.

Kurzum: Clemens Müller scheint der ideale Mitarbeiter für die gesuchte Position! Vielleicht ist er es auch tatsächlich. Aber eines wissen wir nicht: Ist die Aufgabe für Clemens Müller tatsächlich ein „self concordant goal", also ist die Tätigkeit wirklich eine Berufung für ihn? Ist diese Form von Arbeit für ihn bedeutsam, kann er seine Stärken einbringen und vor allem: Macht es ihm Spaß? Natürlich könnte das sein, genauso gut wäre aber auch die nachfolgende Erklärung denkbar.

Clemens Müller litt die gesamte Jugend unter den hohen Leistungsansprüchen seines Vaters, der selbst ein großes Unternehmen führte. Immer wieder versuchte Clemens, in den Augen seines Vaters als Sieger dazu stehen, nur um seine Anerkennung zu bekommen. Früher hatte sich Clemens für Malerei interessiert und ganze Tage in Ausstellungen verbracht. In den Augen seines Vaters war dies aber absolute Zeitverschwendung, denn: „Reich werden kann man damit nicht und zu viele Künstler sind gänzlich gescheitert und liegen der Gesellschaft auf der Tasche". Clemens Müller wandte sich also der Betriebswirtschaft zu, mit großem Erfolg – und unter immenser Anstrengung – schaffte er Außergewöhnliches. Eine Auszeichnung nach der anderen brachte er nach Hause und erntete somit zumindest etwas Wohlwollen seines Vaters. Spaß gemacht hatte ihm lediglich die Anerkennung, galt er doch jetzt als Finanzgenie, doch wirklich bedeutsam erschien ihm die Tätigkeit nicht zu sein. Dennoch war er gut darin, wenn er sich nur genug anstrengte.

Wird Clemens Müller tatsächlich zufrieden im Anstellungsverhältnis der Happiness AG werden? Eher nicht, es würde lediglich einen weiteren Baustein in seiner Suche nach Anerkennung bedeuten.

Es ist wichtig, seinen Mitarbeitern die Frage zu stellen, ob sie sich im aktuellen Anstellungsverhältnis wirklich glücklich fühlen. Nicht jeder Mitarbeiter muss den aktuellen Job als Berufung sehen, auch ein Job, der bewusst als Job angesehen wird, ist völlig legitim, es geht vielmehr darum, wirklich zu wissen, was man will und in dieser Situation mit sich und im Unternehmen tatsächlich im Reinen zu sein.

Ein glücklicher Mitarbeiter, der aus seinen eigenen Überzeugungen am Arbeitsplatz sitzt und seine Stärken einbringen kann, leistet nicht nur mehr, er kostet auch weniger!

Können Ihre Mitarbeiter in ihren Jobs glücklich werden? Je sicherer Sie das wissen und je mehr Sie sich in der späteren Führung des Mitarbeiters daran orientieren, umso weniger werden Sie (unterstelltes) opportunistisches Verhalten wirklich bekämpfen müssen. Wenn der Mitarbeiter wirklich in seiner Arbeit aufgeht, wird er auch keine maximalen Gehaltsansprüche stellen, er ist ja gerne bei der Arbeit und muss sich empfundenes Arbeitsleid nicht monetär erstatten lassen.

Sein Vorgesetzter müsste nicht ständig über kostspielige Reporting-Systeme herausfinden ob, der Mitarbeiter ...

- genügend arbeitet (im Sinne der vorgegebenen Arbeitszeit)
- sich wirklich um das Ergebnis seiner Arbeit kümmert und z. B. nicht privat im Internet surft

- seinen Arbeitsbereich im Sinne der Werte und Ziele des Unternehmens weiter entwickelt
- loyal ist
- bei Problemen, die er nicht selbst lösen kann, dennoch im Sinne des Unternehmens handelt und sich Hilfe bei Vorgesetzten und Kollegen sucht.

Kurzum, die Happiness AG müsste sich um einen erheblichen Teil regelmäßiger Kontrollen nicht kümmern, wenn die Ziele des Mitarbeiters von vornherein mit den Zielen der Happiness AG übereinstimmten. Damit das gelingt, ist es von hoher Bedeutung, dass man sich für den Auswahlprozess besonders viel Zeit nimmt und sich die Mühe macht, den Bewerber mit seinen Stärken und Einstellungen richtig kennen zu lernen. Dabei sollten Sie dem eventuellen neuen Mitarbeiter volle Aufmerksamkeit und echtes Interesse an seiner Person, an seinen Wünschen und Hoffnungen entgegen bringen. Nützlich ist es, mehrere Termine zu vereinbaren, vielleicht auch in einer ungezwungenen Atmosphäre, in der sich der Bewerber wohlfühlt und Blockaden schnell abgebaut werden können. Dies kostet zwar auf den ersten Blick wesentlich mehr Zeit als ein herkömmlicher Bewerbungsprozess, zahlt sich aber langfristig aus, da man so sicherer sein kann, einen motivierten Mitarbeiter gefunden zu haben, der mit seinen Einstellungen und Interessen wirklich gut zum Unternehmen passt.

Schritt 2: Verantwortung wirklich übergeben

Ein Unternehmen, das sich ernsthaft mit den persönlichen Zielen der Mitarbeiter beschäftigt, schafft die Voraussetzung für eine wirksame Delegation. Nur so können ohne Gewissensbisse Aufgaben und Verantwortungen vollständig delegiert werden, denn es gibt keine wirklichen Interessenskonflikte. Auch aus den Ausführungen zu Stress und Zeitnot haben wir gelernt, wie wichtig es für Menschen ist, ihre Arbeitssituation unter Kontrolle zu haben. Diese sollten Sie Ihren Mitarbeitern in möglichst großem Umfang zugestehen. Zu hoch sind die negativen Konsequenzen, die Ihre Mitarbeiter durch Stress jeden Tag erleiden. Aber auch das Unternehmen bringt sich so um die Potentiale seiner Mitarbeiter: Fehltage, unkonzentriertes Arbeiten oder eben der Schlendrian sind die logische Konsequenz einer geringen (Selbst-)Kontrolle der Mitarbeiter! Ein Vorgesetzter führt, ein Mitarbeiter erledigt die ihm übertrage-

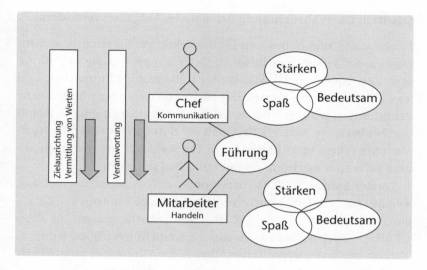

Abbildung 28:
**Chef-Mitarbeiter-
Verhältnis gemäß
Corporate
Happiness**

nen Aufgaben. Jeder aus tiefer Überzeugung und in voller Verantwortung. Nur so lassen sich optimale Leistungen bei gleichzeitigem Wohlbefinden realisieren.

Was ist aber zu tun, wenn ein Unternehmen die Mitarbeiter, deren eigenbestimmte Werte mit den Anforderungen der ausgeschriebenen Stelle übereinstimmen, nicht auf dem Arbeitsmarkt findet? Es sollte seine Suchanstrengungen verstärken („Wer suchet, der findet!") und gegebenenfalls seine Expansionspläne zeitlich verschieben. Zu hoch sind die Kosten nicht passender oder unzufriedener Mitarbeiter!

Diese Regel mag für die Suche neuer Mitarbeiter gelten, wie gehen wir aber mit unseren bestehenden Mitarbeitern um, auf die der individuelle Mix aus Bedeutsamkeit der Aufgaben, Spaß haben und eigene Stärken einbringen eventuell nicht zutrifft?

Geben Sie sich und Ihren Mitarbeitern Hilfestellung, ihre Arbeit genießen zu können. Ein guter erster Schritt für Sie als Vorgesetzter wäre, die Rahmenbedingungen für Ihre Mitarbeiter zu prüfen und dahingehend zu optimieren, dass es ihnen überhaupt möglich wird, sich glücklich zu fühlen. Vermutlich gibt es noch viele Potenziale, die Sie nicht ausgeschöpft haben.

Vielleicht liegen die individuellen und Firmeninteressen gar nicht so weit auseinander? Die Wissenschaft hat spannende Experimente vorzuweisen, wie die Wahrnehmung des eigenen Jobs verändert werden kann.

Schritt 3: Die Wahrnehmung der eigenen Aufgaben verändern

Langer und Crum haben den Einfluss einer veränderten Wahrnehmung einer Arbeitsaufgabe im Hinblick auf psychische und physische Konsequenzen für Mitarbeiter untersucht. Können wir, egal was wir tun, unsere Einstellung zur Arbeit verändern und welche Belohnungen winken allen Beteiligten? Ellen Langer ging in Hotels und beobachtete die tägliche Arbeit der dort beschäftigten Zimmermädchen. Diese verrichteten jeden Tag vergleichbare Aufgaben, indem sie Betten machten, Zimmer und Bad reinigten.

Langer klärte die Versuchspersonen in Vorträgen darüber auf, welche vielseitigen positiven Auswirkungen sportliche Betätigungen nach sich ziehen (vgl. hierzu die Ausführungen im Kapitel 3.3.4). Doch während die eine Untersuchungsgruppe lediglich über die positive Eigenschaften körperlichen Trainings unterrichtet wurde, erklärte Langer der zweiten Gruppe, dass ihre tägliche Arbeit ein ebensolches Training ist. Mehr noch, Langer erklärte den Zimmermädchen der zweiten Gruppe ausführlich, welche ihrer Tätigkeiten beim Zimmersäubern welchen Kalorienverbrauch nach sich zieht.

Nach 4 Wochen kam Langer in die Hotels zurück und untersuchte etwaige Veränderungen im Lebensstil der beiden Gruppen. Hatte eine der Gruppen womöglich privat mehr Sport getrieben? Hatten einige Zimmermädchen sich vielleicht gesünder ernährt? Doch egal, welchen Aspekt Langer betrachtete, ihre Intervention hatte zu keiner Umstellung ihrer Lebensweise geführt.

Nachdem die Wissenschaftler also alle Variablen untersucht hatten, nahmen Sie Messungen des psychischen und physischen Wohlbefindens vor. Die Ergebnisse waren kaum zu glauben. Im Vergleich zur Kontrollgruppe (nur Belehrung über die Auswirkung sportlicher Betätigung) zeigte die Versuchsgruppe (Bezug zur eigenen Arbeit) eine signifikant bessere Stimmung, die Depressionsraten und das Angstlevel der Zimmermädchen waren gesunken und ihre Arbeitsleistung im Hotel war gestiegen. Zudem waren sie muskulöser geworden, hatten abgenommen, ihr Körperfett und ihr Blutdruck waren gesunken. Der Grund für die überaus erfreuliche Entwicklung der Zimmermädchen lag in ihrer veränderten Einstellung zur Arbeit. Sie waren sich plötzlich dessen bewusst, dass sie nicht einfach eine Aufgabe erledigten, sondern dass diese für sie bedeutsam war. All die körperliche Anstrengung war nicht ausschließlich „Arbeitsleid", für das sie eine Entschädigung bekamen, sondern einem Gesundheitstraining vergleichbar, für das andere Leute sogar Geld bezahlten. Doch nicht nur für die Zimmermädchen war das neue Erleben der Arbeit erfreulich, auch die Hoteldirektoren waren mit den Ergebnissen zufrieden. Geringere Anzahl von Fehltagen, ein größeres Engagement und besser gelaunte Angestellte waren die Konsequenz einer Intervention, die noch dazu fast kostenfrei war.

Nehmen Sie die Untersuchung der Zimmermädchen zum Anlass, ihren Mitarbeitern ebenfalls die Bedeutsamkeit der eigenen Arbeit für sich selbst und für das Unternehmen aufzuzeigen. Sie werden positiv überrascht sein, welche neuen Stellgrößen für den Unternehmenserfolg Sie in den Händen halten.

Sie können die Wahrnehmung Ihrer Mitarbeiter auch durch die in Kapitel 3.2.2 aufgezeigten Dankbarkeitsübungen unterstützen. Kultivieren Sie zudem Dankbarkeit grundsätzlich in Ihrem Unternehmen. Unterstreichen Sie gute Entwicklungen, sprechen Sie aus, dass Sie froh sind, für Ihr Unternehmen zu arbeiten, schaffen Sie eine positive Welt. Zeigen Sie, dass es Ihnen Spaß macht, und fördern Sie den Spaß an der Arbeit! Wie wir uns schon detailliert angesehen haben, hat die Art und Weise, wie wir unsere Umgebung betrachten, einen enormen Einfluss auf unser Zufriedenheitsgefühl.

Zu guter Letzt: Sorgen Sie für Ihre eigene Entwicklung und die Ihrer Mitarbeiter. Fokussieren Sie nicht zu sehr die Fehler, die aufgetreten sind, sondern versuchen Sie, Ihre eigenen Stärken und die Ihrer Mitarbeiter zu fördern. Überlegen Sie sich, wie Ihre Mitarbeiter ihre Stärken noch auf anderen Arbeitsgebieten einsetzen können!

Happy company/Teil 3: Selbstregulation oder „das Unternehmen als menschlicher Körper"!

Fallstudie

Wilhelm war durcheinander, als er das Buch zur Seite legte. Musste ein Chef nicht alles besser wissen als seine Mitarbeiter? Wie konnte er sonst sein Unternehmen führen? Er musste doch in allem Bescheid wissen. Andererseits, wenn seine Mitarbeiter vieles besser wüssten als er, bräuchten sie Wilhelm dann überhaupt noch, würden sie ihn immer noch respektieren?

Wilhelm ließ sein Engagement bei der HAPPINESS AG Revue passieren. Er hatte das Unternehmen vor einigen Jahren gegründet und die meisten Arbeiten selbst erledigt. Es war anfangs einfach nicht genügend Kapital vorhanden und so kümmerte er sich um die Entwicklung der Produkte, den Vertrieb und beobachtete gleichzeitig sorgsam die Finanzen. Nach und nach – das Unternehmen gedieh prächtig – stockte Wilhelm sein Mitarbeiterteam auf und immer mehr Menschen arbeiteten in der HAPIPNESS AG. Doch noch immer kümmerte sich Wilhelm um alle Details und wollte auch über alles Bescheid wissen. Schließlich hatte außer ihm niemand so viel Erfahrung mit den Besonderheiten der HAPPINESS AG – die besonderen Produkte, die gewachsenen Kundenbeziehungen sowie die internen Geschäftsprozesse!

Gab es neue und spannende Projekte, erledigte Wilhelm die meisten selbst, ehe er diese langatmig einem seiner Abteilungsleiter erklärte, der eigentlich dafür zuständig war.

Wilhelm las die Passage aus dem Buch erneut, in der die Konsequenzen seines Tuns beschrieben wurden. Als Chef hätte er eine viel zu hohe Arbeitsbelastung und dies würde zu Lasten seiner Führungsaufgaben gehen. Auch wenn er sich schwer tat, sich dies einzugestehen: Natürlich war es so! Er investierte einen großen Teil seiner Arbeitszeit darin, den Job seiner Mitarbeiter zu erledigen. Er könnte sich einiges an Zeit sparen, wenn er seine Mitarbeiter einfach nur machen ließe. Aber gelingt es denn auch dann? Bei Kundenterminen war er stets mit von der Partie. Sicherlich war es manchmal ein echter Mehrwert, wenn er als Geschäftsführer bei einer Besprechung persönlich vertreten war, doch damit untergrub er unbewusst die Stellung seines Vertriebsleiters Walter. Dieser konnte sich kaum entfalten, denn natürlich nutzten die Interessenten die Gelegenheit und sprachen vor allem mit Wilhelm, wenn er schon mal mit dabei war.

Bei seiner Assistenz Ute wurde ihm das Ausmaß der unbewussten Mitarbeiterschwächung mit einem Mal völlig klar. Er ließ Ute einiges selbstständig vorbereiten, aber bei jeder Unklarheit oder Problematik wollte er sämtliche Details wissen und die Aufgaben lieber selbst zu Ende führen. Im Grunde war sie somit für nichts wirklich selbst verantwortlich. Ihr unsicheres Auftreten hatte ihn immer wieder bestätigt, die Dinge lieber selbst zu erledigen, ehe sie womöglich schief gingen. Dass er aber mit seinem Verhalten einen großen Teil zu Utes Unsicherheit beigetragen hatte, war ihm erst jetzt bewusst geworden. Ute konnte kaum eigene Ergebnisse vorweisen, für alles war ihr Chef zuständig. Ute wurde sozusagen unbewusst zur Unselbständigkeit erzogen. Dies wiederum führte erst recht dazu, dass Wilhelm mehr arbeiten musste, da er Utes mangelndes Selbstvertrauen spürte.

	Rudi (Controlling & Finanzbuchhaltung)	Walter (Vertrieb)	Nina (Marketing)	Ute (Assistenz)	Manfred (Einkauf, IT)
Wilhelm gibt mehr Freiheiten (Delegation).	Eigenständige Leitung des Finanzbereiches in allen Fragen.	Walter entscheidet ab sofort alleine, wie und welche Interessenten er angeht. Termine macht er eigenständig. Rabatte kann er eigenmächtig mit den Interessenten verhandeln.	Nina konzeptioniert und führt Marketing-Aktionen eigenständig durch.	Ute erledigt einige ihrer Aufgaben komplett eigenständig (Bestellung der Büromaterialien, Verwaltung der Urlaubspläne, Pflege CRM Systeme etc.).	Manfred verfügt ab sofort über ein jährliches Budget, mit dem er IT-Hard- und -Software sowie IT-nahe Dienstleistungen selbst beauftragen kann. Im Einkauf verhandelt er ab sofort eigenmächtig.
Wilhelm setzt Grenzen (... die vielleicht nicht bei jedermann positiv ankommen werden, aber für ihn wichtig sind).	Jeden Monat möchte Wilhelm einen interpretierten Soll-Ist-Vergleich der Finanzzahlen von Rudi erhalten bzw. auf erhebliche Fehlentwicklungen hingewiesen werden.	Jeden Monat möchte Wilhelm einen interpretierten Soll-Ist-Vergleich der Vertriebserfolge und anstehende Akquisen von Rudi erhalten.	Einmal im Jahr setzt Wilhelm mit Nina die Marketing-Strategie fest und möchte monatlich über den Erfolg informiert werden.	Wilhelm möchte von Ute wissen, wann sie die ihr übertragenen Aufgaben erledigt hat. Sollte es Probleme geben, will Wilhelm frühzeitig von ihr unterrichtet werden.	Einmal im Jahr spricht Wilhelm mit Manfred Ziele für den Wareneinkauf und IT durch und möchte monatlich darüber informiert werden, ob die Abteilungen „auf Kurs liegen".

Tabelle 17:
Wilhelm delegiert an seine Mitarbeiter

Wilhelm wollte nicht länger in diesem Teufelskreislauf von eigener Mehrarbeit und gleichzeitiger Schwächung seiner Mitarbeiter gefangen sein. Es war offensichtlich, dass er selbst und alle seine Mitarbeiter von einem Umdenken profitieren konnten.

Er selbst würde
- mehr Zeit haben
- sich verstärkt um seine Mitarbeiter kümmern können

Seine Mitarbeiter würden
- mehr Kontrolle über ihre Arbeitssituation haben und somit weniger einem andauernden Stresszustand ausgeliefert sein
- sich über erhöhte Kreativität, Energie und Gelassenheit freuen
- ein höheres Selbstvertrauen entwickeln können, da sie nun WIRKLICH Verantwortung übertragen bekämen

Wilhelm sah sich die Beziehungen zu seinen direkten Mitarbeitern an. Für jede Person versuchte er nun, deren Freiheitsgrade zu erhöhen und sich gleichzeitig über die Grenzen bewusst zu werden, die er zu ziehen hatte. Schließlich musste er eine Zielrichtung für die Tätigkeiten des Unternehmens vorgeben. Hierfür war er verantwortlich, ebenso für die ständige Weiterentwicklung seiner Mitarbeiter.

Ein wichtiger erster Schritt war getan. Doch anfangs fiel es Wilhelm schwer, sich bei anstehenden Themen zurückzuhalten. In jeder Besprechung in den darauffolgenden Wochen musste er sich auf die Lippen beißen, um nicht seine Meinung kundzutun und alle zu belehren.

Aber langsam merkte er, dass seine Mitarbeiter ganz einfach ihre Arbeit taten und die Ergebnisse sich nach und nach verbesserten. Schließlich hatte er sich in seiner knappen Zeit nicht wirklich richtig um jeden Bereich kümmern können, und seine Mitarbeiter blühten durch die Eigenverantwortlichkeit zu neuem Glanz auf. Waren sie überfordert oder hatten Sie Fragen, konnten sie sich natürlich jederzeit an Wilhelm wenden.

Sein eigenes „Ego" im Zaum zu halten und seinen Mitarbeitern neidlos ihre neuen Erfolge zuzugestehen, war ein Lernprozess für Wilhelm, der nicht immer leicht war. Doch er gab sich redlich Mühe und verlangte sich und seinen Mitarbeitern in der nächsten Zeit einiges ab.

Wilhelm wollte sich auch nicht auf den erreichten Erfolgen ausruhen und beschloss, die Annäherung der Ziele von Mitarbeitern und Unternehmen kontinuierlich zu verbessern. In jährlichen Mitarbeitergesprächen kümmerte er sich intensiv und schonungslos um die gewünschten Tätigkeiten der Mitarbeiter (Bedeutsamkeit/eigene Stärken einbringen/Spaßfaktor) und brachte diese mit den Unternehmenszielen in Einklang, die er vertrat.

Nicht immer ließen sich alle Differenzen ausräumen, aber es klappte erstaunlich gut und seine Mitarbeiter merkten plötzlich, dass für Wilhelm der individuelle „Mensch im Unternehmen" zählte. Auch wenn Wilhelm nicht von seinen eigenen Vorstellungen abwich, ließ er die Mitarbeiter spüren, dass ihm jeder Input wichtig war.

Mit Walter, seinem Vertriebsleiter, stand dann das erste Zielvereinbarungsgespräch an und freudig hielten beide die hoch gesteckten Ziele schriftlich fest:

	Walter	Wilhelm (Vertreter des Unternehmens)
Bedeutsam	Nicht nur Vertrieb „abarbeiten", sondern die Vertriebsstrategie entscheidend mit prägen.	Werte des Unternehmens (Verbindlichkeit, Ehrlichkeit, Erfolg) an neue Interessenten kommunizieren. Umsatz generieren!
Eigene Stärken einbringen	Gute Kommunikation mit Interessenten. Neugierde an allem Neuen!	Stärken Walters fördern: Kommunikationsseminare zu Walters Weiterentwicklung, Walter gibt interne Kommunikationsschulungen an Mitarbeiter.
Spaßfaktor	Event mit wichtigsten Kunden organisieren und durchführen.	Spaßfaktor Walters fördern. Budget für Walters Kundenevents einplanen bei guter Leistung.
Maßnahmen	Überarbeitete Vertriebsstrategie für Neukundenakquise. Eigenständige Auswahl eines Vertriebsmitarbeiters.	Hilfestellung bei der Strategiefindung. Budgetgenehmigung (Grenze für Walter).
Nächstes Mitarbeitergespräch	In 6 Monaten	In 6 Monaten

Tabelle 18:
Zielvereinbarungs-
gespräch
mit Walter

Walter merkte die Veränderung direkt im Gespräch, Wilhelm nahm ihn wirklich wahr! Er hatte immer schon ein gutes Verhältnis zu Wilhelm gehabt und ein Großteil der Arbeit machte ihm auch Spaß. Manchmal kam er sich aber durch Wilhelm bevormundet vor, wenn dieser Kundentermine alleine und ohne sein Wissen ausmachte. Walter akzeptierte dies – schließlich war Wilhelm sein Chef –, aber es ärgerte ihn einfach. Genau wie seine geliebten Kundenevents bei Wilhelm immer auf taube Ohren stießen. Walter organisierte sie schließlich in seiner Freizeit, weil es ihm außerordentlich Spaß machte und er sich freute, wenn die Events hervorragend liefen. Aus seiner Sicht rentierten diese sich auch, doch Wilhelm wollte dies einfach nicht einsehen. Schon oft hatte Walter mit seinen Ideen bei Wilhelm noch nicht einmal einen Termin bekommen.

Doch im jetzigen Gespräch war vieles anders gewesen. Wilhelm hatte sich für *ihn persönlich* interessiert. Walter war nicht ausschließlich zum Vertriebserfolg verdammt, sondern fühlte sich von Wilhelm auch persönlich geschätzt. So interessierte sich Wilhelm neuerdings für die Kundenevents und auch wenn er immer noch nicht daran glaubte, ließ er Walter zumindest die Chance, ihn eines Besseren zu belehren. Beide waren sich darin einig, wenn sich keine Erfolge einstellten, es wieder sein zu lassen.

Walter fühlte sich verstanden, war zufrieden und spürte regelrecht, wie neue Energien in ihm frei wurden. Eine ungeheure Lust, sich selbst weiter zu entwickeln, durchströmte ihn – und Wilhelm sollte daran noch seine wahre Freude haben!

In den kommenden Wochen spürte Wilhelm die Veränderung. Er hatte plötzlich mehr Zeit, sich mit der strategischen Ausrichtung seines Unternehmens und mit der multiplikativen Wirkung seines Führungsstils zu beschäftigen. Dies gelang ihm nur, weil kleine Störungen im Unternehmensalltag gar nicht mehr bis zu ihm vordrangen. Seine Mitarbeiter lösten diese Probleme eigenständig und erfreuten sich ihres steigenden Selbstvertrauens – sie waren zu Problemlösern geworden!

„Ähnlich wie der menschliche Körper muss ein Unternehmen organisiert sein", resümierte Wilhelm. „Die Organe" – sinnbildlich meinte er damit seine Mitarbeiter – „können Fehlentwicklungen am besten immer gleich selbst ausbessern. Nur bei dramatischen Fehlentwicklungen oder nicht lösbaren Problemen informieren sie das Bewusstsein (ihn als Vorgesetzten) und bitten um Unterstützung, aber erst dann! Nur so wird eine Fokussierung im Sinne einer strategischen Ausrichtung des Unternehmens erst möglich. Wenn unser Bewusstsein sich um den Sauerstoffgehalt des Blutes, die Frequenz der Atmung, den Alkoholspiegel im Blut und den Muskelaufbau gleichzeitig kümmern müsste, wären wir nicht in der Lage, unser Essen zuzubereiten oder unserem Job nachzugehen. Wir wären einfach zu beschäftigt mit der Fülle an Aufgaben. Ähnlich wird es wohl dem Unternehmer ergehen, der alles selbst machen will und vor lauter Dringlichkeiten vergisst, seine eigene Zukunft zu gestalten."

Anregungen

1. Überprüfen Sie, ob Sie und Ihr Team:
   - in der Arbeit Ihre eigenen Stärken vermehrt einbringen können
   - Spaßfaktoren ausbauen können
   - die Tätigkeiten mit positiveren Wahrnehmungen besetzen können (Lernen Sie aus dem Experiment von Langer/Crum und den Zimmermädchen!)
2. Schaffen Sie die Voraussetzung zur vollständigen Delegation, indem Sie sich als Vorgesetzter vermehrt auf Ihre Führungsaufgaben konzentrieren. Hinterfragen Sie kritisch, welche operativen Arbeiten Sie wirklich selbst erledigen müssen.

3. Fordern Sie Ihr Team wirklich zu faszinierenden Leistungen und beschützen Sie sich und Ihre Mitarbeiter, im Kampf mit Stress und seinen Folgen.

Literatur Abschnitt 4.1.3:

Zum multiplikativen Führungsstil: vgl. grundlegend Dr. Manfred Winterheller (unveröffentlichte Seminarinhalte).

Zur Abgrenzung Chef und Mitarbeiter sein, die Fördern-und-Fordern-Matrix: Winterheller (2010), S. 43 ff. und Jimenez (2010), S. 208 ff.

Principal Agent Theorie: Jost (2001).

Wahrnehmung der Arbeitsaufgabe: Crum/Langer (2007).

Zur Integration von konkurrierenden Mitarbeiter- und Unternehmenszielen: Heigl/Scheinert (1999).

4.1.4
Gegenseitige Wahrnehmung von Chef und Mitarbeiter

Wie wichtig die gegenseitige positive Wahrnehmung von Chef und Mitarbeiter ist, zeigen die Forschungen von Robert Rosenthal. Er führte seine Experimente zu Beginn mit Schülern und Lehrern durch, die im weiteren Verlauf auf die Gegebenheiten des Arbeitsplatzes übertragen wurden und dort die gleichen Ergebnisse lieferten.

Rosenthal wählte willkürlich Schulklassen aus und bat die Schüler, einen Test auszufüllen, deren Ergebnisse er den Lehrern der Klasse übergab. Rosenthal erklärte den Lehrern, dass die Testergebnisse zeigten, welche Schüler in der Klasse ein besonderes Leistungspotential hätten, überdurchschnittlich talentiert seien und im nächsten Jahr einen großen Entwicklungsschritt machen würden. Die Lehrer wurden verpflichtet, die Schüler nicht über die Testergebnisse aufzuklären, schließlich sollte es zu keinen Diskriminierungen kommen. In Wirklichkeit hatte Rosenthal den Schülern einen bewährten IQ-Test gegeben und die Ergebnisse der Schüler willkürlich verfälscht. Die Lehrer waren also im Besitz einer scheinbar validierten Vorhersagefunktion für clevere Schüler, in Wahrheit im Besitz eines handelsüblichen IQ-Tests mit gefälschten Ergebnissen.

Nach einem Jahr kam Rosenthal in die Schulklassen zurück. Die Schüler, die aus dem damaligen Test *zufällig* als Jugendliche mit großem Potential „hervorgegangen" waren, waren signifikant besser, nicht nur in „subjektiven" Fächern wie Englisch, sondern auch in „objektiveren" Leistungen wie Mathematik. Noch erstaunlicher war das Ergebnis eines weiteren IQ-Tests, den Rosenthal durchführte. Die Schüler mit dem angeblichen Potential waren erheblich besser geworden. Dies alles war geschehen, ohne dass sich die Schüler bewusst gewesen waren, dass sie als talentiert galten. Lediglich der Glaube der Lehrer an das Potential ihrer Schützlinge hatte den Unterschied gemacht. Zufällig ausgewählte Jugendliche hatten non-verbale Botschaften der Lehrer empfangen und entwickelten sich daraufhin überdurchschnittlich.

Wäre es denn nicht wunderbar, wenn die Lehrer an alle ihre Schüler in diesem Ausmaße glaubten? Schließlich waren die Leistungsträger nur zufällig auserwählt worden. Hätten die non-verbalen Botschaften der Lehrer nicht alle Schüler gleichermaßen beflügeln können? Scheinbar steckte in jedem der Schüler ein Potential, das nur abgerufen werden konnte, wenn jemand an ihn glaubte.

Doch nicht nur die Wahrnehmung des Lehrers über die Schüler war relevant, auch im umgekehrten Fall steigerte sich die Leistung der Schüler, wenn sie nur davon überzeugt waren, von einem herausragenden Lehrer unterrichtet zu werden. Wieder spielten die tatsächlich objektiven Leistungen der Lehrer kaum eine Rolle. So wählte Jamieson bei einer Abwandlung des Experiments willkürlich Schulklassen aus, deren Schüler er überzeugte, dass sie vom besten Lehrer der Schule unterrichtet wurden. Evaluationen anderer Schüler und objektive Bewertungen seien zu diesem Schluss gekommen. In Wirklichkeit hatte Jamieson willkürlich einen Lehrer zum Besten seiner Art getauft. Die wiederum rein zufällige Auswahl des „besten Lehrers" führte zu erstaunlichen Resultaten. Nicht nur, dass die Schüler am Ende des Schuljahres ihren Lehrer bestens bewerteten, sie hatten signifikant auch mehr Spaß am Unterricht und erzielten bessere Ergebnisse als die Kontrollgruppe.

In Ihren Mitarbeitern steckt mehr als Sie denken.

Der Glaube daran, dass sie dankbar für ihren guten Lehrer waren, verhalf also nicht nur dem Lehrer in seiner Leistungsbewertung, sondern auch seiner eigenen Performance.

In der Übertragung der Experimente auf die Gegebenheiten des Arbeitsplatzes zeigte sich das gleiche Ergebnis. Waren die Chefs erst einmal überzeugt davon, dass Sie die besten Mitarbeiter hatten, fehlten diese weniger und ihre Performance und Arbeitszufriedenheit stieg.

Zeigen Sie Ihren Mitarbeitern, dass Sie der beste Chef sind, und geben Sie gleichzeitig immer wieder Signale an Ihre Mitarbeiter, dass Sie jedem Einzelnen dankbar sind. Vertrauen Sie auf die Potentiale Ihrer Mitarbeiter: Sie werden von den Ergebnissen überrascht sein.

Von der Kunst des Lobens

Es ist uns allen bekannt, dass ein Lob des Chefs ermutigend wirkt und manchmal sogar von Mitarbeitern als wichtiger empfunden wird als eine finanzielle Belohnung. Doch ist jede Art des Lobens zielführend?

Dweck untersuchte 1998 verschiedene Arten des Lobens und ihre unterschiedlichen Konsequenzen auf Emotionen und Performance der Gelobten, dabei kam sie zu erstaunlichen Ergebnissen.

Das Experiment wurde zuerst mit 10-jährigen Kindern gemacht und später auf Erwachsene übertragen.

Alle Kinder bekamen eine Aufgabe, die sie zu erledigen hatten, und wurden dafür gelobt. Obwohl jedes Kind die gleiche Aufgabe zu bearbeiten hatte, war die Begründung des Lobs in den zwei willkürlich gebildeten Gruppen unterschiedlich. Während die Kinder der ersten Gruppe (G1) dafür gelobt wurden, dass sie so intelligent waren, wurden ihre Kameraden der zweiten Gruppe (G2) dafür gelobt, dass sie sich so angestrengt hatten.

Nun mussten alle Schüler einen zweiten Test absolvieren. Die Besonderheit bestand nun darin, dass sie aus zwei Tests einen für ihre Bearbeitung auswählen konnten. Während der eine Test sehr einfach und der Erfolg nahezu sicher war, war der Schwierigkeitsgrad des zweiten Tests bei weitem höher, allerdings versprach dieser einen echten Lerneffekt – ganz im Gegensatz zum einfachen Test.

Von den Mitgliedern der ersten Gruppe (Lob für die Intelligenz) wählten 50% den einfachen Test, wohingegen aus der zweiten Gruppe (Lob für die Anstrengung) 90% den schweren Test wählten.

Hatte die erste Gruppe eine erhöhte Versagensangst entwickelt? Gelobt für ihre kaum kurzfristig veränderbare Intelligenz mussten sie fürchten, dass diese nach dem erneuten Test anders bewertet werden würde. Sie wählten den sicheren Erfolg, der die erste Einschätzung nicht auf die Probe stellte.

Gruppe zwei hingegen ahnte, dass sie auch dieses Mal für ihre erneute Anstrengung gelobt werden würde und erhoffte sich spannendere Lerneffekte vom schweren Test. Da sie weniger für das Ergebnis als vielmehr für ihren Einsatz gelobt worden waren, widmeten sie sich mit Spaß an der Sache der neuen Herausforderung.

Nun ging das Experiment in die dritte Runde und Dweck gab den Jugendlichen eine unlösbare Aufgabe, deren Schwierigkeitsgrad für die 10-jährigen definitiv zu hoch war. Ihr Scheitern war vorbestimmt. Während die Mitglieder von G1 sich schnell von den Aufgaben überfordert fühlten und des Tests überdrüssig wurden, hielten ihre Kollegen aus G2 nicht nur länger durch, sie genossen den Test auch erheblich mehr. Die Mitglieder von G1 hatten sich im Verlauf des Tests immer mehr zu Perfektionisten (vgl. ausführlich Kapitel 3.3.1) entwickelt und kämpften mit den Konsequenzen.

Die letzte Runde des Experimentes war aber noch interessanter. Die Kinder bekamen nun einen Test vorgesetzt, deren Art und Schwierigkeitsgrad sehr dem allerersten ähnelte. Während die Jugendlichen von G2 um 30 % besser abschnitten als in ihrem ersten Versuch, sank die Performance der Teilnehmer von G1 um 20 %. Die Kinder aus der Gruppe G2 (Lob für deren Anstrengung) hatten sich in jeder Teststufe weiter entwickelt und waren nun unterfordert, wohingegen sich unter den Teilnehmern aus G1 schrittweise eine Angst vor dem Versagen breit gemacht hatte.

Falsches Lob schadet der Produktivität und den Mitarbeitern.

Jedes der 10-jährigen Kinder wurde gelobt, die Art des Lobens hatte jedoch einen enormen Unterschied gemacht. Ein gut gemeintes Lob kann also auch richtigen Schaden anrichten.

Übertragen auf den Unternehmensalltag würde dies bedeuten, Mitarbeiter und Chefs für deren Einsatz zu loben und nicht – wie üblich – ausschließlich für das erzielte Ergebnis. Dadurch könnten Sie das Potential, das noch in Ihren Mitarbeitern schlummert, heben und fördern. Die gemeinsame Feude von Chef und Mitarbeitern über diese Art des Lobens gibt zusätzliche Kraft für den gemeinsamen Arbeitsalltag!

Was tun bei Fehlern?

Wenn ein falsches Lob schon die Angst der Mitarbeiter vor dem Versagen schüren kann, wie sollen sich Mitarbeiter und Vorgesetzter bei wirklichen Fehlern verhalten? Was ist zu tun, wenn Fehler passieren, die dem Geschäftserfolg schaden? Sollen wir darüber hinwegsehen oder sofort intervenieren? Können wir alle aus den gemachten Fehlern lernen oder sollten wir alle Kraft investieren, erst gar keine Fehler zuzulassen?

Wieder einmal gibt uns die Wissenschaft interessante Hinweise. Amy Edmondson untersuchte Ärzte in Krankenhäusern daraufhin, ob eine gute Teamarbeit zu geringeren medizinischen Fehlern führte. Mit großer Verwunderung stellte sie fest, dass die besten Teams über die meisten Fehler berichteten. Wie war das möglich? Wie konnte es sein, dass sich in guten Teams die Fehler häuften? Eine tiefere Analyse brachte Licht ins Dunkel. Es stellte sich heraus, dass gute Teams nicht mehr Fehler machten, sie *berichteten* über die gemachten Fehler ausführlicher. Das Wissen über die unterlaufenen Fehler half jedem Teammitglieder, diese künftig zu vermeiden. Dieses Vorgehen war allerdings nur möglich, wenn die Ärzte keine individuellen Konsequenzen befürchten mussten, wenn sie über einen Fehler berichteten. Die besten Teams verfügten über eine Arbeitsatmosphäre, die nicht von Angst geprägt war, sondern vom gemeinschaftlichen Willen, ihre Arbeit jeden Tag noch besser machen zu wollen. Das Mitteilen der begangenen Fehler war hierfür essentiell. Sobald ein Fehler passierte, wurde dieser berichtet, analysiert und stand allen Teammitgliedern zur Verfügung. So konnte die tatsächliche Fehlerquote gesenkt werden, denn in den wirklich objektiven – und auch nicht zu vertuschenden Fehlern (z. B. Anzahl der Todesfälle) – waren die besten Teams bei weitem erfolgreicher als ihre Kollegen.

Über Fehler sprechen, anstatt sie (nur) zu vermeiden.

Schaffen auch Sie eine Atmosphäre in Ihrem Unternehmen, in der jeder Mitarbeiter über seine Fehler berichten kann, ohne negative Konsequenzen zu fürchten. Sie kommen als Unternehmen nur dann einen Schritt weiter, wenn Sie eine Gemeinschaft schaffen, die sich dauernd verbessert – Fehler gehören dazu. Nur zweimal dürfen sie nicht begangen werden, das ist die scharfe Grenze des Vertrauens.

Anregungen

1. Beobachten Sie in Ihrer nächsten Arbeitswoche die nachfolgenden Fragestellungen und machen Sie sich Notizen:
   - In welcher Weise lobe ich meine Mitarbeiter und wie oft?
   - Traue ich Ihnen wirklich ein viel größeres Potential zu als die Arbeit, die sie heute leisten?
   - Gibt es Mitglieder in meinem Team, die die Arbeitsatmosphäre stören?
   - Was passiert, wenn ein Teammitglied einen Fehler macht?

Literatur Abschnitt 4.1.4:

Gegenseitige Wahrnehmung: Rosenthal/Jacobson (1992), Jamie-son,/Lydon/Stewart/Zanna/Mark P. (1987).
Loben: Dweck/Mueller (1998), Bronson (2007).
Fehler: Edmondson (1999), Edmondson (1996), Ben-Shahar (2009), S. 133 ff.

4.1.5
Sport und Relaxen

Wenn Sie als Chef bemerken, dass etwas „Sand ins Getriebe" ge-kommen ist, obwohl die Rahmenbedingungen stimmen, liegt es mit großer Wahrscheinlichkeit am Energielevel: dem der Gruppe, der einzelnen Teammitglieder oder Ihrem eigenen.

Versuchte man sich früher (meist vergeblich) im Zeitmanage-ment, gilt es heute, die Energien des Einzelnen und der Gruppe zu behüten oder noch besser zu erhöhen.

Wir können unsere Performance und unsere innere Zufrieden-heit ähnlich einem Muskel trainieren. Auf Phasen der Anspannung müssen Phasen der Entspannung folgen. Trainieren wir den Mus-kel gar nicht, verkümmert er ebenso wie bei einer Überbeanspru-chung ohne Ruhepausen.

Versuchen Sie, Ihr Team wirklich zu fordern, geben Sie ihm Auf-gaben, bei denen die Mitarbeiter voll bei der Sache sind, aber auch an ihre eigenen Grenzen gehen. Diese Art der Übung ist für die meisten Chefs nicht ungewöhnlich. Umso wichtiger ist die Erkenntnis, dass Wachstum nur durch eine gezielte Ergänzung um Ruhepausen mög-lich ist. Sorgen Sie dafür, dass Ihre Mitarbeiter mit einem 8-Stunden-tag auskommen und gehen Sie ansonsten den wirklichen Ursachen

„Ich kann die Arbeit eines Jahres in neun Monaten erledigen, aber nicht in zwölf."
[John Pierpont Morgan]

auf den Grund. Vielleicht hat einer Ihrer Mitarbeiter noch nicht die Fähigkeiten in sich aufgebaut, die für die Bewältigung der Aufgaben nötig sind, oder vielleicht sind es für einige Mitarbeiter einfach zu viele Tätigkeiten? Eines ist sicher, zu wenige Ruhepausen verschlim-mern die Situation des Unternehmens. Ohne ausreichende Entspan-nung werden Sie noch mehr in Zeitnot geraten. Überstunden ver-bessern die Situation nicht, im Gegenteil. Wissenschaftler empfeh-len nach ca. 90 Minuten eine mindestens 15-minütige Ruhepause einzulegen, um die Energietanks aufzufüllen und die Aufmerksam-keit wieder zu fokussieren. Bekämpfen Sie Stress und Zeitnot, wie wir das im Kapitel 4.1.2 aufgezeigt haben. Sorgen Sie darüber hinaus für die nötigen Ruhepausen für Ihre Angestellten und sich selbst.

Phasen der An- und Entspannung abwechseln zu lassen sollte sich nicht nur auf körperliche Aktivitäten beschränken. Loehr und Schwartz zeigen in ihrer Arbeit mit Spitzensportlern die Notwendigkeit, die Teammitglieder neben der physischen auch auf der emotionalen, spirituellen und der kognitiven Ebene zu fordern und danach wieder zu entlasten. Beispiele im Unternehmensalltag könnten wie folgt aussehen:

	Stärkung	Erholung	Rituale
Physisch	Sport, Ernährung	Ruhepausen in der Arbeit, Wochenende, Urlaub achten	ein Sportevent/Monat, alle 90 min. 15 min Pause, Ernährungsberatung/Monat
Emotional	Wirkliches Zuhören, Einfühlen in andere Mitarbeiter und Kunden, Selbstkontrolle	Auf sich selbst achten und die eigenen Emotionen reflektieren	Kommunikationstraining/Monat
Spirituell	Kreativen Freiraum für die Mitarbeiter schaffen, Selbstverwirklichung unterstützen	Routinearbeiten, Gewohntes erledigen	Potentiale für Selbstverwirklichung in die Zielvereinbarungsgespräche mit einbauen
Mental	Neue Aufgabengebiete entdecken, neue Herausforderung bieten	Immer Gewohntes mit einbauen, was Sicherheit und Selbstvertrauen gibt	Entwicklungsplan mit Mitarbeitern machen und auf Förderung versteckter Potentiale achten, die heute noch nicht sichtbar sind

Tabelle 19: **Physische, emotionale, spirituelle und mentale Mitarbeiter-Förderung im Mix mit Ruhephasen**

Finden Sie für sich und Ihre Mitarbeiter die optimale Arbeitsmenge und schaffen Sie Raum für die nötige regelmäßige Abwechslung zwischen Beanspruchung und Erholung!

Happy company/Teil 5: Energie aufbauen!

Fallstudie

Wilhelm brauchte nach der Lektüre dieser Einheit keine große Phase der Reflektion. Zu sehr hatten ihn die Ausführungen an seine eigenen Erlebnisse aus „Happy family/Teil 7 – „Weniger ist mehr" oder „Qualität statt Quantität" – erinnert. Am eigenen Leib hatte er die positiven Auswirkungen von Sport und Ruhepausen auf sein Energielevel gespürt.

Jedem seiner Mitarbeiter sollte dieser „Luxus" zugute kommen. Wenn alle Angestellten der Happiness AG diese neue Kraft verspürten, wie sehr wäre jeder von ihnen stolz auf seine eigene Leistungsfähigkeit! Wie sehr

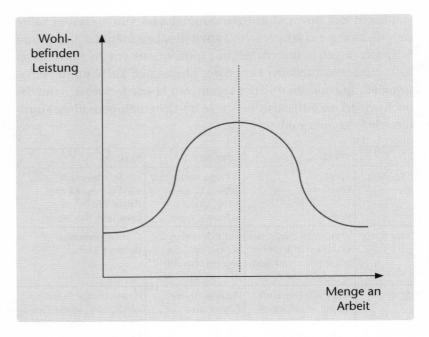

würde das Selbstvertrauen jedes einzelnen Teammitglieds steigen und wie stark wäre der Gesamteffekt erst für die Gesellschaft? Ein augenscheinlicheres Win-Win für alle Beteiligten gab es kaum.

Augenblicklich begann Wilhelm zusammen mit Ute, Anleitungen und Regeln auszuarbeiten, um das Konzept umzusetzen. Alle sollten in den Genuss des neuen Energieniveaus kommen, Wilhelm wollte als Unternehmer natürlich auch selbst davon profitieren.

	Energie aufbauen (körperliche Anstrengung)	**Ruhepausen**
Regeln für alle	2 x in der Woche innerhalb der Arbeitszeit bei wechselnden Sportarten 60–80 % Herzfrequenz erreichen. Über die positiven Aspekte des Sport Treibens aufklären!	Alle 90 Minuten 15 Minuten Pause. Kontrolle der Arbeitszeiten und keine Wochenendarbeiten, Urlaubszeiten sollten weder angespart noch ausbezahlt werden.
Individuell auf den jeweiligen Mitarbeitern zugeschnitten	Vom Unternehmen bezahlte individuelle Ernährungsberatung. Das Essensangebot in der eigenen Kantine dementsprechend ausrichten.	In Zielvereinbarungsgesprächen eine gemeinsame Analyse der Arbeitsbelastung.

Tabelle 20:
**Sport und
Relaxen in der
Happiness AG**

„Es gibt ganze Forschungszweige, Studiengänge und unzählige Seminare, in denen wir lernen können, unter welchen Umständen ein Motor gut funktioniert und wie wir ein Konzept aus Belastungszeiten und Wartungsarbeiten zusammen stellen. Unter welchem Mix aus Be- und Entlastung unser eigener Körper jedoch am besten funktioniert, wissen nur wenige von uns, und die konsequente Anwendung der Erkenntnisse ist noch seltener", resümierte Wilhelm, dem die Vorteile von „Corporate Happiness" immer bewusster wurden.

Werden Sie sich Ihrer Arbeits- und Ruhepausen bewusst und tragen Sie diese eine Woche vorher in Ihren Kalender ein, z. B.

Übungen

Uhrzeit	Montag	Dienstag
8 Uhr	Arbeitsbeginn	...
10 Uhr	Pause (15 min)	...
12 Uhr	Mittagessen mit Spaziergang (1,5 h)	...
14 Uhr	Pause (15 min)	...
16 Uhr	Pause (15 min)	...
18 Uhr	Arbeitsende	...
20 Uhr	Freizeit/Sport	...
22 Uhr	Schlaf	...
24 Uhr	„	...
2 Uhr	„	...
4 Uhr	„	...
6 Uhr	Aufstehen	...

Organisieren Sie ein gemeinsames Sportevent für sich und Ihre Mitarbeiter, das zum festen Ritual avancieren kann (z. B. „Wer Lust hat, trifft sich mittwochs abends um 18 h in der Halle Glückshausen zum gemeinsamen Badmintonspiel").

Literatur Abschnitt 4.1.5:

Loehr/Schwartz (2001) bzw. Loehr/Schwartz (2003).
Ben-Shahar (2009), S. 144 ff.

4.1.6
Das Team beschützen und Spaß verbreiten

Beachten Sie bei Ihren Überlegungen die Dynamik von Gruppen. Oftmals genügt in einem Team ein einziger Störenfried, der „Corporate Happiness" gründlich zerstören kann. Seien Sie diesbezüglich rigoros. Erinnern Sie sich an die Bedeutung von Konflikten und die Gefahren des Teufelskreislaufes von falscher Kommunikation. Einige wenige Mitarbeiter können das Betriebsklima komplett vergiften.

Rechthaberei, egozentrisches Verhalten und eine mangelhafte Kinderstube haben so gravierende Auswirkungen auf andere Mitarbeiter, dass Sie so etwas nicht akzeptieren können.

Fördern Sie das aktive konstruktive Feedback in Ihrem Unternehmen (vgl. Kapitel 3.4.2), und tragen Sie dazu bei, dass die Kommunikation zwischen den Mitarbeitern auch in einer nach oben gerichteten Kommunikationsspirale mündet.

Beschützen Sie Ihr Team.

Jede Gruppe benötigt einen Vorgesetzten, der sie beschützt, und der sich um jedes Mitglied mit seinen individuellen Zielen und Sorgen kümmert.

Wie der Spaß die Arbeit beflügelt

Wie wichtig der Spaßfaktor für das Wohlbefinden ist, haben wir im Kapitel 3.1 bereits erläutert. Fördern Sie den Spaß in Ihrem gesamten Team! Es gibt unzählige Möglichkeiten hierfür. Mit den bereits angesprochenen Sportevents schlagen Sie gleich mehrere Fliegen mit einer Klappe. Wichtig ist, dass es von den Mitarbeitern auch als etwas Besonderes wahrgenommen wird, etwas, das im „normalen" Weltbild eigentlich gar nicht zur Arbeit passt. Gehen Sie bewusst neue Wege und erfinden Sie diese immer wieder neu. Wir gewöhnen uns (zu) schnell an gute Veränderungen und so ist es auch mit dem empfundenen Spaß.

Fördern Sie den Spaßfaktor in Ihrem Unternehmen.

Wie Menschen mit Spaß für Tätigkeiten begeistert werden können, zeigt die „Fun Theory" der Volkswagen AG in Schweden. Selbst unangenehme Tätigkeiten gehen mit Spaß leicht von der Hand.

Um Menschen dazu zu bringen, ihren Müll nicht auf die Straße, sondern in einen dafür vorgesehenen Mülleimer zu werfen, wurde dieser technisch präpariert. Jedes Mal, wenn jemand etwas in den Eimer warf, ertönte das Geräusch eines fallenden Gegenstands, das den Beobachter glauben ließ, der Mülleimer wäre mehrere hun-

Abbildung 30:
**Tiefster Mülleimer
der Welt**
(Quelle: http://
www.youtube.
com/watch?v=
cbEKAwCoCKw)

dert Meter tief. Der Mülleimer erhielt zudem die Aufschrift „tiefster
Mülleimer der Welt" und wurde so am Straßenrand aufgestellt. Es
dauerte nicht lange und die Passanten wurden neugierig. Es bilde-
ten sich kleinere Gruppen um den ominösen Mülleimer, und nur
um den Ton ein weiteres Mal zu hören, warfen Passanten sogar
fremden Müll in den Eimer. An einem einzigen Tag wurden 72 kg
Müll in die Tonne geworfen, fast doppelt so viel wie sonst!

Treppenstufen, die einem Klavier ähnlich sehen und beim Betre-
ten unterschiedliche Töne von sich geben, animierten die Passan-

Abbildung 31:
**Treppensteigen
mit Spaß**
(Quelle:
www.dianhasan.
wordpress.com)

ten, das Treppensteigen der Rolltreppe vorzuziehen. Im Vergleich zu den üblichen Messungen wurden die anstrengenderen Stufen mit einer Steigerung von 66 % der Rolltreppe vorgezogen.

Nutzen Sie die menschliche Neugierde und den Spaßfaktor für sich und Ihr Unternehmen und seien Sie kreativ, um das Energielevel Ihres Teams zu erhöhen.

Fallstudie | ### Happy company/Teil 6: Spaß fördern, Team beschützen!

Wilhelm hatte verstanden, dass er als Chef weniger für das konkrete „Probleme lösen" zuständig war. In seiner beruflichen Vergangenheit hatte er diese Aufgabe immer wieder gerne an sich gerissen. Doch die Erfolgserlebnisse überließ er nun seinen Mitarbeitern, die ohnehin Spezialisten auf ihren jeweiligen Gebieten waren.

Er wollte jetzt vermehrt seinen Führungsaufgaben nachkommen. Dazu gehörte es vor allem, eine auf Happiness ausgerichtete Arbeitsatmosphäre zu kultivieren. Jeder Mitarbeiter wurde als Mensch mit seinen eigenen Fähigkeiten, Neigungen und Wertvorstellung wahrgenommen. Wilhelm wollte aber auch den Spaß in der Arbeit fördern! Ihm leuchteten die Konsequenzen der „Fun Theory" sofort ein, hatte er doch selbst erlebt, wie erfolgreich er bei Tätigkeiten war, die im Spaß machten. Meistens freute er sich schon am Vorabend darauf und empfand die Arbeit gar nicht als solche.

Mit jedem seiner Mitarbeiter wollte Wilhelm versuchen, in einem persönlichen Gespräch den Blickwinkel auf die anstehenden Arbeiten so zu drehen, dass ihm diese mehr Spaß machten. Natürlich ging das nur in begrenztem Maße, doch er wollte es zumindest versuchen.

Der richtige Spaß entstand jedoch in der gemeinsamen Erledigung der Aufgaben und der Arbeit im Team.

Wilhelm hatte bemerkt, dass Walter und Manfred bei Teamsitzungen das Energielevel der Gruppe erheblich störten. Walter musste jeden Vorschlag seiner Kollegen kommentieren und niedermachen. Er wusste immer schon vorher, warum „dies nicht funktionierte" oder dass er „jenes sich selbst schon früher ausgedacht hatte". Meistens war dies zwar tatsächlich wahr, denn Walter hatte nun mal die meisten Ideen, doch Wilhelm merkte, dass gerade Ute und Nina immer weniger und immer zaghafter eigene Vorschläge in die Runde einbrachten. Sie waren durch das herrische Auftreten Walters stark verunsichert und manchmal wünschten sie sich beide, dass es gar keine Brainstorming-Sitzungen mehr gäbe.

Manfred zog die Stimmung der Gruppe eigentlich ständig nach unten. Meistens war er schlecht gelaunt und raunzte schon mal Mitarbeiter an, die Vorschläge machten, die ihm nicht gefielen. Manfred war schon lange im Unternehmen und eine Anerkennung für Leistungen anderer kam ihm so schnell nicht über die Lippen. Wenn er jedoch einen Fehler seiner Kollegen bemerkte, wurde er regelmäßig laut, besonders dann, wenn das Missgeschick seinen eigenen Arbeitsbereich tangierte.

Wilhelm wollte das Verhalten der beiden nicht länger tolerieren. Zu sehr stachen ihm die negativen Aspekte ihres Handelns ins Auge, das die Leistung anderer blockierte und den Spaß im Team verhinderte. Natürlich waren Walter und Manfred „schon immer so gewesen", aber das wollte er ab sofort nicht mehr hinnehmen.

Wilhelm glaubte daran, dass jeder Mensch die Fähigkeit hatte, sich zu ändern, und das galt auch für Walter und Manfred. Dass dies für die beiden nicht einfach werden würde, lag auf der Hand, aber er entschloss sich, beiden eine faire Chance zu geben. Lange und ausführlich klärte er beide in Einzelgesprächen darüber auf, warum manche Eigenarten von ihnen das Potential der gesamten Gruppe minderten. Beiden bot er großzügig seine Unterstützung an, denn schließlich wollte er seine verdienten Mitarbeiter am liebsten behalten, doch sie mussten an sich arbeiten und vor allem dazu auch wirklich bereit sein. Unmissverständlich machte er aber sowohl Walter als auch Manfred klar, dass er sich von ihnen trennen würde, wenn sie sich gegen eine persönliche Veränderung sträubten. Kein Mitarbeiter war in letzter Konsequenz unersetzlich – auch wenn Wilhelm sich die Happiness AG schwer ohne Manfred und Walter vorstellen konnte.

Wilhelm stellte sich immer grundsätzlich hinter seine Angestellten, doch wenn andere Teammitglieder unter einzelnen Mitarbeitern litten, musste er eine Entscheidung treffen.

„Mein Team fördern und fordern, das ist meine eigentliche Führungsarbeit", reflektierte Wilhelm nach seinen Mitarbeitergesprächen, die nicht einfach gewesen waren. Er verstand nun, dass ein echter Chef nicht (kurzfristig) von der Sympathie seiner Angestellten abhängig sein durfte. Dann wäre er den unangenehmen Gesprächen mit Walter und Manfred sicher aus dem Weg gegangen, doch die eigentlichen Leidtragenden wären dann die restlichen Mitarbeiter der Happiness AG gewesen. Im Extremfall hätte dies einen enormen Verlust für die Firma bedeuten können, wenn die Betroffenen vielleicht über kurz oder lang die Happiness AG verlassen hätten.

Anregungen

1. Wie kann ich den Spaßfaktor der Arbeit erhöhen? Wie kann ich bei meinen Mitarbeitern Begeisterungsfaktoren in den täglichen Berufsalltag integrieren?
2. Welche Mitarbeiter oder Teammitglieder stören die Gruppe oder verhindern Flow/Kreativität der anderen? Bin ich bereit, dies zu tolerieren? Kann ich durch mein Einschreiten mögliche Ressourcen bei den anderen Mitarbeitern freisetzen?

Literatur Abschnitt 4.1.6:

Spaß an ungeliebten Tätigkeiten: Volkswagen fun theory (www. volkswagen.de).

Eine interessante Typologie verschiedener Kommunikationstypen und ihrer Auswirkung auf Gruppen bietet Winterheller (2010), S. 221 ff.

4.1.7
Zusammenhang zwischen My Happiness und
Corporate Happiness innerhalb des Unternehmens

Wie in den vorhergehenden Kapiteln dargestellt, ist es faszinierend zu sehen, wie wir in unserem alltäglichen Leben unterbewusst geprägt werden. Neben den Medien ist die Arbeitswelt als einer der größten Einflussfaktoren zu nennen. Durchschnittlich arbeiten wir an Werktagen etwa 8 Stunden und werden so entscheidend durch die Unternehmenskultur des jeweiligen Arbeitgebers beeinflusst. Wenn wir dies aber nicht als gegebenen Zustand, sondern als gestalterische Variable begreifen, können wir für die Mitarbeiter eines Unternehmens optimale Arbeitsbedingungen schaffen. Nur, wenn wir – jeden Tag – konsequent eine glücklichere Unternehmenskultur anstreben, werden wir die wahren Potentiale von Chefs und Belegschaft kennen lernen. Aus diesem Ansatzpunkt heraus ist die Konzeption zu Corporate Happiness entstanden.

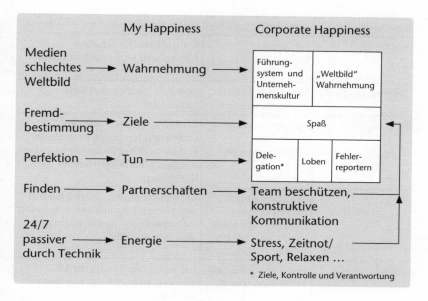

Abbildung 32:
Zusammenhang
My Happiness
und Corporate
Happiness

Abbildung 32 können Sie entnehmen, wie My Happiness und Corporate Happiness zusammen spielen. Ausgehend von der Maxime, dass zunächst jeder Einzelne danach strebt, sich jeden Tag glücklicher zu fühlen, wird die Betrachtungsweise seiner Welt stark von den verschiedenen Weltbildern beeinflusst.

Bei der Einführung von Corporate Happiness müssen die bereits behandelten Themengebiete, die in der nachfolgenden Tabelle nochmals aufgeführt sind, alle ineinander greifen. Erst wenn die dargestellten Problemfelder zwischen Mitarbeitern und Vorgesetzten ganzheitlich behandelt werden, entsteht der gewünschte betriebswirtschaftliche Mehrwert durch den Corporate Happiness-Ansatz.

Problemfelder	Gefahren	Maßnahmen
Stress	Fehlerquote, Fehltage	Kontrolle der Mitarbeiter. Abreagieren (vgl. Energiemanagement).
Zeitmanagement	Termindruck, nicht erledigte Arbeiten	Kontrolle der Zeit durch die Mitarbeiter.
Führung	Mitarbeiter akzeptieren Chef und Weisungen nicht.	Chef muss führen, Grenzen setzen und Freiräume beschützen. Er darf nicht nur Probleme lösen und von den Mitarbeitern geliebt werden wollen.
Ziele	Mitarbeiter optimieren ihre eigenen Ziele oder die Motivation sinkt bei der Arbeit.	Mitarbeiter finden, deren Ziele mit den Unternehmenszielen in Einklang stehen und sich darum kümmern, dass dies so bleibt.
Loben	Perfektionismus und Angst zu versagen, steigt.	Loben Sie den Einsatz der Mitarbeiter, nicht nur das Ergebnis der Mühen.
Umgang mit Fehlern	Lerneffekte fehlen.	Schaffen Sie eine vertrauensvolle Atmosphäre, in der über Fehler berichtet werden kann.
Energiemanagement	Energie fehlt, Probleme erscheinen subjektiv kaum lösbar.	Fordern Sie Ihre Mitarbeiter, aber räumen Sie ihnen immer wieder Pausen ein (Pausen während des Arbeitstages, 8 h Tag, Wochenende ohne Arbeit, ausreichend Urlaub).
Kommunikation untereinander	Gruppe von eigentlich tollen Mitarbeitern wird durch wenige unterwandert.	Beschützen Sie das Team (jeden Einzelnen) und regen Sie eine positive Kommunikation an. Integrieren Sie Dankbarkeits- und Großzügigkeitsübungen in den Arbeitsalltag Ihrer Mitarbeiter. Verbreiten Sie Spaß in der Arbeit!

Tabelle 21: Unterstützende Maßnahmen für die Beziehung Vorgesetzter zu seinen Mitarbeitern und zwischen den Mitarbeitern untereinander

Es empfiehlt sich, all diese Maßnahmen durch den Einsatz von Ritualen zu begleiten. Dabei genügen 2 Rituale in einem Zeitraum von 3 Monaten. Nehmen Sie sich nicht zu viel gleichzeitig vor. Bei zu vielen Ritualen wächst die Gefahr, sich zu verlieren, und eine Überforderung kann dazu führen, dass Sie nicht die Kraft haben, auch nur einem einzigen Ritual zu folgen.

4.2
Das Spannungsverhältnis zu anderen Stakeholdern aus dem Blickwinkel der positiven Psychologie

Bislang haben wir an der Happiness von Vorgesetztem und seinen Mitarbeitern innerhalb des Unternehmens gearbeitet. Im Folgenden werden wir uns zu Nutzen machen, dass Begeisterung und Glück ansteckend sind! Wir integrieren weitere Anspruchsgruppen mit in das Corporate Happiness-Konzept, denn die betriebswirtschaftlichen Potentiale für ein Unternehmen liegen in der Optimierung aller menschlichen Beziehungen, nicht nur denen der eigenen Organisation.

4.2.1
Beziehungen zu Kunden

Wir haben uns mit dem Glück der Mitarbeiter ausgiebig beschäftigt und damit bereits einen wichtigen Grundstein zu einer guten Kundenbeziehung gelegt. Wenn Sie Kunde der Happiness AG wären: Würden Sie nicht auch von den begeisterten Mitarbeitern und dem offensichtlichen Spaß, den die Menschen dort bei der Arbeit haben, angesteckt werden? Unternehmen mit glücklichen Mitarbeitern werden zu Magneten, weil Happiness eben ansteckend ist.

Wie können wir unsere Interessenten und Kunden aktiv in unser Happiness-Konzept mit einbeziehen?

Die Wahrnehmung des Kunden beginnt im Vertrieb

Im Vertriebsprozess lernen Ihre Interessenten Ihr Unternehmen das erste Mal kennen. Sie kommen in Berührung mit Ihren Anzeigen, E-Mails, Telefonaten, oder sie erleben Ihre Mitarbeiter in persönlichen Gesprächen. Diese erste „Kennenlernphase" eignet sich perfekt, um die Werte Ihres Unternehmens, Ihre Unternehmenskultur, den Umgang mit Kunden und Lieferanten zu offenbaren. Machen Sie sich vor einem Termin klar, dass der Kunde Sie kaum kennt und dass Sie permanent viel mehr als die reinen Inhalte an ihn übermitteln. Allein durch Ihr Auftreten und Ihr Verhalten vermitteln Sie Werte wie Ehrlichkeit und Anstand, die es dem Interessenten leichter machen, auf Ihre Produkteigenschaften zu vertrauen. Nutzen Sie diese Chance am besten gleich zu Beginn Ihrer Geschäftsbeziehung. Hat sich beim Interessenten ein gewisses „Bild" Ihres Unternehmens erst mal eingeprägt, bedeutet es wesentlich mehr Arbeit, dieses zu ändern!

Nehmen Sie Ihren Kunden als *Mensch* wahr, mit all seinen individuellen Besonderheiten. Fragen Sie sich wirklich im Sinne von „My Happiness", welche Möglichkeiten Sie mit Ihrem Unternehmen haben, Ihren Kunden mit Ihrer Dienstleistung oder Ihrem Produkt glücklicher zu machen. Gerade im Business-to-Business Geschäft wird der Mensch als Kunde häufig mit dem Unternehmen verwechselt, für das er arbeitet. Beschäftigen Sie sich daher ausführlich mit seiner Position und der Frage, wie Sie für seine weitere persönliche Entwicklung hilfreich sein können. Was können Sie tun, damit er sich gut fühlt? Sicher nicht, ihm lang und breit zu erklären, dass er lange Zeit alles falsch gemacht hat und dass sich das erst jetzt durch Ihr Produkt bzw. Ihre Dienstleistung ändern wird. Lassen Sie ihn selbst neugierig werden und seien Sie auch neugierig in Bezug auf ihn. Versuchen Sie, sich einzufühlen, um seine Sorgen und Ängste wirklich zu verstehen.

Der Kunde – ein glücklicher König?

Gerade im Dienstleistungsgeschäft fängt die eigentliche Arbeit erst an, wenn der Kunde Sie beauftragt hat. Im Gegensatz zu reinen Produktkäufen, bei denen die versprochenen Eigenschaften des Produkts erst nach dem Erwerb der subjektiven Überprüfung des Kunden standhalten müssen, entsteht bei der Dienstleistung das Arbeitsergebnis erst nach einiger Zeit (z. B. in Beratungsprojekten, Gutachten etc.). Mehr noch, der Kunde ist an vielen Stellen des Projekts selbst mit eingebunden (in Informationsmeetings, bei der Präsentation von Ergebnissen o. ä.).

Interessieren Sie sich für den Menschen in Ihrem Kunden.

Im besten Fall sollte der Kunde hieran auch richtig Vergnügen haben! Zeigen Sie ihm, wie ein Beratungsprojekt für ihn auch wirklich Spaß machen kann. Integrieren Sie den „Funfactor" in Standardschulungen oder Weiterbildungen. Bauen Sie z. B. spielerische Elemente ein oder lassen Sie ausgewählte Veranstaltungen in der Natur stattfinden, kombiniert mit Outdooraktivitäten. Lassen Sie Ihre Kunden (Teilnehmer) das Erlernte auch spüren und wahrnehmen. Nehmen Sie sich Zeit für den „Menschen im Kunden", hören Sie aufmerksam zu und versuchen Sie, ihn als Freund zu sehen und nicht als Marionette im betriebswirtschaftlichen Spiel zwischen Angeboten, Aufträgen und Rechnungen. Bemühen Sie sich um eine besonders gute Beziehung und überraschen Sie Ihre Kunden regelmäßig durch eine unerwartete Aufmerksamkeit. Das muss nicht unbedingt das klassische „kleine Geschenk" sein, sondern kann ein interessierter Anruf sein, wenn Sie mitbekommen, dass er oder seine Firma irgendetwas geleistet haben, auf das er stolz sind. Zelebrieren Sie die guten Momente im Geschäftsleben gemeinsam!

Was das Gehirn speichert

Für unsere Produkte und Dienstleistungen ist entscheidend, wie das Gehirn unserer Kunden die erlebten Erfahrungen abspeichert. Die Wissenschaft hat nachgewiesen, dass unser Gehirn nicht die gesamten Erfahrungen einer Dienstleistung emotional abspeichert, sondern nur die beste Emotion, die schlechteste und (interessanterweise) auch die letzte Emotion. So speichert unser Gehirn bei einem Hotelaufenthalt die beste Emotion (Wellnessmassage), die schlechteste Emotion (Anstehen beim Check-In) und die letzte Emotion (Frühstück bei der Abreise) ab. Wir erinnern uns also nach einer Dienstleistung an die extremen Gefühle und an das Ende.

Auch dies wurde durch Experimente überprüft. So teilte man Patienten, die sich einer Magenspiegelung unterziehen mussten, in zwei Gruppen auf. Die Kontrollgruppe unterzog sich der normalen unangenehmen Prozedur, erlebte die Untersuchung wie vermutet als negativ und entwickelte eine Angst vor einer möglichen Wiederholung.

Die Versuchsgruppe erlebte exakt die gleiche Prozedur – mit einer Ausnahme: Das Ende der Untersuchung wurde künstlich verlängert, allerdings in einer schmerzfreien Position. Die Teilnehmer dieser Gruppe empfanden die Untersuchung überraschenderweise signifikant als weniger unangenehm und hatten auch weniger Angst vor einer weiteren Untersuchung, obwohl ihre Untersuchung sogar länger dauerte! Aber unser Gehirn speichert eben nicht den ganzen Prozess der Wahrnehmung, sondern neben den positivsten und negativsten Gefühlen auch das Ende eines Erlebnisses (vgl. Abbildung 33).

Bemühen Sie sich intensiv um Begeisterungsfaktoren und die letzte Phase der Dienstleistung.

Das bietet gerade für Dienstleistungen hervorragende Ansatzpunkte. Wahrscheinlich kann es im Projektverlauf naturgemäß zu negativen Emotionen des Kunden kommen. Irgendetwas klappt eben doch nicht, vielleicht ist es nicht einmal Ihre Schuld. Möglicherweise haben Sie es aber in der Hand, Ihre Kunden mit wah-

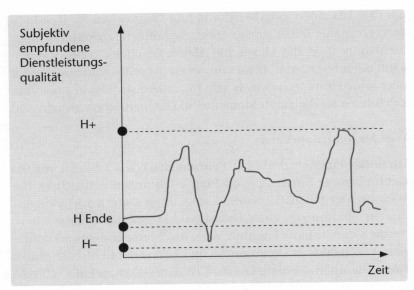

Abbildung 33:
**Wahrnehmung der
Dienstleistungs-
qualität**

ren Begeisterungsfaktoren zu verwöhnen. Wie gesagt, es kommt gar nicht darauf an, dass die Dienstleistung zu jeder Zeit außerordentlich ist, aber die wirklich positiven Ausschläge bleiben uns in Erinnerung. Ein besonders gutes Frühstück im Hotel, ein außerordentlich netter Satz beim Frisör, sicher ist Ihnen das ein oder andere in Ihrem Leben auch schon passiert.

Aus den oben geschilderten Begebenheiten sollten Sie sich beim Ausklang eines Projekttages, einem Abschlussgespräch oder dem Ende einer Dienstleistung besonders viel Mühe geben, denn dies sind die wesentlichen Bestandteile der späteren Erinnerung Ihrer Kunden. Golfanlagenbesitzer berichten in diesem Zusammenhang z. B. vom entscheidenden Restauranterlebnis nach der gespielten Runde – und das aus gutem Grund!

Nutzen Sie auch im Kundenkontakt die uns bereits bekannt gewordenen Erkenntnisse von My Happiness. Zwar haben Sie im Gegensatz zum Verhältnis zu Ihren Mitarbeitern keine Weisungsbefugnis, dennoch können Sie die bereits kennengelernten Instrumente der Chef-Mitarbeiter-Beziehung anwenden. Auch die anderen Stakeholder des Unternehmens lassen sich, wie wir noch sehen werden, auf diese Art glücklicher machen.

Happy company/Teil 7: Ein glücklicher Kunde!

Wilhelm saß mit seinem Vertriebsleiter Walter zusammen, beide hatten den Abschnitt „Corporate Happiness" gelesen, der die Beziehung des Unternehmens zu Interessenten und Kunden betraf. Beiden hatten in ihren monatlichen Besprechungen oft die Themen „Kundenakquise" und „Beschwerdemanagement" auf der Agenda. Es war in letzter Zeit eben immer schwerer geworden, Weiterbildungsseminare an Unternehmen zu verkaufen.

Die Budgets der Kunden wurden jedes Jahr geringer und so fanden viele ihrer Seminarangebote mangels Teilnehmer gar nicht mehr statt oder mussten zu einem sehr geringen Tagessatz verkauft werden.

Zudem gab es immer mehr Reklamationen. Die Trainer seien nicht auf dem neusten Stand der Erkenntnisse, es sei im Vorfeld vom Vertrieb der Happiness AG zu viel versprochen worden, zudem entsprach der Ort der Schulungen häufig nicht den Erwartungen der Kunden.

Wilhelm und Walter sahen sich in einer negativen Spirale gefangen. Die Kunden waren nicht bereit, entsprechend hohe Teilnahmegebühren zu bezahlen, ohne die aber eben keine Top-Trainer engagiert werden konnten. Zugleich waren beide froh, einen preiswerten Raum nutzen zu können, der aber natürlich alles andere als perfekt war.

Nach Lektüre des Buches sah Wilhelm neue Möglichkeiten, die Dienstleistungen der Happiness AG durch die Erkenntnisse der Hirnforschung so zu verändern, dass diese den Kunden in besserer Erinnerung blieben.

Zuerst – und mit geringen Investitionskosten – integrierten Wilhelm und Walter zusammen mit den Trainern *Begeisterungsfaktoren* in die Seminare. Die Teilnehmer sollten einige Male im Verlauf des Seminars außerordentlich begeistert sein, so dass sich diese Eindrücke tief in ihr Gehirn einbrannten. Nach einem kurzen Brainstorming kamen Wilhelm und Walter die folgenden Ideen:

- Abhalten einer Lerneinheit in der Natur
- ein selbst entwickeltes, persönliches Geschenk für jeden Teilnehmer (eine Kleinigkeit mit viel Idee und Witz, das zum Seminarthema passt und das die Teilnehmer ihren Bekannten zeigen können)
- Eine auf DVD gebrannte Videoaufzeichnung von den Höhepunkten des Seminars (z. B. Lösung einer gemeinsamen Interaktionsaufgabe)

In Anbetracht der Tatsache, dass vor allem der Abschluss der Dienstleistung von entscheidender Bedeutung war, kamen sie zudem auf folgende Ideen zum Abschluss des Seminars:

- Preisverleihung am Ende des Seminars (jeder Teilnehmer wird geehrt)
- Keynote-Speaker mit einem interessanten Vortrag oder einer verblüffenden Darbietung zum Abschluss des Seminars
- Persönliches Abschlussgespräch mit jedem Teilnehmer (1:1 Coaching, in dem die individuelle Bedeutung des Seminars, erzielte Fortschritte und weitere „Steps" diskutiert werden)

Am wichtigsten aber war es Wilhelm und Walter, dass die entsprechenden Hinweise auf Restriktionen bereits im Vertrieb gegeben wurden. Walter hatte bislang immer versucht, die Interessenten auf die Schwächen des Seminarprogramms gar nicht erst anzusprechen, sondern diese möglichst zu verbergen. Er wollte den Abschluss der Seminarverträge nicht gefährden. „Das sollen die Interessenten dann später herausfinden und dann ist es sowieso nicht mehr zu ändern", versuchte Walter seine Strategie vor sich selbst zu rechtfertigen, auch wenn er genau wusste, dass sich daraus später Schwierigkeiten ergeben würden.

Doch er wollte nun umdenken, er wollte den Kunden als Freund betrachten und ihn wahrheitsgemäß darüber aufklären, dass die Räume, in denen die Weiterbildung stattfand, zwar nicht hochmodern waren, aber dennoch ihren eigenen Charme hätten, dem sie mit etwas Farbe und einigen stylischen, alten Möbeln etwas nachhalfen. „Aus der Not eine Tugend zu machen wird unsere Aufgabe sein", resümierte Walter.

Zugleich versuchte Walter ab jetzt auch vermehrt, sich in seine Auftraggeber *als Menschen* hinein zu versetzen.

„Eigentlich sind die Interessenten unserer Seminarangebote in der gleichen Zwickmühle wie wir. Sie sollen die Weiterbildung in ihren Unternehmen vorantreiben, erhalten aber wenig Budget und geben den Druck an uns weiter", erklärte Walter Wilhelm. Walter wollte in seinen nächsten Vertriebsgesprächen genau diesen Punkt im Sinne der Kunden diskutieren. Die Happiness AG würde ihren Interessenten und Kunden in schwierigen Zeiten mit Rat und Tat zur Seite stehen und den Kunden durch Nachlässe entgegen kommen. Sollte sich die allgemeine wirtschaftliche Lage allerdings bessern, sollte dafür die Happiness AG besonders davon partizipieren – diese Passagen waren in den abgeschlossenen Verträgen auch heute schon enthalten, aber niemand hatte bisher daran gedacht, sie als Verkaufsargumente zu benutzen.

Das Problem mit den höherwertigen Trainern wollte Walter in der nächsten gemeinsamen Sitzung ansprechen. Erst einmal gab es genug zu tun.

	Vertrieb	Produkt- und Dienstleistungs-management
Heutige Probleme mit den Kunden ...	Zu wenige Kunden. Kunden sind bereit, nur geringes Seminarhonorar zu bezahlen.	Teilnehmer beklagen sich über Trainer und Räumlichkeiten.
... resultieren aus	Derzeit schlechter Weiterbildungsmarkt. Den Kunden stehen geringe Budgets für Weiterbildung zur Verfügung.	Es fehlt das nötige Kapital für Investitionen. Die Happiness AG kann derzeit keine hochwertigeren Trainer oder moderne Räumlichkeiten zur Verfügung stellen.
Neuausrichtung auf den „Happy customer" ...	Klare und ehrliche Ansprache im Vertrieb unter Berücksichtigung der „neuen" Ausrichtung des Produkt- und Dienstleistungsmanagements (vgl. rechts). Den Kunden als Mensch im Unternehmen begreifen.	Integration von Begeisterungsfaktoren in den Seminarablauf unter besonderen Berücksichtigung des Endes der Dienstleistung. Versuchen, die Wahrnehmung der Kunden von den „veralteten Räumen" auf eine „stilvolle Atomsphäre" zu lenken.
... bringt die nachfolgenden Vorteile	Aufbau eines Vertrauensverhältnisses, das im Nachhinein nicht erschüttert werden wird (keine falsche Versprechungen). Individuelle Ansprache des Kunden als „Mensch", Berücksichtigung seiner Budgetgrenzen.	Die Dienstleistung wird als besser und hochwertiger im Gehirn der Kunden abgespeichert. Hieraus dürften eine höhere Kundenbindung, eine gute Weiterempfehlungsquote sowie geringere Beschwerden resultieren.

Tabelle 22:
Neuorientierung
am „glücklichen
Kunden"

Anregungen

1. Welche Werte möchte ich meinen Kunden und Interessenten vermitteln? Wie kann ich dies gleich beim ersten Kontakt bewusst und unbewusst vermitteln?

2. Wie kann ich Begeisterungsfaktoren in meine Dienstleistung integrieren (punktuell)?

3. Wie kann ich das Ende der Dienstleistung außergewöhnlich gestalten?

Literatur Abschitt 4.2.1:

Magenspiegelung und verzerrte Wahrnehmung durch das Gehirn: Kahneman (2000), Kahneman/Katz/Redelmeier (2003).

4.2.2
Beziehungen zu Lieferanten

Zu Ihren Lieferanten haben Sie wahrscheinlich eine noch längere Beziehungsdauer als zu Ihren Kunden. Sie kaufen deren Produkte oder Dienstleistungen ein, um diese dann in Ihrer Wertschöpfungskette – angereichert durch Ihre eigenen Leistungen – an Ihre Kunden weiter zu veräußern. Typischerweise ist dieses Verhältnis von Verhandlungen über Einkaufspreise mit dem Lieferanten und dessen Qualität der Leistungen geprägt. Im Grunde genommen haben Sie beide aber das gleiche Ziel, nämlich dass *beide Geschäfte* gut laufen. Weder der Lieferant noch Sie haben ein Interesse, dass es dem jeweils anderen wirtschaftlich schlecht geht. In diesem Sinne liegt ein finanzieller Win-Win auf der Hand, auch wenn erhöhte Einkaufspreise eine Schmälerung Ihrer eigenen Marge nach sich ziehen. Kurzfristig mag es für Sie besser sein, die Einkaufspreise des Lieferanten auf ein Minimum zu drücken, gleichwohl verhält es sich aus der Sicht des Lieferanten genau umgekehrt. Mit anderen Worten: Unterstellen Sie eine kurzfristige Gewinnoptimierung, sind regelmäßige Preisverhandlungen vorprogrammiert, Sie haben viele Reibungspunkte und Ihre gemeinsame Erfahrung wird von einem andauerndem Feilschen gekennzeichnet sein. Verstärkt wird dieser Effekt dadurch, dass viele Vertriebsmanager von ihren Unternehmen sehr kurzfristig entlohnt werden (z. B. Provisionszahlungen an den *monatlichen* Sales-Vorgaben). Die Folgen eines ständigen Nachverhandelns äußern sich in gegenseitigen Sicherheitsdenken beider Parteien und möglicherweise dem Gefühl der Benachteiligung.

Spannender kann eine langfristige Partnerschaft sein, wenn einmal sowohl die Wertvorstellungen als auch die finanziellen Rahmenbedingungen fest etabliert sind, die im Einzelfall sicher einmal Sie und ein andermal Ihren Lieferanten begünstigen. Die Sicherheit und das Vertrauen aber, die Sie dadurch aufbauen, tragen dazu bei, dass beide Seiten auch bei unisicheren oder sehr lukrativen Geschäftsmodellen aufeinander zugehen werden. Diese Handlungsoptionen stellen einen beiderseitig hohen Nutzen dar.

Wenn Sie zudem auch Ihre langfristig angelegten guten Kundenbeziehungen proaktiv Ihren Lieferanten kommunizieren, verstärkt sich das gegenseitige Sicherheitsgefühl noch. Natürlich sind Konflikte unvermeidbar, doch gerade dann sorgt eine proaktive und positive Kommunikation für gegenseitige Entspannung. Nichts ist schlimmer, als wenn sich Unzufriedenheit bei Ihnen oder Ihren Lieferanten breit macht. Diese unausgesprochenen Befindlichkeiten führen nur zu geringerem Vertrauen in Ihre Geschäftsbeziehung. Sprechen Sie aus, was Sie stört, aber achten Sie auf die Art und Weise, wie Sie dies tun: behandeln Sie Ihren Lieferanten wie einen Freund.

Aus all diesen Gründen sollten Ihre Überlegungen in den emotionalen Ausbau Ihrer Geschäftsbeziehungen gehen. Kümmern Sie sich – wann immer es passt – auch auf der persönlichen Ebene um die Ansprechpartner der Lieferanten. Gemeinsame Sportevents oder Ausflüge etc. stärken die gemeinsame Beziehung und mildern unnötige Reibungsverluste.

Bauen Sie eine langfristige Vertrauensbasis mit Ihren Lieferanten auf.

Loben Sie Ihren Lieferanten auch für die Mühen, die sein Unternehmen in die Entwicklung von Produkten und Dienstleistungen investiert, und erhöhen Sie dadurch zusätzlich die positive Energie in der gemeinsamen Geschäftsbeziehung. Happiness ist ansteckend! Jedes Unternehmen wird – wie wir Menschen auch – nach dem eigenen Wohlbefinden handeln. Sorgen Sie dafür, dass Sie Teil dieser guten Gefühle werden, weil es eine wahre Freude ist, mit Ihnen zusammen zu arbeiten.

Happy company/Teil 7: Win-Win mit den Lieferanten

Fallstudie

Wilhelm und Walter hatten die Basis für weiteren Umsatz gelegt, und tatsächlich machte sich die Neuorientierung schon in den nächsten Seminaren bemerkbar.

Dennoch wollte Wilhelm auch dem Problem seiner „Seminarleiter 2. Klasse" nachgehen, was Wilhelm tatsächlich vielen Feedback-Bögen seiner Seminarteilnehmer entnehmen konnte.

Er wollte hier gern grundlegend etwas ändern, allerdings war er in seinen finanziellen Möglichkeiten sehr beschränkt, so dass er sich die ausgewiesenen Experten auf den einzelnen Gebieten nicht leisten konnte, denn diese waren nun einmal sehr teuer.

Dennoch und gerade deswegen wollte Wilhelm zusammen mit seinen Referenten ein ganz neues Weltbild ihrer Zusammenarbeit kreieren. So wollte er einen gemeinsamen Wachstumspfad aufzeigen, auf welchem die HAPPINESS AG und der jeweilige Referent sich positiv entwickeln konnten. Natürlich würde dies eine Zeit dauern, in der die Happiness AG bereit war, bis an ihre finanzielle Schmerzgrenze zu gehen. Die Idee war, die Referenten dazu zu bewegen, sich weiter fortzubilden. Fi-

	Stand heute	Win (Unternehmen)	Win (Lieferant)
Derzeitige Referenten (altes System)	Referenten erbringen durchschnittliche Leistungen, für die die Kunden aber auch nur einen durchschnittlichen Tagessatz bezahlen.	Kein Fortschritt möglich, da Kunden nicht mehr bezahlen wollen.	Durchschnittliche Bezahlung, kein Fortschritt möglich.
Derzeitige Referenten (neues System)	Unternehmen zahlt Referent etwas weniger an Honorar, investiert aber zusätzliches Geld in die weitere Ausbildung des Referenten. Längerfristige Verträge garantieren beiden Parteien eine Mindestvertragslaufzeit.	Besser ausgebildete Referenten, die sich auch künftig weiter entwickeln wollen. Von beratungsresistenten Referenten wird sich das Unternehmen trennen. Planungssicherheit durch langfristige Bindung.	Know-How-Zuwachs, teilweise vom Auftraggeber bezahlt. Planungssicherheit durch langfristige Bindung.
Top Referenten (altes System)	Nicht bezahlbar	keiner	keiner
Top Referenten (neues System)	Top Referenten stehen für geringes Honorar für Kurzvorträge oder als Schirmherr des Seminars zur Verfügung. Im Gegenzug erhalten Sie z. B. eine Beteiligung an späteren Seminarerlösen.	Hochkarätige Referenten „schmücken" das Seminarprogramm, es entstehen keine hohen Kosten.	Option auf zukünftige Ertragsquellen und Entwicklungsmöglichkeiten bei gleichzeitig geringer zeitlicher Belastung.

Tabelle 23:
Happiness in Bezug auf die Lieferanten

nanzieren wollte dies Wilhelm *zusammen* mit den Referenten. Vom Erfolg der Maßnahme hätten dann beide etwas. Die Happiness AG würde ihre Preise erhöhen können (die Qualität der Angebote hätte sich dann verbessert) und einen entsprechenden Anteil den Referenten zukommen lassen. Über seine verbesserte Schulungskompetenz könnte der Referent zudem weitere Auftraggeber gewinnen.

„Welcher Referent auch immer bei diesem Vorschlag nicht mitzieht und somit keine Mitverantwortung übernehmen will, von dem werden wir uns sicherlich trennen", erklärte Wilhelm seinem Einkaufsleiter Manfred.

Auch der Klientel der „Top-Referenten" wollte Wilhelm mit einem neuen System begegnen. Zwar konnte er sich heute keinen dieser Experten wirklich leisten, aber es musste doch möglich sein, einen von ihnen ab und an *für einen Teil* eines Seminars oder einen Gastvortrag zu gewinnen.

Anregungen

1. Welche unnötigen Auseinandersetzungen mit Lieferanten hatte ich in letzter Zeit, bei denen es nicht wirklich um etwas ging?
2. Wie kann ich eine wirkliche, langfristige Beziehung zu meinen Lieferanten aufbauen?
3. Wie kann ich mein langfristiges Interesse immer wieder kommunizieren? Wie kann ich eine langjährige Beziehung fördern bzw. belohnen?

4.2.3
Beziehungen zu Kontrollorganen, Investoren und anderen Stakeholdern

Aufsichtsrat, Beirat, Investoren und andere Stakeholder wie der Staat sind in der Regel von Ihren täglichen Geschäftsaktivitäten weiter entfernt als Ihre Kunden und Lieferanten. Gleichwohl kann die Beziehung zu einem Venture-Capital-Geber oder Ihrem Aufsichtsratsvorsitzenden sehr intensiv sein. Doch gerade wenn der gegenseitige Austausch auf festen Regeln beruht ist (z. B. monatlichen Treffen oder quartalsweiser Berichterstattung), ist die kommunikative Beziehung von enormer Bedeutung. Wie unterschiedlich können Zahlen und Reports interpretiert werden und dadurch in ganz anderem Licht erscheinen. Selbst die bestens aufbereiteten Unterlagen bieten immer einen Ermessensspielraum, der für Ihr Unternehmen von entscheidender Bedeutung sein kann. Weitere Finanzierungen bei kurzfristigen Kapitalengpässen oder wichtige Genehmigungen sind nur zwei Beispiele, wie bedeutungsvoll eine gute Beziehung zu diesen Stakeholdern für Sie ist. Je mehr Sie kommunizieren und je öfter Sie – über die Pflichten der reinen Berichterstattung hinaus – die betreffenden Personen inhaltlich und emotional informieren, umso höher ist die Chance, eine Vertrauensbasis zu schaffen.

Auch wenn Sie an den reinen Fakten manchmal wenig ändern können, wird die Art und Weise, wie Sie in der Vergangenheit eine persönliche Beziehung, Vertrauen und Zuversicht aufgebaut haben, im Zweifel in schwierigen Situationen helfen. Zudem macht eine unbeschwerte und glückliche Beziehung auch zu Geldgebern oder Kontrollgremien Spaß.

Vergessen Sie dabei auch nicht, dass die meisten Kontrollträger Ihnen das Leben nicht per se schwer machen wollen. Jede Bank hat gerne Schuldner, die ihre Kredite zurückbezahlen können, jeder Aufsichtsrat freut sich, wenn sich das Unternehmen ohne Eingriffe des Gremiums blendend entwickelt.

Bauen Sie einen persönlichen Kontakt zu Investoren, Aufsichtsräten etc. auf.

Ein gutes Verhältnis verlangt von Ihnen erst einmal eine Investition in diese Beziehung. Sie können hier viele Erkenntnisse aus dem Kapitel über die Partnerschaften (3.4.2) übertragen, wenn auch mit einer anderen Ausrichtung. Hören Sie den Menschen zu und interessieren Sie sich für sie, auch für ihre privaten Vorlieben und Tätigkeiten, wohin sie in den Urlaub fahren, wie es ihrer Familie geht etc. Versuchen Sie, aktiv und konstruktiv mit Ihren Ansprechpartnern zu kommunizieren. Sie werden sehen, dass Sie so zum Magneten werden und dass auch ein Aufsichtsrat ab und an den Kontakt zu Ihnen suchen wird – ganz einfach, weil er sich persönlich wahrgenommen fühlt. Viele Krisen sind nicht lediglich durch gute Strategien gemeistert worden, sondern vor allem durch gute und vertrauensvolle Beziehungen.

Kommt es doch zu Schwierigkeiten, ist auch hier die proaktive, und möglichst frühe Kommunikation von entscheidender Bedeutung. Laufen Sie vor schlechten Entwicklungen nicht davon und versuchen Sie nicht, diese zu vertuschen – im Vertrauen auf eine baldige Besserung. Je aufrichtiger Sie über alles sprechen können, umso eher werden Ihnen auch andere Menschen helfen.

Anregungen

1. Bauen Sie eine menschliche Beziehung zu den Mitgliedern der Kontrollorgane auf! Nehmen Sie die handelnden Personen als „lästige Berichtsempfänger" wahr oder können Sie mit ihnen proaktiv eine glücklichere Beziehung aufbauen?
2. Kommunizieren Sie ihnen ihre Wichtigkeit und sein Sie dankbar, dass sie ihre Kontrollfunktion für Sie ausüben!

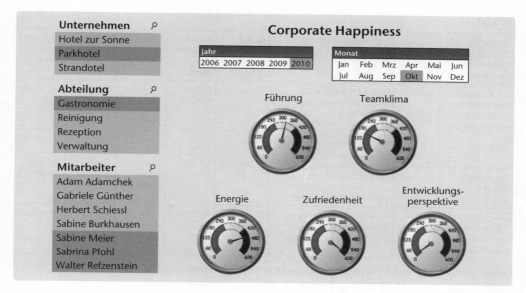

Abbildung 34:
Happiness
Scorecard

4.2.4
Corporate Happiness Scorecard

Die einzelnen Stellgrößen für eine glücklichere Beziehung zwischen dem Unternehmen und seinen Stakeholdern zeigt Abbildung 34. Was in der Theorie einfach klingt, ist in der Unternehmenspraxis jedoch nicht immer leicht umzusetzen. Neben der bereits mehrfach angesprochenen Ritualisierung von Maßnahmen hilft eine Happiness Scorecard, die die Ausrichtung des Unternehmens am Glück aller Beteiligten untermauert. Die Bezugsgruppen (Mitarbeiter, Kunden, Lieferanten etc.) werden in einzelne „Happiness-Perspektiven" unterteilt. Für jede Bezugsgruppe werden Kenngrößen entwickelt, die sich aus der Unternehmensstrategie und „Corporate Happiness" ableiten lassen. So ist die ständige Orientierung am Glück aller im Unternehmen „sichtbar", und einzelne Instrumente wie z. B. das Mitarbeitergespräch können sich an diesen Werten orientieren.

Messen Sie „Happiness" in Ihrem Unternehmen und die finanziellen Veränderungen.

Hilfreich ist es, konkrete Maßnahmen mit Verantwortlichkeiten zu versehen und in regelmäßigen Abständen zu kopntrollieren , um eine stetige Verbesserung von „Corporate Happiness" zu bewirken.

Beispiele:

Maßnahme zur Steigerung der Corporate Happiness	Perspektive	Konkrete Maßnahme	Budget (Soll/Ist kumuliert)	Beginn/ Ende der Maßnahme	Erfolge	Verantwortung	Nächster Berichts-Termin
Neue Begeisterungsfaktoren in der Dienstleistung schaffen	Kunde	Experteninterview mit Kunde, Brainstorming Workshop	1.000/300	5.2010/ 8.2010	Termine sind festgelegt	Christian Meier	Juni 2010
Wahrnehmung der eigenen Aufgabe verbessern	Mitarbeiter	Die persönliche Sicht von Verwaltungsaufgaben herausarbeiten und gleichzeitig Spaßfaktoren finden	2.000/0	10.2010/ 12.2010	Noch in Planungsphase	Claudia Schmidt	Oktober 2010
Übergabe der Verantwortung von Chef an Mitarbeiter	Mitarbeiter	Konkrete Anwendung im Finanzbereich (CFO, Controlling, Fibu)	1.000/0	11.2010/ 12.2010	Noch in Planungsphase	Markus Müller	November 2010

Tabelle 24: **Maßnahmen für Corporate Happiness mit Verantwortlichkeiten**

Fallstudie   **Happy company/Teil 8: Wilhelms Happiness-Scorecard**

Wilhelm war guter Dinge. Er hatte sein Unternehmen auf die Erfolgsspur gebracht, und das, ohne dass es dafür einem anderen dabei schlechter ergangen war. Im Gegenteil, Mitarbeiter, Kunden, Lieferanten und auch er selbst, alle hatten vom Happiness-Ansatz profitiert! Nur eines machte Wilhelm Kopfzerbrechen: Er kannte sich und seine Angestellten sehr gut und hatte bereits eine Vorahnung davon, wie schnell die guten Ideen verpufften. Jeden Mitarbeiter – auch ihn selbst – holte der Unternehmensalltag immer wieder ein, doch er wollte nicht, dass dies mit der neuen, grundsätzlichen Ausrichtung auf Happiness auch so geschehen sollte.

Wilhelm musste die Entwicklung der Happiness-Kultur jederzeit beobachten können, um immer wachsam für Fehlentwicklungen zu bleiben.

Als erstes gliederte er hierzu all seine Happiness-Systeme in unterschiedliche Bereiche und versah jeden davon mit konkreten Messgrößen. Wilhelm wollte, dass die Happiness-Idee für alle „greifbar" war, für jeden Mitarbeiter bei seiner täglichen Arbeit.

So wurden verantwortliche Mitarbeiter festgelegt, die sich um einen bestimmten Teil der Happiness-Kultur zu kümmern hatten.

In gemeinsamen Runden definierten sie die Ziele für das nächste Geschäftsjahr, aber eben nicht nur in den betriebswirtschaftlichen Kenngrößen, sondern zusätzlich in einem Grad von Happiness in den jeweiligen Unternehmensbereichen.

Verantwortung	Teilbereich Happiness	Messgrößen	Konkrete Maßnahmen
Wilhelm	„Corporate Happiness" (Mitarbeiterführung)	Anzahl Fehltage der Mitarbeiter Mitarbeiterfluktuation Performance der Mitarbeiter	Zielvereinbarungsgespräche nach „Corporate Happiness" Spaß und Vertrauen in das Unternehmen integrieren
Ute	„My Happiness" (Anlaufstelle für die Mitarbeiter)	Anzahl Fehltage der Mitarbeiter Mitarbeiterfluktuation Mitarbeiter werben Mitarbeiter Performance je Abteilung	Stressbewältigung Ernährung Sport & Relaxen Aufdecken von Wahrnehmungsfallen
Walter	„Corporate Happiness" (Kunde)	Anzahl Neuabschlüsse Reklamationsrate Anzahl Weiterempfehlungen	Kunde als Mensch wahrnehmen Dienstleistungsqualität auf Corporate Happiness ausrichten
Manfred	„Corporate Happiness" (Einkauf)	Gegenseitige Entwicklungspläne mit Lieferanten Fluktuation von Lieferanten	Win-Win mit Lieferanten anstreben, langfristige Zusammenarbeit

Tabelle 25: **Wilhelm leitet aus der Happiness-Scorecard Maßnahmen mit konkreten Verantwortlichkeiten ab.**

Wilhelm verfolgte gespannt die Korrelation von Happiness- und Finanzkennzahlen! Sein Gefühl würde ihn nicht trügen. Eine Ausrichtung aller am „Prinzip Happiness" würde auch zur Steigerung des Unternehmenswertes bzw. zu echtem monetären Erfolg führen.

„Glück lässt sich zwar nicht kaufen, aber mit dem Glück aller werden neue Werte geschaffen – und zwar nachhaltig", freute sich Wilhelm über die positiven Entwicklungen. Nicht nur das Unternehmen stand besser da als je zuvor, sondern auch er selbst.

Zusammenfassender Überblick Abschnitt 4.2:

Die Tabelle 26 auf Seite 209 gibt noch einmal einen Überblick über die Beziehungen zu den externen Stakeholdern im Sinne des Corporate Happiness-Systems.

Anregungen

1. Bestimmen und hinterfragen Sie regelmäßig die Werte und Ziele Ihres Unternehmens.
2. Gestalten Sie eine innerbetriebliche Atmosphäre, die alle Mitarbeiter glücklicher werden lässt, und schließen Sie auch Ihnen naheliegende Stakeholder ein (z. B. Kunden und Lieferanten, vgl. Tabelle 26 auf S. 209).
3. Versuchen Sie, Kennzahlen für die einzelnen Glücksperspektiven zu finden, damit Sie das Ziel „Happiness" künftig nicht mehr aus den Augen verlieren.

Literatur Abschnitt 4.2.4:

Zur Balanced Scorecard und der Integration nicht monetärer Frühwarnfaktoren: Kaplan/Norton (1997).

4.3
Steigerung des Unternehmenswertes durch Corporate Happiness

Das vorgestellte System „Corporate Happiness" hat zum Ziel, alle am Geschäftsleben Beteiligten glücklicher zu machen. Basierend auf wissenschaftlichen Erkenntnissen, wie ein Individuum glücklicher werden kann, haben wir uns Stück für Stück durch die Unternehmenswelt gearbeitet.

Zuerst haben wir auf den Spuren von Stress und Zeitnot das Spannungsfeld zwischen Vorgesetzten und ihren Mitarbeitern untersucht. Wir haben gesehen, dass die Kontrolle der Arbeitssituation und die Fokussierung auf einzelne nacheinander folgende Abläufe unseren Angestellten den Stress genommen und sowohl Zeit als auch Produktivität geschenkt haben. Die gemeinsame Suche nach der Übereinstimmung der selbstbezogenen Mitarbeiterziele mit den Zielen des Unternehmens haben zu weniger Reibungsverlusten zwischen Vorgesetztem und seinen Mitarbeitern geführt. Nur ein multiplikativer Führungsstil und klares Grenzen ziehen erlaubte die für

	Kunde	Lieferant	Kontrollträger wie Investor/Bank/ Gremien/Staat
Eigenes Weltbild/ eigene Wahrneh- mung des Stakehol- ders	Kunde auch als Mensch und Freund sehen (langfristige Beziehung, Weiter- empfehlung durch den Kunden). Interesse am Kunden zeigen.	Ansprechpartner des Lieferanten auch als Mensch sehen, nicht als unangenehmen Verhandlungspartner.	Investor als Mensch sehen, nicht als rei- nen Geldgeber, dem monatlich Bericht er- stattet werden muss.
Beein- flussung Weltbild/ Wahrneh- mung des Stakehol- ders	Werte von Anfang an kommunizieren (Ver- trauen, Verbindlich- keit, Happiness) Begeisterungsfakto- ren schaffen, Wich- tigkeit des Endes einer Tätigkeit beach- ten (z. B. Dienstleis- tung).	Werte immer wie- der kommunizieren und auch zeigen, mit welchen Werten und in welcher Art und Weise mit Kunden zusammen gearbei- tet wird. Anders sein als an- dere Unternehmen!	Vertrauen aufbauen. Eine Beziehung zur Person aufbauen Interesse zeigen.
Ziele	Berücksichtigung der eigenen Ziele des Kunden (Bedeut- samkeit, eigene Stär- ken, Spaß) auch un- abhängig vom Pro- dukt oder konkreter Dienstleistung.	Berücksichtigung der eigenen Ziele des Lie- feranten (Bedeutsam- keit, eigene Stärken, Spaß) und immer wieder deren Verbin- dung zur Geschäfts- beziehung untersu- chen.	Berücksichtigung der eigenen Ziele des Kontrollträgers (Be- deutsamkeit, eigene Stärken, Spaß) und immer wieder Ver- bindung zur Ge- schäftsbeziehung untersuchen.
Tun	Richtiges und regel- mäßiges Loben, At- mosphäre zum positi- ven Fehler-Reporting schaffen. Kunde mit „Unerwar- tetem" überraschen.	Richtiges und regel- mäßiges Loben, At- mosphäre zum positi- ven Fehler-Reporting schaffen. Lieferanten mit „Un- erwartetem" überra- schen.	Proaktive Bericht- erstattung und In- formation, nicht nur, wenn es z. B. finan- zielle Engpässe gibt.
Partner- schaft	Aktive, positive Kom- munikation. Konflikte proaktiv an- gehen.	Aktive, positive Kom- munikation. Konflikte proaktiv an- gehen.	Aktive, positive Kom- munikation. Konflikte proaktiv an- gehen.
Energie	Sich Kümmern um ein hohes Energie- niveau des Kunden (Sportevents, Spaß- events etc.).	Sich Kümmern um ein hohes Energie- niveau des Lieferan- ten (Sportevents, Spaßevents etc.).	Sich Kümmern um ein hohes Energie- niveau des Investors.

Tabelle 26: Instrumente My Happiness/ Corporate Happiness im Übertrag auf externe Stake- holder

die Mitarbeiter so wichtige wirkliche Aufgabendelegation, deren Ergebnis zu mehr Kreativität und Performance führte. Die *kurzfristige* emotionale Unabhängigkeit des Chefs von seinen Mitarbeitern ließ ihn echte Führungsaufgaben wahrnehmen. Er wurde sich immer mehr seiner Aufgabe bewusst, eine wachstumsfördernde Unternehmenskultur ganzheitlich zu unterstützen.

In einer Arbeitsatmosphäre, die von Spaß und positiver Wahrnehmung der eigenen Tätigkeiten geprägt war, blühten die Potentiale der Mitarbeiter richtig auf. Die Kunst des gegenseitigen Lobens bei gleichzeitiger Kommunikation über begangene Fehler haben die Mitarbeiter die Arbeit nicht als leidvolle Erfahrung, sondern als Erfüllung empfinden lassen. Der Überforderung – durch falsches Lob oder die Angst, Fehler zu machen –, die zum schädlichen Perfektionismus der Mitarbeiter beigetragen hatte, konnte so Einhalt geboten werden. Durch den Spaß und den individuell gebotenen Freiraum blieben die Bemühungen der Mitarbeiter aber auch nicht in einer reinen Entspannungsphase stecken. Im Flow – wenn die Fähigkeiten der Mitarbeiter den durchaus hohen Anforderungen an ihre Arbeitsleistung genau entsprachen – erreichten die Mitarbeiter die höchste Performance – bei gleichzeitig hohem Spaßfaktor.

Je mehr die Mitarbeiter bei ihrer Arbeit intrinsisch motiviert waren, umso weniger mussten sie auch kontrolliert oder durch Vergütungssysteme zum Arbeiten angespornt werden. Sie taten es, weil sie es gerne taten, und wurden dafür mit entsprechender Anerkennung behandelt.

Dies alles führte dazu, dass sich alle, Mitarbeiter und Vorgesetzte, gleichermaßen entwickeln konnten, jeder in seinen Tätigkeitsgebieten.

Corporate Happiness kann Ihren Unternehmenswert steigern.

Die Mitarbeiter in ihrer Gesamtheit wurden so auch zum Magneten für Kunden und Lieferanten. In allen Geschäftsbeziehungen handelten sie nach der Maxime des Win-Win von Happiness.

Wir alle wollen glücklicher werden – es ist nur so ungewohnt, dass sich diese Philosophie auch in unserem Geschäftsalltag leben lässt. Interessenten, Kunden, Lieferanten, Aufsichtsräte oder Investoren, alle sind Menschen und wollen so behandelt werden.

Versuchen Sie, konkrete Maßnahmen für Corporate Happiness nach und nach zu etablieren, suchen Sie sich Mitarbeiter, die zu Ihnen passen, und geben Sie den heutigen Mitarbeitern die Chance, sich zu solchen zu entwickeln. Setzen Sie ritualisierte Maßnahmen ein, denn unser Gehirn lässt sich nicht so leicht zum Umdenken

	Erlössteigerung	Kostensenkung	Risiken durch zu viel Happiness
Mitarbeiter	• Erhöhte Kreativität und Produktivität durch selbstbestimmte Ziele • Erhöhtes Energielevel durch Sport und Pausen • Erhöhter Spaß bei den eigenen Tätigkeiten (Wahrnehmung und Flow)	• Geringere Stressbelastung durch mehr Kontrolle am Arbeitsplatz (Resultat: geringere Fehltage, bessere Gesundheit, weniger Zeitnot und erhöhte Produktivität durch Vermeidung von Multitasking) • Geringere Fluktuation der Mitarbeiter durch erhöhte Bindungsintensität an das Unternehmen (Selbstbestimmung, Spaß und Orientierung an der eigenen Bedeutsamkeit) • Kostensenkung durch Vermeidung von Perfektionismus und die Angst zu versagen • Durch selbstbestimmte Ziele und die Möglichkeit, wirklich Verantwortung zu übernehmen, resultieren geringere Reibungspunkte mit Vorgesetzten • Weniger negative Kämpfe zwischen den Mitarbeitern Mitarbeiter werden keine zusätzliche Vergütung für ihr „Arbeitsleid" fordern	Nur, wenn der Schaffensdrang der Mitarbeiter in der Führung nicht berücksichtigt wird. Corporate Happiness wird als Einladung zum Ausruhen missverstanden.
Vorgesetzter	• Vgl. Mitarbeiter • Vorgesetzter kann seine Arbeitskraft durch ein gut geführtes Team multiplizieren	• Vgl. Mitarbeiter • Kontrollkosten sinken	Vorgesetzter muss klare Grenzen ziehen. Er darf nicht von der Liebe der Mitarbeiter abhängig sein.
Kunde	• Glückliche Mitarbeiter der Happiness AG wirken anziehend (mehr Umsatz mit diesem Kunden und Weiterempfehlung durch ihn) • Kunde fühlt sich als Mensch mit seinen Bedürfnissen wertgeschätzt (Vorteil gegenüber Konkurrenzprodukten)	• Vertrauen in die Happiness AG, weniger Absicherungen nötig	Die Happiness des Kunden muss natürlich durch zielgerichtete Produkte und Dienstleistungen erreicht werden.
Lieferant	• Entwicklung gemeinsamer Geschäftspotentiale und weniger kurzfristiges Feilschen • Spaß, den gegenseitigen Austausch auch bei neuen Geschäftsideen zu suchen	• Stabile Preispolitik, geringere Kontrollkosten	Neben der Ausrichtung auf Happiness des Lieferanten müssen Sie auch eigene Grenzen setzen.
Kontrollträger (Gremien, Investor, Staat)	• Spaß, den gegenseitigen Austausch auch bei neuen Geschäftsideen zu suchen	• Geringere Reibungsverluste durch erhöhtes Vertrauen • Vorteile bei Finanzierungsgesprächen durch persönlichen Kontakt, der in der Vergangenheit Ihr professionelles und sympathisches Handeln unter Beweis gestellt hat	Neben der Ausrichtung auf Happiness des Kontrollträger müssen Sie auch eigene Grenzen setzen.

Tabelle 27: **Ökonomischer Mehrwert durch Corporate Happiness**

bewegen. Reporting-Werkzeuge wie die Happiness Scorecard können Ihnen und Ihren Mitarbeitern helfen, „am Ball zu bleiben" und
eine ständige „Awareness" für das Ziel der Ziele im Unternehmensalltag zu schaffen. Sie müssen sich nicht an der im Buch dargestellten Reihenfolge orientieren. Fangen Sie dort an, wo bei Ihnen die
Dringlichkeit am höchsten ist. Möglicherweise starten Sie mit der
Kundenperspektive, weil es dort am lohnendsten ist.

Lassen Sie dieses Buch noch einmal Revue passieren, Sie können
dabei spannende Entdeckungen machen. Corporate Happiness ist
keine neue Erfindung, sondern die Einladung zur Erkenntnis, dass
wir durch einen Schritt heraus aus dem Rad der Zeit die Chance haben, wieder Mensch zu werden.

Beginnen Sie in kleinen, aber konsequenten Schritten, Corporate Happiness in Ihrem Unternehmen zu etablieren.

In den letzten 50 Jahren haben sich unsere Lebensumstände so
dramatisch und in immer schnelleren Zyklen verändert. Wir fahren Auto, fliegen in die entferntesten Ecken der Erde, sind zu jeder
Sekunde erreichbar und haben die Maximierung des technologischen Fortschritts – und der damit verbundenen noch schnelleren
Taktzahl – als allseits erstrebenswertes Ziel ausgerufen. An diese Le-
bensform haben sich unsere inneren Körpervorgänge jedoch noch
nicht angepasst. Viele automatische Reaktionen unseres Gehirns
und Körpers sind in der modernen Welt nutzlos geworden, aber
sie laufen automatisiert ab und belasten uns emotional. Vielleicht
kann dieses Buch dazu beitragen, dass der Mensch als Mensch in
der modernen Unternehmenswelt glücklicher werden kann und
gerne mehr leistet.

4.4
Zum Stand der Verbreitung von Corporate Happiness – Die Corporate Happiness-Checkliste

Was tun Unternehmen bereits im Bereich Corporate Happiness?
Scheinbar deutlich zu wenig, wie die folgende Untersuchung des
Gallup Instituts zeigt. Nehmen Sie ein Unternehmen mit 100 Mitarbeitern, so verrichten durchschnittlich 66 von ihnen „Dienst
nach Vorschrift", 23 haben sich sogar schon innerlich von Aufgabe
und Unternehmen verabschiedet.

Wenn wir hierbei die Effektivität der aus Unternehmenssicht
investierten Personalkosten betrachten, wird uns wohl jeder CFO
eines Unternehmens rechtgeben, dass es akuten Handlungsbedarf
gibt.

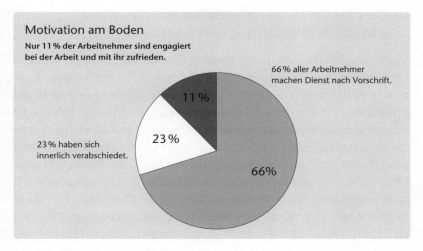

Abbildung 35:
**Stand engagier-
ter Mitarbeiter in
Unternehmen**
(Gallup [2010])

Doch warum ist dies so? Was geben die Mitarbeiter bei den Befragungen zur Antwort?

Unverkennbar sehen wir die Ansätze für Corporate Happiness in den Aussagen der unzufriedenen Arbeitnehmer (vgl. Abbildung 35). Nicht fehlendes Geld oder mangelnde Hygienefaktoren (Annehmlichkeiten am Arbeitsplatz) sind die Ursachen der fehlenden Leistungsbereitschaft, sondern fehlende Wertschätzung, mangelndes Lob und die Wahrnehmung, dass die eigene Arbeit sinnlos sei.

- Die Vorgesetzten interessieren sich nicht für den Mitarbeiter als Mensch
- Es fehlt an Lob und Anerkennung für gute Arbeit
- Arbeitnehmer wüssten oft nicht, was von ihnen erwartet würde
- Mitarbeiter füllen Positionen aus, die ihnen nicht liegen
- Ihre Meinungen und Ansichten hätten kaum Gewicht

Abbildung 36:
**Was sind die
Gründe für ein
fehlendes
Engagement der
Mitarbeiter?**
(vgl. Gallup [2010])

Warum Corporate Happiness Projekte nicht gestartet werden

Neben der fehlenden Kenntnis von mangelndem Teamerfolg und den eigentlichen Verursachern kann es aber auch handfeste Gründe geben, warum – wider besseren Wissens – kein Corporate Happiness in den Unternehmen eingeführt wird.

(1) Der Chef will seine persönliche Macht ausüben und
     zieht dies der Optimierung der Teamleistung vor

Viele Vorgesetzte ziehen aus ihrer Machtstellung eine persönliche
Bestätigung ihres Egos und fühlen sich nur dann fest in ihrer Position bestätigt, wenn sie alleine „alles wissen" und in gewisser Weise
unfehlbar sind. Der Vater des Erfolges sind sie selbst, bei Fehlern ist
schnell ein passender Mitarbeiter als Übeltäter gefunden. In Konsequenz führt diese Einstellung zu viel eigener und operativer „Chef-
arbeit" und zu mangelndem Selbstbewusstsein des eigenen Teams.
Mitarbeiter werden in diesem Weltbild eher als maschinistisch
wahrgenommen, als Mittel zum Zweck. Die menschlichen Potentiale können sich in diesem Führungsansatz nicht entfalten und
gleichzeitig wird die Bereitschaft der Unternehmensführung gering sein, sich eines neuen Führungsansatzes zu bedienen, der das
eigene Ego in Frage stellt. Aber genau dieser Veränderungsprozess
der oberen Führungsriege wäre die Basis zur Steigerung des Unternehmenswertes.

(2) Wir haben keine Zeit und kein Budget

Wie bei vielen Projekten verhindern die (scheinbar) mangelnden
Ressourcen einen Projektstart. Natürlich muss ein guter Zeitpunkt
für den Start gefunden werden, aber selbstverständlich müssen sich
alle Beteiligten auch Zeit für das Projekt *nehmen*. Durch die verschiedenen Bausteine von Corporate Happiness werden jedoch
sehr schnell zusätzliche Energien und Zeitfenster frei (z. B. durch
den Abbau von Stress!).

Ebenso verhält es sich mit den zur Verfügung stehenden finanziellen Mitteln. Corporate Happiness hat zum Ziel, den Unternehmenswert zu steigern! Dennoch sollte die Einführung wohl do-
siert gestaltet werden. Es ist nicht nötig, hierzu groß angelegte Be-
ratungsprojekte anzustoßen, die viel Geld kosten. Es geht vielmehr
darum, das Unternehmen mit einem Coaching in seinem Veränderungsprozess kontinuierlich zu begleiten.

(3) Corporate Happiness muss sich erst in der konkreten Anwen-
     dung beweisen

Sicher ist Corporate Happiness ein neues Führungssystem für
Unternehmen, doch es beruht nicht nur auf einer fundierten wis-

senschaftlichen Basis, sondern es wendet zudem Maßnahmen an, die auf der Basis internationaler Experimente überprüfte wurden. Diesem Ansatz folgend experimentiert ein Unternehmen nicht in der Anwendung, sondern es vertraut auf vielfach bewiesene Hypothesen.

Wann Corporate Happiness-Projekte scheitern können

(1) Die Führungsebene zieht nicht mit, lässt das Projekt aber gewähren

Bei diesem Führungsansatz muss das Management nicht nur voll hinter der Umsetzung stehen, sondern auch an ihr teilhaben. Genau das unterscheidet Corporate Happiness von traditionellen Motivationsseminaren, die wenig andauernden Erfolg bringen. Delegiert auf untere Ebenen kämpfen die betroffenen Mitarbeiter kontinuierlich gegen ein System, das sie allein kaum verändern können.

● Wenn die Führungsebene nicht konsequent hinter diesem Führungsansatz steht, wird das Projekt nicht erfolgreich gelingen.

(2) Bestimmte Mitarbeiter widersetzen sich dem Veränderungsprozess

Der Umgang mit Mitarbeitern, die sich dem Corporate Happiness-System widersetzen, ist Teil der Führungsaufgabe ihrer jeweiligen Vorgesetzten. Natürlich ist Veränderung nicht einfach, zumal sie in diesem Fall auf persönlicher und beruflicher Ebene gleichzeitig stattfindet. Vorgesetzte müssen den Mitarbeitern besonders viel Verständnis entgegen bringen, zu grundlegend sind die Veränderungsprozesse. Der Wille eines Mitarbeiters, sich zu ändern, ist aber entscheidend, und nicht ein auf Personen herunter gebrochener Zeit- und Meilensteinplan. Wenn sich Mitarbeiter dem skizzierten Teamgedanken allerdings willentlich widersetzen, gilt es für einen Vorgesetzten, eine Entscheidung zu treffen, das Team UND den Unternehmenswert zu schützen oder einen egoistischen Mitarbeiter ziehen zu lassen.

(3) Schnelle betriebswirtschaftliche Erfolge bleiben aus

Corporate Happiness ist keine Schnellfeuerwaffe, vielmehr ein andauernder Prozess der gemeinsamen Veränderung. Die positive Spirale aus Glück, Leistungsbereitschaft und steigendem Unternehmenswert ist – einmal entfacht – nicht aufzuhalten. Der Erfolg ist lang andauernd, aber eben nicht in einem Quartal erzielt, so gerne das viele Unternehmenslenker hätten. Wenn Sie die folgende Projektskizze beachten, werden Sie Ihre betriebswirtschaftlichen Erfolge allerdings sehr zeitnah feiern können.

Wie Corporate Happiness-Projekte durchgeführt werden müssen

(1) Analysephase des Istzustandes

Im ersten Schritt müssen die speziellen Gegebenheiten des Unternehmens analysiert werden. Wie ist das Geschäftsmodell, welche Rolle spielen Eigentümer, Mitarbeiter und Kundenbeziehungen? Zudem ist eine emotionale Analyse wichtig, um bereits erkennbare Brennpunkte fokussieren zu können.

(2) Sollzustand

Der Sollzustand des Unternehmens muss zusammen mit der Geschäftsführung erarbeitet werden. Ohne die Unterstützung des Managements wird das Projekt nicht erfolgreich verlaufen, und so ist die gemeinsame Entwicklung von Corporate Happiness für das betreffende Unternehmen entscheidend. Für ein späteres Reportingsystem sind hier die entsprechenden spezifischen Zielgrößen zu definieren und festzuhalten.

(3) Strategie

In der Strategiephase gilt es, mit dem Management konkrete Wege zu erarbeiten, wie der Sollzustand – ausgehend vom Istzustand – erreicht werden soll und welcher Ressourcen es dazu bedarf. Es ist nicht sinnvoll, das gesamte Corporate Happiness-Konzept über die Mitarbeiter eines Unternehmens zu stülpen. Vielmehr sind genau die Bausteine zu fokussieren, die die Teamleistung derzeit hemmen. Die umzusetzenden Module müssen sich wiederum aus der Gesamtkonzeption von Corporate Happiness ableiten lassen. Gerade das ist der wesentliche Unterschied zu isolierten Teambuilding-Maßnahmen, die es heute schon im Übermaß gibt.

Dieser dritte Schritt ist ein ganz entscheidender Meilenstein, denn er dokumentiert den konkreten Weg, zu dem sich das Management entschließt. Alle nachfolgenden Phasen dienen „nur noch" der Erreichung dieser Ziele.

(4) Maßnahmen

Die einzuleitenden Maßnahmen lassen sich aus der konkreten Strategie ableiten. Alle Maßnahmen sind mit Verantwortlichkeiten zu versehen und es ist auf eine entsprechende Ablauforganisation zu achten. Die konkrete Messbarkeit der Maßnahmen muss in einem entsprechenden Reportingsystem abgebildet werden.

(5) Kontrolle

In festen Kontrollrhythmen ist darauf zu achten, ob die eingeleiteten Maßnahmen wie gewünscht wirken. Bei der Abweichungsanalyse ist es wichtig, zufällig entstandene Abweichungen von Planungs- oder Umsetzungsfehlern zu unterscheiden.

(6) Anpassung

Die unter (4) eingeleiteten Maßnahmen stehen unter einer ständigen Überwachung und Anpassung. Eine Anpassung der Phase 3 (Strategie) ist im Normalfall nicht zu erwarten, da diese als übergeordneter Punkt im Vorfeld intensiv durchdacht wurde.

Die eigene Veränderung im Team

Jedes Teammitglied sollte gemäß Abbildung 37 zunächst seine eigene Entwicklung analysieren und an den Potentialen von My Happiness arbeiten. Dies ist zum einen der Grundstein zur eigenen, per-

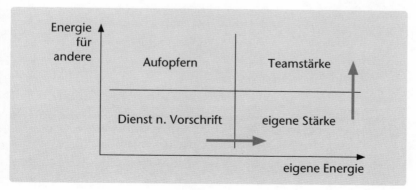

Abbildung 37:
Erst eigene Energie aufbauen, dann anderen helfen!

sönlichen Veränderung und macht die Sinnhaftigkeit des Konzepts *gefühlt* erkennbar. Zum anderen benötigt das Team die *ganze* Energie jedes Einzelnen.

Nur dann ist wirkliche Veränderung möglich und jeder, der seine eigenen Energietanks aufgefüllt hat, wird erst jetzt in der Lage sein, andere Mitglieder zu fordern und vor allem zu fördern.

Literatur Abschnitt 4.4

Zur Lage der Motivation der Arbeitnehmer in den Unternehmen: Gallup (2010).

5.
Public Happiness

◆

Deckt sich das Interesse des Kapitals nicht mehr mit
den Interessen der Nation, das heißt der Menschen,
so möge es einer anderen Struktur Platz machen.

[Antoine de Saint-Exupéry]

Das vorhergehende Kapitel 4 hat die spannenden Möglichkeiten von Corporate Happiness dargestellt. Die verschiedenen Maßnahmen wurden mit ihrer Wirkungsweise auf den Unternehmenswert dargestellt. Warum also noch ein Kapitel? Ist es nicht ausreichend, wenn glückliche Mitarbeiter in ihren Unternehmen mehr leisten und sich gut dabei fühlen? Was sollte für Eigentümer und Geschäftsführer also noch von Bedeutung sein?

Wenn die Arbeit zum zu Hause wird

In diesem letzten Kapitel werden wir noch einen Schritt weiter gehen und aufzeigen, dass sich der zuvor dargestellte Corporate-Happiness-Ansatz auch auf unser Gesellschaftssystem übertragen lässt und von dort wiederum die Unternehmenswelt beeinflusst.

Die Studien von Hochschild in ihrem Amerco Experiment geben hier einen guten Einblick. Amerco ist der Deckname eines großen Industrieunternehmens, das Hochschild lange und intensiv untersucht hatte. Die Firma Amerco tat alles Erdenkliche für ihre Mitarbeiter, um deren individuellen Bedürfnissen möglichst perfekt gerecht zu werden.

Die Mitarbeiter hatten ein eigenes Fitnessstudio, verfügten über einen Einkaufservice und konnten ihre Wäsche zur Reinigung geben. Sie konnten von zu Hause aus arbeiten, wann sie wollten, sich einen Tag frei nehmen und vieles mehr. Sie waren frei, ihren tatsächlichen Arbeitsplatz zu wählen, um sich so auch um ihre Kinder und Verwandten kümmern zu können. Und doch schienen die Mitarbeiter von Amerco die verlockenden Angebote, zu Hause zu arbeiten nicht zu nutzen, lediglich ein verschwindend geringer Anteil der Mitarbeiter machte von dieser Möglichkeit Gebrauch. Warum wollten die Mitarbeiter nicht von zu Hause aus arbeiten oder ihren Arbeitseinsatz reduzieren? Welche imaginäre Kraft zog sie in die Firma? Hochschild ging den Ursachen auf die Spur.

Tatsächlich schien die Erklärung nicht im unzureichenden Angebot von Amerco zu liegen, die Möglichkeiten waren umfassend und stimmig. Die Lösung für die bereitwillige hohe Präsenz im Beruf war auf einer anderen Ebene zu finden. Die Amerco Mitarbeiter vermischten immer mehr privates und berufliches Leben. Während zu Hause die Hausarbeit zu erledigen war, die Kinder lärmten und der Ehepartner sich über die wenige verbleibende Zeit beschwerte, verbrachten die Amerco Mitarbeiter ihre Zeit viel lieber im Unternehmen, wo sie ihre Arbeit ungestört erledigen konnten.

Eine gute Arbeitsatmosphäre reicht nicht aus.

Ein abendliches Geschäftsessen versprach zudem mehr Spaß als das traute Heim, die Mitarbeiter waren zu Freunden geworden.

Insgesamt betrachtet waren die Amerco Mitarbeiter durch ihre tollen Arbeitsbedingungen auch nicht glücklicher – gleichwohl sie hier alles vorfanden. Eine Work-Life-Balance definiert sich eben nicht nur aus dem Komfort und Spaß in der Arbeit, sondern auch in der Relation von Familie zu Arbeit. Der Mensch hat in Millionen Jahren Evolution die behütete Familie als Fruchtblase für heranwachsende Kinder und Jugendlichen entwickelt. In den letzten Jahren hat sich dieses Verhältnis sehr verändert.

Diese verkehrte Welt führt langfristig zu sozialen Problemen durch wenig behütete Kinder oder Beziehungen mit zu wenig Zeit für intensive Begegnung.

Um die Entwicklung besser zu verstehen, hilft eine vereinfachende Unterteilung der Arbeitenden in zwei Klassen. Die Einteilung ist an dieser Stelle ein theoretisches Modell, bei dem es selbstverständlich auch Mischformen gibt.

Die eine Gruppe sieht ihre Arbeit als Mittel zum Zweck des Geldverdienens. Natürlich soll der Job Spaß machen und den eigenen Fähigkeiten entsprechen, die Finanzierung des eigenen Lebensunterhalts steht für diese Gruppe aber im Vordergrund. Die Familie ist nach wie vor das Zentrum der Aufmerksamkeit und die Arbeit ist (noch) nicht zum Selbstzweck geworden. Wir nennen diese Gruppe vereinfacht „Job zur Finanzierung". Die andere Gruppe orientiert sich immer mehr am eigenen Beruf als Berufung und der Selbstverwirklichung im Job. Mitglieder dieser Gruppe nehmen die eigene Karriere und die Anforderung der Unternehmen als gegeben hin und versuchen, ihr Privatleben damit *vereinbar* zu machen (Job zur Selbstverwirklichung).

Durch die technologische Entwicklung und die vorwiegende Orientierung der Arbeitgeber an ökonomischen Kenngrößen wie der Performance der Mitarbeiter haben sich beide Gruppen im Laufe der letzten Jahre ganz unterschiedlich entwickelt.

Die „Jobs zur Finanzierung" wurden teils durch Maschinen ersetzt bzw. werden unterdurchschnittlich bezahlt. Arbeitnehmer mit schlechterer Qualifikation und Ausbildung fallen im Arbeitsmarkt immer mehr durch dieses Raster. Vielen der früher hochgeschätzten „Arbeitern" geht mittlerweile das Geld aus und die Teilnahme an den Vorzügen der modernen Leistungsgesellschaft wird ihnen erschwert. Das moderne Management ist an der persönlichen Weiterentwicklung ihrer Potentiale kaum interessiert, ihre Arbeitskraft wird billiger eingekauft oder durch moderne Technologien ersetzt. Die Firmenbosse verweisen dann gern darauf, dass diese Mitarbeiter nicht bereit sind, bedingungslos „Vollgas" für das Unternehmen zu geben.

Die andere Gruppe (Job zur Selbstverwirklichung) hingegen wird bei der Entwicklung ihrer Potentiale sehr gefördert. Die sog. „high potentials" zahlen für ihre Selbstverwirklichung aber einen hohen Preis, ihr Lebensmittelpunkt ist in den letzten Jahren immer mehr Richtung „Arbeit" gewandert. Ständig höhere Anforderungen an Leistung und investierte Zeit werden zwar gut bezahlt und die Unternehmen versuchen, die Arbeit für ihre Lieblinge so komfortabel wie möglich zu gestalten. Doch meist kommen die Familie und das Privatleben zu kurz. Die Familienväter sehen ihre Sprösslinge unter der Woche meist nur schlafend und auch am Wochenende werden Akten gewälzt oder Emails beantwortet. Das hohe finanzielle Einkommen, das dadurch erwirtschaftet wird, dient dieser Gruppe häufig zur Gewissensberuhigung, da sie im Vergleich zur anderen Gruppe (Job zur Finanzierung) nicht unter den geringen finanziellen Möglichkeiten leiden muss.

Arbeit und Familie müssen integrierbar sein.

Hochschild vergleicht die Entwicklung dieser zweiten Gruppe mit einer Kuh, die früher glücklich auf der Weide stand, die Sonne und das frische Gras genoss – eine Kuh, die sie selbst sein konnte. Die heute lebenden Kühe sind meist im Stall eingesperrt und bekommen Heu und Gras dorthin gebracht, so wie Fitnessstudios und Hemdenservice in die Bürogebäude von Managementberatungen gebracht werden.

Es wäre Aufgabe der Politik, hier entsprechende Akzente zu setzen. Während die Mitglieder der Gruppe „Jobs zur Finanzierung" immer weniger Bedeutung in ihrer Arbeit finden (bei gleichzeitig schlechter Bezahlung), fehlt der Gruppe „Jobs zur Selbstverwirklichung" die Zeit, „Mensch zu sein". Eine Work-Life-Balance wird für beide Gruppen immer schwerer, die sozialen Kosten für die Behandlung der gestressten und depressiven Arbeitnehmer verschlingt immer größere Summen. Die emotionalen und monetären Konsequenzen der immer schwierigeren Familienorientierung sind noch gar nicht abzuschätzen und werden sich erst langsam zeigen, wenn die heute Heranwachsenden Verantwortung für sich und die Gesellschaft übernehmen müssen.

Es genügt eben nicht, dass die Arbeitswelt dem Menschen angenehm gestaltet wird, der Mensch soll seinen sämtlichen Lebenszielen nachkommen können, und dazu gehört es auch, mit seiner Familie und in seiner Freizeit glücklich werden zu können.

Was Hänschen nicht lernt, lernt Hans ... vielleicht, aber vor allem schwerer!

Die Umorientierung darf aber auch nicht erst in der Arbeitswelt beginnen. Erziehung und Schulbildung prägen die Heranwachsenden schon derart intensiv, dass die gemeinsamen Bemühungen bereits dort verankert werden müssen. Eigenbestimmung, Verantwortlichkeit und positive Psychologie sollten zu Eckpfeilern überarbeiteter Lehrpläne werden. Einige Vorreiter gibt es schon: So wurde beispielsweise an einer Schule in Heidelberg die positive Psychologie als Schulfach in das Curriculum integriert. Im Diktat werden die richtigen Wörter gezählt, nicht die Fehler! Ein Schauspieler spielt mit den Schülern Theater, ein Motivationstrainer hilft ihnen, Positivität zu lernen, um die guten Gefühle zu verstärken.

Verloren gegangene Fähigkeiten müssen wieder erlernt werden.

Die Politik ist gefragt, weitere Konzepte zur Integration von Ausbildung, Familie und Arbeitswelt zu fördern und umzusetzen.

Der Wandel in unserer Gesellschaft ist schon spürbar

Die starke Individualisierung Ende des letzten Jahrhunderts hatte ihren Höhepunkt in der proklamierten ICH-AG. Das Streben nach persönlicher Identität und Wohlstand ist eine nur zu verständliche Folge der beiden Weltkriege. Doch die innere Abkehr von Religion, Ehe, Familie und Kindern, die der eigenen Selbstverwirklichung (scheinbar) im Weg standen, hat zu keinem gesteigerten Glücksempfinden geführt. Erste Anzeichen einer zunehmenden Orientierung der Menschen an der Gemeinschaft, an emotionaler Vernetzung, Geborgensein und einem ausgeglichenen Arbeits- und Familienleben sind klar erkennbar. Die neuen Arbeitnehmer werden wohl erstmals gefühltes Wohlempfinden dem eigenen Wohlstand vorziehen. Die so oft proklamierte Erlebnismaximierung der Spaßgesellschaft wird mehr und mehr der Wohlfühlorientierung weichen, daran gibt es keinen Zweifel.

Wir alle sind gefordert!

Wir haben in diesem Buch aus dem Blickwinkel des Unternehmers kennen gelernt, wie sinnvoll eine Investition in Corporate Happiness sein kann (steigender Unternehmenswert!). Auch die persönlichen Vorteile jedes Einzelnen hat die Wissenschaft bewiesen. Neben dem eigenen Wohlbefinden profitieren wir alle durch erhöhte Kreativität, mehr Leistungsbereitschaft und Gesundheit. Doch auch wenn jeder Mensch für sich selbst seine eigenen Potentiale besser ausschöpft und die seiner ihm anvertrauten Mitmenschen fördert, so sollten doch diejenigen, die die Handlungsspielräume und Grenzen für unsere Gesellschaft in unserem Auftrag festsetzen, sich ebenfalls darum bemühen. Die Politik wäre gut beraten, sich nicht am zu erhaltenen Wirtschafts-Wohlstand für unsere Republik zu orientieren, sondern vielmehr am Glück aller. Einige Staaten wie der Bhutan haben dies schon erkannt und leben diese neue Maxime vor. Auf den Ausbau des Gesundheits- und Bildungssektors wurde größter Wert gelegt, die gute Krankenversorgung ist für die Bürger kostenlos. Kritiker entgegnen, dass das Beispiel des Bhutan nicht so einfach auf andere Nationen übertragbar sei. Denn eine Abkehr von der Welthandelsorganisation und der Verzicht auf ein höheres Pro-Kopf-Einkommen zugunsten des Glücks aller sind womöglich in einer relativ jungen Monarchie eines kleinen Landes leichter vorstellbar als in einem Land wie der Bundesrepublik Deutschland. Doch eine zunehmende Orientierung unserer Politik an der konsequenteren Schaffung von besseren Rahmenbedingungen für die unterschiedlichsten Ausprägungen unseres individuellen Glücks wäre sicher wünschenswert. Denn wenn wir selbst zwischen Wohlstand und gefühltem Glück entscheiden müssten, würden wir alle nicht lange überlegen.

Literatur Abschnitt 5:

Amerco Experiment: Hochschild (2006).
Glück als Unterrichtsfach: Schönemann (2007).
Zur Erziehung: Ben-Shahar (2009), S. 113 ff.
Positive Psychologie in Schulen: Gilman/Huebner/Furlong (2009).

Literaturverzeichnis

◆

Babyak, M., Blumenthal JA (2000): Exercise Treatment for Major Depression: Maintenance of Therapeutic Benefit at 10 Months, in: Psychosomatic Medicine (62), S. 633–638.

Basco, M. Ramirez (1999): The Perfect Trap ever Good Enough – Freeing Yourself from tfhe Chains of Perfectionism, in: Psychology today, New York, 1. 5. 1999.

Baumeister, R. F./Campbell, J. D./Krueger, J. I./Vohs, K. D. (2003): Does High Self-Esteem Cause Better Performance: Interpersonal Success, Happiness, or Healthier Lifestyles?, S. 1–44.

Bem, D. J. (1996): Exotic becomes erotic: A developmental theory of sexual orientation, in: Psychological Review (103), S. 320–335.

Ben-Shahar, T. (2003): Toward a New Formulation of Self-Esteem: Dependent, Independent, and Unconditional. Unpublished manuscript.

Ben-Shahar, T. (2007): Happier, McGraw-Hill, New York.

Ben-Shahar, T. (2009): Pursuit of perfect, McGraw-Hill, New York.

Ben-Shahar, T. (2010): Even happier, McGraw-Hill, New York.

Benson, H. (1997): Timeless Healing: The Power and Biology of Belief, Fireside, New York.

Benson, H. (2003): The many faces of perfectionism, in: American Psychological Association (Vol. 34/No. 10) S. 18.

Bexton, W. H./Heron, W./Scott, T. H. (1954): Effects of Decreased Variation in the Sensory Environment, in: Canadian Journal of Psychology (8), S. 70–76.

Bodderas, E. (2008): Spezielle Hirnregion bei Taxifahrern vergrößert, in: Welt online 16. 9. 2010.

Branden, N. (1995): The Six Pillars of Self Esteem, Bantam, New York.

Branden, N. (1997): What Self-Esteem Is and Is Not, adapted from „The Art of Living Consciosly", Fireside, New York.

Brickman, P./Coates, D./Janoff-Bulman, R. (1978): Lottery Winners and Accident Victims: Is Happiness Relative? in: Journal of Personality and Social Psychology, Nr. 36 (8), S. 917–927.

Bronson, P. (2007): How Not to Talk to Your Kids, in: New York Magazine, 11. 2. 2007.

Callaghan, P. (2004): Exercise: a neglected intervention in mental health care? in: Journal of Psychiatric and Mental Health Nursing, Nr. 11, S. 476–483.

Chandola, T./Kuper, H. et al. (2004): The effect of control at home on CHD events in the Whitehall II: Gender differences in psychological domestic pathways to social inequalities in CHD, in: Social science & medicine (58), S. 1501–1509.

Chandola T. et al. (2004): Does conflict between home and work explain the effect of multiple roles on mental health? A comparative study of Finland, Japan and the UK, in: International Journal of Epidemiology (33), S. 884–893.

Crocker, J./Park, L. E. (2004): The Costly Pursuit of Self-Esteem in: Psychological Bulletin, Nr. 130 (3), S. 392–414.

Crum, A. J./Langer, E. J. (2007): Mindset Matters: Exercise and the Placebo Effect, in: Psychological Science, Nr. 18 (2), S. 165–171.

Csikszentmihalyi, M. (1992): Flow. Das Geheimnis des Glücks, Klett-Cotta, Stuttgart.

Csikszentmihalyi, M. (1999): If We Are So Rich, Why Aren't We Happy?, in: American Psychologist, Nr. 54 (10). S. 821–827.

Damasio, A. (1995): Descartes Irrtum, München 1995.

Damasio, A. et al. (2000): Subcortical and Cortical Brain Activity during the Feeling of Self-generated Emotions, in: Nature Neuroscience 3 (10), S. 1049–1056.

Danner, D./Snowdon, D./Friesen, W. (2001): Positive Emotions in Early Life and Longevity: Findings from the Nun Study, in: Journal of Personality and Social Psychology (80), S. 804–813.

Davidson, R. J., Tomarken, A. J., und Henriques, J. B. (1990): Resting Frontal: Brain Asymmetry Predicts Affective Response to Films. In: Journal of Personal and Social Psychology 59, S. 791–80.

Devita-Raeburn, E. (2006): Lust For The Long Haul, in: Psychology Today, 1. 1. 2006.

Diener, E., Lucas, R., & Oishi, S. (2002): Subjective well-being: The science of happiness and life satisfaction. In: The Handbook of positive psychology, Hrsg.: C. R. Snyder & S. J. Lopez, New York: Oxford University Press. S. 63–73.

Doskoch, P. (2005): The Winning Edge in: Psychology Today, 19.8.2009.

Dweck, C. S./Mueller, C. M. (1998): Praise for Intelligence Can Undermine Children's Motivation and Performance, in: Journal of Personality and Social Psychology 1998, (75), No. 1, S. 33–52.

Eden, D./Aviram, A. (1993): Self-efficacy training to speed reemployment: Helping people to help themselves, in: Journal of Applied Psychology, Nr. 78 (3), S. 352–360.

Edmondson, A. (1996): Learning from Mistakes is Easier Said Than Done: Group and Organizational Influences on the Detection and Correction of Human Error, in: Journal of Applied Behavioral Science, 32, S. 5–28.

Edmondson, A. (1999): Psychological Safety and Learning Behavior in Work Teams, in: Administrative Science Quarterly (44), S. 350–383.

Ekman, P. (1993): Facial expression and emotions, in: American psychologist (48), S. 384–392.

Emmons, R. A./McCullough, M. E. (2003): Counting blessings versus burdens: An experimental investigation of gratitude and subjective well-being in daily life, in: Journal of Personality and Social Psychology, Nr. 84 (2), S. 377–389.

Emmons, R. A./McCullough, M. E. (2009): „Highlights from the Research Project of Gratitude and Thankfulness." Web. http://psychology.ucdavis.edu/labs/emmons.

Field, T. (2005): Touch Therapy, 3. Auflage, Churchill Livingstone, Philadelphia.

Fredrickson, B. L. (2001): The Role of Positive Emotions in Positive Psychology: The Broaden-and-Build Theory of Positive Emotions, in: American Psychologist, Nr. 56 (3), S. 218–226.

Frey, B. S. (2010): Glück, die Sicht der Ökonomie, Rüegger Verlag, Zürich/Chur.

Gable, S. L./Reis, H. T./Impett, E. A./Asher, E. R. (2004): What Do You Do When Things Go Right? The Intrapersonal and Interpersonal Benefits of Sharing, S. 228–245.

Gable, S. L. & Haidt, J. (2005): What (and Why) Is Positive Psychology? Review of General Psychology, 9, S. 103–110.

Gallup (2010): Pressemitteilung des Gallup-Instituts zum Gallup Engagement Index 2009, 30. 3. 2010.

Gibbs, W. (2005): Considerate computing, in: Scientific American, January 2005, S. 41–47.

Gilbert, D. T./Pinel, E. C./Wilson, T. D./Blumberg, S. J./Wheatley, T. P. (1998): Immune Neglect: A Source of Durability Bias in Affective Forecasting in: Journal of Personality and Social Psychology, Nr. 75 (3), S. 617–638.

Gilbert, D. T./Wilson, T., D./Koo, M./Algoe, S. B. (2008): It's a wonderful life: Mentally subtracting positive events improves people's affective states, contrary to their affective forecasts, in: Journal of personality and social psychology (95), Nr. 5, S. 1217–1224.

Gilman, R./Huebner, E. S./Furlong, M. J. (2009): Handbook of positive psychology in schools, Routledge.

Gonzales V./Constant M. G. (2004): Constant multitasking craziness, in: Proceedings of the 2004 conference of human factors in computing systems, S. 113–120, Vienna/New York.

Gottman, J./Silver, N. (1994): What Makes Marriage Work? in: Psychology Today, Nr. 27 (2), 1. März 1994.

Gottman, J. M./Gottman, J. Schwartz/DeClaire, J. (2006): 10 Lessons to Transform Your Marriage, 4. Auflage, Three Rivers Press, New York.

Haemmerlie, F. M. & Montgomery, R. L. (1986): Self-perception theory and the treatment of shyness, in: W. H. Jones, J. M. Cheek & S. R. Briggs (Hrsg.), Shyness: Perspectives on research and treatment., Plenum Press. New York.

Heigl, N. J./Scheinert, M. (1999): Schnellkurs Marketing, Lexika Verlag.

Heigl, N. J. (2004): Vereine und Finanzen, Lexika Verlag.

Hochschild, A. R.(2006): Keine Zeit, 2. Auflage, VS Verlag, Wiesbaden.

Jamieson, D. W./Lydon, J. E./Stewart, G./Zanna, M. P. (1987): Pygmalion Revisited: New Evidence for Student Expectancy Effects in the Classroom, in: Journal of Educational Psychology 1987, (79), No. 4, S. 461–466.

Jiang (2004): Resolving dual-task interference: An fMRI study, in: NeuroImage (22), S. 748–754.

Jimènez, C. Arboleda (2010): Wie Sie Berge versetzen, 3. Auflage, Winterheller Management, Graz.

Jost, P. J. (2001): Die Principal Agenten Theorie in der Betriebswirtschaftslehre, Schäffer-Poeschel Verlag, Stuttgart.

Kabat-Zinn J. (1990): Full Catastrophe Living: Using the Wisdom of Your Body and Mind to Face Stress, Pain, and Illness, Delta, New York.

Kahnemann, D. (2000): Experienced utility and objective happiness: A moment-based approach, in: Kahnemann, D. und Tversky, A. (Hrsg.): Choices, Values and Frames, New York 2000.

Kahneman, D./Katz, Joel/Redelmeier, D. (2003): Memories of colonoscopy: A randomized trial, in: Journal of the international association for the study of pain (104), Ausgabe 1, S. 187–94.

Kaplan, R. S./Norton, D. P. (1997): Balanced Scorecard: Strategien erfolgreich umsetzen, Schäffer-Pöschel Verlag, Stuttgart.

Kelly, J. (1998): Entrainment in individual and group behavior, in: McGrath J., The social psychology of time, Newbury Park, Cal.

Keltner, D./Harker, L. (2001): Expressions of positive emotion in women's college yearbook pictures and their relationship to personality and life outcomes across adulthood, in: Journal of personality and social psychology (80), S. 112–124.

Klein, S. (2008 a): Die Glücksformel, Rowohlt Taschenbuch Verlag, Reinbek bei Hamburg.

Klein, S. (2008 b): Zeit: Der Stoff aus dem das Leben ist, Fischer Taschenbuch Verlag, Frankfurt am Main.

Kim, Y./Schulz, R./Carver, C. S. (2007): Benefit Finding in the Cancer Caregiving Experience, in: Psychomatic Medicine, 9. 4. 2007.

Kosslyn, S. M. (1994): Image and Brain – The Resolution of the imagery debate. Cambridge: MIT Press.

Kraft, U. (2005): Mönche in der Magnetröhre, SZ, 22. 3. 2005.

Langer, E. (1990): Mindfulness, Cambridge MA: Da Capo Press.

Locke, E. A./Latham, G. P. (2002): Building a Practically Useful Theory of Goal Setting and Task Motivation in: American Psychologist, Nr. 57 (9), S. 705–717.

Loehr, J./Schwartz, T. (2001): The Making of a Corporate Athlete in: Harvard Business Review, S. 120–128.

Loehr, J./Schwartz, T. (2003): The Power of full Engagement, 2. Auflage, Free Press, New York.

Lykken, D (1999): Happiness: What Studies on Twins Show Us About Nature, Nurture and the Happiness Set Point, Golden Books, New York.

Lyubomirsky, S./Sheldon, K. M./Schkade, D. (2005): Pursuing Happiness: The Architecture of Sustainable Change in: Review of General Psychology, Nr. 9 (2), S. 111–131.

Maguire, E. A./Gadian, D. G./Johnsrude, I. S./Good, C. D./Ashburner, J./ Frackowiak, Richard S. J./Frith, C. D. (2000): Navigation-related structural change in the hippocampi of taxi drivers, in: Proceedings of the National Academy of Science, vol. 97, Issue 8, S. 4398–4403.

Marmot, M. G./Davey, G. Smith/Stansfeld, S. (1991): Health inequalities among British civil servants: the Whitehall II study, in: Lancet (337), S. 1387–1393.

Marmot, M. G./Bosma, H./Hemingway, H.(1997): Contribution of job control and other risk factors to social variations in coronary heart disease incidence, in: Lancet 350, S. 235–239.

Marano, H. Estroff (2003): The Goals That Guide Us in: Psychology Today Magazines (online, July 2003).

McCord, J./McCord, W. (1959): A Follow-up Report on the Cambridge-Somerville Youth Study, in: The ANNALS of the American Academy of Political and Social Science, S. 89–96.

Milgrim, S. (1963): Behavioral Study of Obedience, in: Journal of Abnormal and Social Psychology (Vol. 67/No. 4) S. 371–378.

Milgrim, S. (1997): Obedience to Authority. An Experimental View, 14. Auflage, Harper, New York.

Pennebaker, J. W. (1997): Opening Up: The Healing Power of Expressing Emotions in: Guilford Publications.

Pepper, T. (2004): Night shift, in: Newsweek international, 18. 10. 2004.

Prochaska, J. O./DiClemente, C. (2009): The transtheoretical Model of behavior Change, Habits Lab at UMBC.

Psychology Today Staff (1995): „Perfectionism: Impossible Dream", Psychology Today, 1. 5. 1995.

Rennecker J./Godwin, L. (2005): Delays and interruptions: A self-perpetuating paradox of communication technology use, in: Information and organization (15), S. 247–266.

Rosenberg, Marshall B. (2002): Gewaltfreie Kommunikation, 2. Auflage, Junfernmannsche Verlagsbuchhandlung, Paderborn.

Rosenthal, R. /Jacobson, L. (1992): Pygmalion in the classroom: Teacher expectation and pupils' intellectual development. Irvington publishers: New York.

Samuels, S. M./Liberman, V./Ross, L. (2004): „The name of the game: Predictive power of reputations versus situational labels in determining prisoner's dilemma game moves. Personality and Social Psychology Bulletin, 30, S. 1175–1185.

Sapolsky, R. M. (2004): Why zebras don't get ulcers, Henry Holt, New York.

Sapolsky, Robert (2009): The health library at Stanford: Stress and coping – what baboons can tell us, Hörbuch, iTunes U.

Schnarch, D. (2009): Passionate Marriage: Love, Sex, and Intimacy in Emotionally Committed Relationships, W W Norton & Co, New York.

Schönemann, J. (2007): Die fröhlichen Kinder von Heidelberg, Spiegel Online, 12. 9. 2007.

Seligmann, M. (1979): Erlernte Hilflosigkeit. München, Urban und Schwarzenberg, Wien, Baltimore.

Seligman, M./Csikszentmihalyi, M. (2000): Positive Psychology – An Introduction, in: American Psychologist, Nr. 55, S. 5–14.

Seligman, M. (2002 a): Authentic Happiness, Free Press, New York.

Seligman, M. (2002 b): Positive Psychology, Positive Prevention, and Positive Therapy, in: Handbook of Positive Psychology (Hrsg.), New York.

Seligman, M./Parks, A. C./Steen, T. (2004): A Balanced Psychology and a Full Life, in: The Royal Society, Online Ausgabe, August 2004, S. 1379–1381.

Seligman, M./Park, N./Peterson, C./Steen, T.A. (2005): Positive Psychology Progress: Empirical Validation of Interventions in: American Psychologist, Nr. 60 (5), S. 410–421.

Shaw, J. (2004): The Deadliest Sin: From Survival of the Fittest to Staying Fit Just to Survive in: Harvard Magazine, Nr. 106 (4), S. 37 ff.

Sheldon, K.M./Elliot, A.J. (1999): Goal striving, need satisfaction and longitudinal well-being: The self concordance model, in: Journal of personality and social psychology (76), S. 482–497.

Sheldon, K. M./Houser-Marko, L. (2001): Self-Concordance, Goal Attainment, and the Pursuit of Happiness: Can There Be an Upward Spiral?, in: Journal of Personality and Social Psychology, Nr. 80 (3), S. 152–165.

Spitzer, Manfred (2009a): Lernen, Spektrum Akademischer Verlag.

Spitzer, Manfred (2009b): Vorsicht Bildschirm, Deutscher Taschenbuch Verlag.

Taylor, S./Pham, L. (1999): From Thought to Action: Effects of Process - versus Outcome - based Mental Simulations on Performance, in: Personality and social Psychology Bulletin (25), No. 2, February 1999, S. 250–260.

Wallis, C. (2005): The New Science of HAPPINESS in: Time Magazine, 17. 1. 2005.

Weil, A. (1999): Breathing, Sounds true inc., Audiobook.

Williams, M. et al. (2007): The Mindful Way Through Depression, Taylor & Francis, Abingdon, UK.

Wilson (2010): Infomania experiment for HP, www.drglennwilson.com/infomania_experiment_for_HP.doc.

Winterheller, Dr., M. (2004): Start Living – Das 6 Wochen Training, 5. Auflage, Winterheller Management, Graz.

Winterheller, Dr., M. (2009 a): Start Living – Die zweiten 6 Wochen, 1. Auflage, Winterheller Management, Graz.

Winterheller, Dr., M. (2009 b): Über die Wirksamkeit ausbleibender Ratschläge: Gespräch mit Dr. Manfred Winterheller Teil 1, Audio CD.

Winterheller, Dr., M. (2010): Wenn die Berge sich hinwegheben, 3. Auflage, Winterheller Management, Graz.

Wiseman, R. (2003): The Luck Factor in: The Skeptical Inquirer, Nr. 27 (3), S. 1–5.

Wrzesniewski, A./McCauley, C./Rozin, P./Schwartz, B. (1997): Jobs, Carrers and Callings: People's Relations to Their Work, in: Journal of Research in Personality (31), S. 21–33.

Zimbardo, P. (2008): Der Luzifer-Effekt. Die Macht der Umstände und die Psychologie des Bösen, Spektrum Akademischer Verlag, Heidelberg.

Abbildungsverzeichnis

◆

Abbildung 1:   Das Geschäftsleben als Personenbeziehungen
auf der Suche nach dem individuellen Glück   19

Abbildung 2:   Das psychologische Immunsystem des
Menschen   28

Abbildung 3:   Zusammenspiel von Neuronen   39

Abbildung 4:   Einflussfaktoren auf die Glücksspirale   46

Abbildung 5:   Wie Wilhelms Vergangenheit sein heutiges
Leben einschränkt   50

Abbildung 6:   Wie wir unsere Ziele finden   59

Abbildung 7:   Differenzierung zwischen den Begriffen
Arbeit, Karriere und Berufung   64

Abbildung 8:   Tätigkeitsbestimmung von Wilhelm (Beruf)   66

Abbildung 9:   Tätigkeitsbestimmung von Wilhelm (Privat)   67

Abbildung 10: Tun   84

Abbildung 11: Csikszentmihalyi und flow-Forschung   85

Abbildung 12: Verschiedene Arten von Anstrengung   86

Abbildung 13: Perfektionist versus Optimalist   90

Abbildung 14: Der Weg zum Optimalisten   94

Abbildung 15: Das Milgrim Experiment   105

Abbildung 16: Lebensmittel mit unterschiedlicher
Auswirkung auf den Blutzuckerspiegel   109

Abbildung 17: Wilhelms Probleme werden scheinbar kleiner   112

Abbildung 18: Negative Kommunikationsspirale   120

Abbildung 19: Positive Kommunikation   122

Abbildung 20: Externe Einflüsse auf unser Glücksempfinden   127

Abbildung 21: My Happiness als Basis für Corporate
Happiness   134

Abbildung 22: Konzeptionelle Reihenfolge der Optimierung
der auf Corporate Happiness ausgerichteten
Personenbeziehungen   137

Abbildung 23: Organisationsstruktur der Happiness AG   138

Abbildung 24: Stress und Gesundheit   151

Abbildung 25: Anteil der Führungsaufgaben und operativen
Problemlösungen bei Chefs und ihren
Mitarbeitern 160
Abbildung 26: Multiplikative Kraft von Chefs 161
Abbildung 27: Chef-Mitarbeiter-Verhältnis gemäß Principal-
Agent-Theorie 165
Abbildung 28: Chef-Mitarbeiter-Verhältnis gemäß Corporate
Happiness 169
Abbildung 29: Optimale Menge an Arbeit 184
Abbildung 30: Tiefster Mülleimer der Welt 187
Abbildung 31: Treppensteigen mit Spaß 187
Abbildung 32: Zusammenhang My Happiness und
Corporate Happiness 191
Abbildung 33: Wahrnehmung der Dienstleistungsqualität 196
Abbildung 34: Happiness Scorecard 205
Abbildung 35: Stand engagierter Mitarbeiter in
Unternehmen 213
Abbildung 36: Was sind die Gründe für ein fehlendes
Engagement der Mitarbeiter? 213
Abbildung 37: Erst eigene Energie aufbauen, dann anderen
helfen! 217

Tabellenverzeichnis

◆

Tabelle 1: Wilhelms emotionales Tagebuch 48

Tabelle 2: Die Ursachen der Vergangenheit für Wilhelms Stolpersteine 49

Tabelle 3: Die Ursachen in der Vergangenheit für Stolpersteine von Lisa 51

Tabelle 4: Wilhelms Gegenüberstellung von Stärken, Bedeutsamkeit und Spaß 65

Tabelle 5: Rituale im Tagesablauf für mehr Ausgeglichen- und Zufriedenheit 81

Tabelle 6: Tonbandaufnahmen zu der jeweiligen Volt-Zahl 104

Tabelle 7: Übersicht über das Abbruchverhalten der „Lehrer" 104

Tabelle 8: Sport- und Ruheplan von Wilhelm 111

Tabelle 9: Instrumente von My Happiness 128

Tabelle 10: Stressreaktion des Körpers zur Vermeidung einer kurzfristigen Gefahr 140

Tabelle 11: Folgen von länger andauerndem Stress 142

Tabelle 12: Ratten zeigen unter gewissen Umständen keine Stressreaktion 143

Tabelle 13: Verhinderung von Stress durch Corporate Happiness 146

Tabelle 14: Änderungen im Zeitmanagement von Wilhelm 157

Tabelle 15: Vermeidung von Multitasking bei Wilhelm 157

Tabelle 16: Vermeidung von Multitasking in der Zusammenarbeit mit anderen 158

Tabelle 17: Wilhelm delegiert an seine Mitarbeiter 173

Tabelle 18: Zielvereinbarungsgespräch mit Walter 175

Tabelle 19: Physische, emotionale, spirituelle und mentale Mitarbeiter-Förderung im Mix mit Ruhephasen 183

Tabelle 20: Sport und Relaxen in der Happiness AG 184

Tabelle 21: Unterstützende Maßnahmen für die Beziehung Vorgesetzter zu seinen Mitarbeitern und zwischen den Mitarbeitern untereinander 192

Tabelle 22: Neuorientierung am „glücklichen Kunden" 199
Tabelle 23: Happiness in Bezug auf die Lieferanten 202
Tabelle 24: Maßnahmen für Corporate Happiness mit
Verantwortlichkeiten 206
Tabelle 25: Wilhelm leitet aus der Happiness-Scorecard Maß-
nahmen mit konkreten Verantwortlichkeiten ab 207
Tabelle 26: Instrumente My Happiness/Corporate Happiness
im Übertrag auf externe Stakeholder 209
Tabelle 27: Ökonomischer Mehrwert durch Corporate
Happiness 211

Stichwortverzeichnis

◆

Arbeit
–, Arbeitsaufgabe 170
–, Arbeitsbedingungen 15
–, Arbeitsgedächtnis 152
–, Arbeitsleistung 170
–, Arbeitszeiten, lange 163
Aufsichtsrat 203
Ausbildung 57
Auszeiten 101

Batch-Verarbeiter 154
Beirat 203
Beruf 62
Berufung 62
Berührungen 115
Bewältigung
– einer Krise 95
Bewusstsein 45
Beziehungen 115, 116
Blutzuckerspiegel 108
Burn-Out 22

Cambridge Summerville Youth
  Study 29
Chef 177
Computertomograph 35
Controlling-Systeme 164
Corporate Happiness 16, 133,
  208
–, Risiken 211
Cortes, präfrontaler
  Cortex 37

Dankbarkeit 74
–, Dankbarkeitsübungen 76
Dauer
–, Lebensglück 28
Delegation von Aufgaben 162
Depressionsraten 22, 170
Dienstleistung 194

Dopamin 61
Duchenne-Lächeln 71

Eigenverantwortung 145
Einbringen eigener Stärken 57
Einfluss
–, Berichterstattung 72
–, Mediengesellschaft 57
Energieniveau 99
Energiereserven 99
Entscheidungs- und Weisungs-
  rechte 159
Erholung 102
Erinnerung
–, Gehirn 195
Erlössteigerung 211
Ernährung 107
Erziehung 57, 222
Evolution 42
–, Evolutionsbedingtes Ver-
  halten 72
–, Evolutionsvorteil 47
Examensprüfung 62
Exekutivfunktion 150, 152
externe Einflüsse
–, Glück 29

Familie 220
Fehler 180
flow 85
Fokussierung 83
Führungsaufgaben 162
Fun Theory 186

Gehirn 38, 60, 61
–, Computertomograph 35
–, Imagination 60
–, wissenschaftliche Erkennt-
  nisse 35
Geld 29
Geschäftsbeziehungen 201

Gesellschaftssystem 219
Gewohnheit 93
Glück 27
–, Geld 29
–, Glücklich sein 24
–, glücklichere Beziehungen 117
–, Glücksgefühl 29
–, Glücksmomente 21
–, Glücksspirale 46
–, Lebensglück 28
–, positive Auswirkungen 24
Großraumbüro 154

Happiness Game 136
Happiness Scorecard 205
Hedonismus 31
Hektik 149
–, Gewöhnung an – 149
Hierarchie 144
Hilflosigkeit
–, erlernte – 40
Hippocampus 36

Imagination 60, 62
–, Experiment 62
Immunsystem 77, 102
innere Bedeutsamkeit 57
Investoren 203

Job 63
–, zur Finanzierung 220
–, zur Selbstverwirklichung 220

Karriere 63, 64
Komfort-Zone 86
Kommunikation 119
Kommunikationsspirale 120
Konditionierung 38
Konflikte 119, 121
Kontrollorgane 203
–, Kontrollträger 204, 209
Kostensenkung 211
Krise 93, 95
Kunden
–, Kundenbeziehungen 193
–, Kunden als Menschen 194
Kunst des Tuns 83

Langlebigkeit
–, Experiment 69

Liebe 74
Lieferanten 200

Magengeschwür
–, Experiment 143
Massage 115
Medien 72
–, Berichterstattung 72
–, Mediengesellschaft 57
Meditation 79, 94
Mitarbeiter 177
Multitasking 26, 151, 153
My Happiness 16, 17, 21

Nichtstun 55
Nihilsmus 31

opportunistisches Verhalten 164
Optimalist 90

Panik-Zone 86
Perfektionist 87, 90, 180
Personalsuche 163
positive Psychologie 23, 129
Principal-Agent-Theorie 164
Psychologie 22
Public Happiness 18

rat racer 31, 57
Relaxen 182
Rendite 133
Rinnsal der Neuronen 44
Rituale 47
Ruhepausen 182
Rüstzeiten 152

Scheidungsraten 115
Schlaf 102
Schreiben
–, Macht des Schreibens 96
–, Wirkung des Schreibens 64
Schulbildung 222
Selbstbewusstsein
–, abhängiges – 126
–, bedingungsloses – 127
–, unabhängiges – 127
Selbstvertrauen 92, 93
–, Mitarbeiter 163

Spaß 171, 186
–, an der Arbeit 171, 186
–, Spaßfaktor 58, 186
Spirale
–, Glücksspirale 46
Spitzensportler 62, 107
Sport 100, 182
Stakeholder 203
Stress 26
–, im Alltag 26
–, für Mitarbeiter 139
–, gesundheitliche Auswirkun-
gen 139
–, sozialer Rang 144
–, Stressreaktion 140, 151
Stretching-Zone 87, 91

Tun 84

Übungen
–, Dankbarkeitsübungen 76
Unterbewusstsein 43, 57, 61, 69,
72, 93
Unternehmenskultur 18
Veränderbarkeit
–, Denken 36

Veränderung 99
Verhandlungen
–, mit Lieferanten 200
Vernetzung
–, Gehirn 38
Vertrauen 77, 181, 200
Vertriebsprozess 193
Vorgesetzter 159, 161

Wahrnehmung 80
–, Arbeitsaufgabe 170
–, Chef 177
–, Mitarbeiter 177
Weltbild 39, 121
Wertesystem Geschäftswelt 134
Work-Life-Balance 220

Zeitnot 147
Zeit- und Termindruck 148
Ziele
–, Bedeutsamkeit 57
–, Spaßfaktor 58
–, Stärke 57
–, Zielfindung 56
Zwillingsforschung 41

Der Autor

 **Prof. Dr. Oliver Haas** lehrt an der Fachhochschule für angewandtes Management in Erding und ist als Dozent an weiteren Hochschulen tätig. Als Autor ist er durch zahlreiche Veröffentlichungen, u. a. zum Controlling in Sportunternehmen, bekannt. Die in Deutschland noch junge Thematik der wissenschaftlich basierten Glücksforschung hat er durch langjährige Studien in den USA kennen gelernt und entwickelt diese durch eigene Forschung in Kooperation mit verschiedenen deutschen Hochschulen weiter.

Herr Haas ist Gründer und Geschäftsführer der Dreamteam Academy GmbH, die Personen und Unternehmen bei der Umsetzung von MyHappiness und Corporate Happiness unterstützt. Er ist zudem Gründer der Dreamteam Solutions GmbH, die Controlling Tools vertreibt und implementiert. Oliver Haas verfügt über langjährige Beratungspraxis mit CEOs und CFOs mittelständischer und Großunternehmen.

Kontaktdaten: Prof. Dr. Oliver Haas
Dreamteam Academy GmbH
Goethestraße 10
80336 München
Telefon: 089-8 90 67 31 77
E-Mail: haas@dreamteam-academy.de
Internet: www.corporate-happiness.de